新时代 北京卷
教育文库

中 央 美 术 学 院 附 属 实 验 学 校

阅 读 育 人

姜 源◎主编

中国言实出版社

图书在版编目（CIP）数据

向美而行 / 姜源主编. -- 北京：中国言实出版社，
2022.12
（新时代教育文库.北京卷）
ISBN 978-7-5171-3896-9

Ⅰ. ①向… Ⅱ. ①姜… Ⅲ. ①教育－文集 Ⅳ.
①G4-53

中国版本图书馆CIP数据核字（2022）第242848号

向美而行

责任编辑：张　丽
责任校对：代青霞

出版发行：中国言实出版社
　　地　　址：北京市朝阳区北苑路180号加利大厦5号楼105室
　　邮　　编：100101
　　编辑部：北京市海淀区花园路6号院B座6层
　　邮　　编：100088
　　电　　话：010-64924853（总编室）　010-64924716（发行部）
　　网　　址：www.zgyscbs.cn　　电子邮箱：zgyscbs@263.net

经　　销：新华书店
印　　刷：北京虎彩文化传播有限公司
版　　次：2023年3月第1版　　2023年3月第1次印刷
规　　格：710毫米×1000毫米　　1/16　　18.75印张
字　　数：326千字

定　　价：89.00元
书　　号：ISBN 978-7-5171-3896-9

本书主编简介

姜源，教育管理专业硕士，中央美术学院附属实验学校校长。北京师范大学继续教育学院客座教授，中国成人教育协会常务理事兼教师继续教育专业委员会副理事长，北京市中小学美育研究会和北京市学校中华传统文化促进会常务理事。先后撰写发表了百余篇教育教学论文，出版《行思行远》等十多部教育管理、学生教育和家长教育等专著或教材。曾荣获"全国教育科研优秀校长"、"全国特色教育先进工作者"、"全国教改实践先进个人"、"省级模范教师"、"市级标兵校长"等称号。

文库编委会

本书编委会

主　编：姜　源

副主编：李剑锋　易　瑾　雷　芸　宋瑞丹

编　委：（以下按姓氏笔画排序）

总　序

党的二十大报告中指出，"高质量发展是全面建设社会主义现代化国家的首要任务"、"教育、科技、人才是全面建设社会主义现代化国家的基础性、战略性支撑。必须坚持科技是第一生产力、人才是第一资源、创新是第一动力，深入实施科教兴国战略、人才强国战略、创新驱动发展战略，开辟发展新领域新赛道，不断塑造发展新动能新优势"。为深刻领会以习近平同志为核心的党中央作出这一战略部署的深义和赋予教育的新使命新任务，加快建设教育强国，加快推进教育高质量发展，展示新时代我国基础教育的发展变革和取得的重大成就，中国言实出版社策划、出版了"新时代教育文库"丛书。

进入新时代以来，教育系统全面贯彻党的教育方针，落实立德树人根本任务，培养德智体美劳全面发展的社会主义建设者和接班人；促进教育公平、提升教育质量，加快推进教育现代化，办好人民满意的教育。教育的中国特色更加鲜明，教育面貌正在发生格局性变化。新时代以来，我国教育普及水平实现了历史性跨越，更好地保障了人民受教育的机会；教育服务能力稳步提升，为国家重大战略实施和经济社会发展提供了强大的人才和智力支撑；教育改革开放持续深化，服务全民终身学习的教育体系进一步完善。"新时代教育文库"丛书记录了、见证了基础教育事业的发展变革，对研究我国基础教育具有一定的史料价值。

本丛书选题视野开阔，立意深远。丛书以地区分卷，入选学校办学特色鲜明、教学教研成果突出，既收录了办学者、管理者高水平的理论研究创新成果，也收录了一线教师对课堂教学的真实感悟案例，收录了一线管理者的成功经验总结，这些，对基础教育工作者、研究者具有一定的参考价值。

是为序。

著名教育家，中国教育学会名誉会长、北京师范大学资深教授

2022 年 12 月

序

中央美术学院附属实验学校校长　姜　源

　　党的十八大以来，中国特色社会主义进入新时代，我国的教育事业取得新的跨越式发展和历史性成就。中国言实出版社为深入展示新时代十年北京基础教育的突出成就和改革成果，策划推出了大型系列丛书"新时代教育文库·北京卷"，并邀请我校参与。为了配合中国言实出版社这一具有重大意义的活动，同时总结学校新时代十年的发展成果和成功经验，我校成立编委会，认真组织，积极动员，充分调动广大干部教师参与的积极性，共同回顾过去，抓住现在，展望未来。

　　中央美术学院附属实验学校是北京市朝阳区教育委员会和中央美术学院合作成立的、由中央美术学院承办的十二年一贯制公立美术特色示范学校，也是朝阳区中小学素质教育示范学校、北京市艺术教育特色学校、北京市学校文化建设示范学校和全国中华优秀传统文化传承校、全国生态教育示范学校。学校有着浓厚的艺术氛围，不仅环境优美宜人，设备齐全先进，办学条件优越，而且美术特色鲜明，特色成果丰硕，各项成绩突出，多次被评为"师德师风建设先进集体"和"教育教学成果优秀校"。

　　十年来，中央美术学院附属实验学校借助北京市经济发展和教育改革的东风，顺应新时代的发展潮流，通过三个"学校三年发展规划"，跨出了三大步，实现了九个战略目标：第一步，实现学校办学条件的彻底改善、教师队伍的优化配置和生源质量的大幅度提升；第二步，小学和中学成为区级示范性学校、学校

"尚美文化"的形成和学校办学成绩的显著提升；第三步，顺利与中央美术学院合作办学，集团整合扩大了办学规模，高考成绩取得了质的飞跃。学校的飞速发展和骄人成绩，使广大师生和学生家长的满意度和获得感逐年提升，目前已成为立志从事美术创作、艺术设计和创意产业学子的理想学校，深受社会好评和百姓认可。

中央美术学院附属实验学校一贯倡导"以人为本，促进师生可持续发展"的办学理念，以"办现代教育、创品牌学校"为目标，不断探索"十二年一贯制的办学体制、美术特色的艺术教育、国际化的开放式校园"的特色办学模式，打造以"认知美、崇尚美、创造美、享受美"为主题的"尚美文化"，使学校文化建设同办学特色有机融合在一起。学校坚持以课堂教学为中心，为实现育人目标，构建系统的、科学的"尚美课程体系"。美术特色课程成为学校长期办学过程中积淀而成的学校的独特标志，体现了特色办学突出的个性、风格及特点。学校较早地关注到社会人才需求的多元性和学生发展的差异性，以美术特色为依托，尊重学生的个性，发掘学生的潜力，注重培养学生审美追求、创新精神和实践能力，推动美术特色办学的长远发展和美术特长生的个性化培养，为学生的可持续发展负责，为学生的终身发展奠基。十年来，全校师生为此携手奋进、不懈探索，付出了巨大的努力，促进了学校和师生的可持续发展。本文集所选取的50篇文章，只是全校干部教师孜孜不倦地追求美、探索美、实践美的一个缩影，这也是本文集命名为《向美而行》的原因所在。

过去的十年，是中央美术学院附属实验学校奋斗的十年，发展的十年，辉煌的十年。学校将以此为新的起点，积极响应党和国家及北京市基础教育改革的号召，以普通高中多样化办学示范学校创建活动为契机，齐心协力，为把学校建成文化氛围浓郁、管理现代规范、师生素质良好、教学质量突出、美术特色鲜明、十二年一贯制的国际开放式的全国著名特色品牌学校而继续努力奋斗！

2022 年 11 月

目　录

教师发展篇

学科美育篇

艺术教育篇

教学探索篇

新时代 教育文库 北京卷

管理创新篇

发挥美术学科优势　助推美育目标实现

姜　源

中央美术学院附属实验学校始终以课程建设和学生发展为中心工作，其中美术特色课程体系的美育构建就是以推进素质教育和审美情趣为宗旨，以学科教学和美育功能相融合为突破口，促进教师在教学形式、教学方法上有创新有发展，还在教学理念和美育意识上有巨大转变和提升。美术和美育有着天然的、亲近的血缘联系，美术是美育最密切、最直观、最有效的学科渗透载体，同时美育是美术教育最根本的、最深刻的、最崇高的教育目标。美术特色课程的美育构建直接推动了学校的教育教学改革，提升了学校的综合实力和文化底蕴，同时也在学生心目中弘扬了"真善美"观念，成为学校精神特质的一部分，有效地实现了美育目标。

自 2002 年开设美术特色课程以来，学校逐渐形成了"以美术校本课程和美术社团为载体，以美术必修课程和选修课程为基础，以美术创作和展示为高级形式"的完整的美术特色课程体系。中央美术学院附属实验学校的成立，使学校的美术特色课程体系在中央美术学院专家的帮助下，得以进一步完善，教育教学成果进一步凸显出来。更为重要的是，学校着力打造美术精品课程，完善美术课程体系，使美术课程优势成为学校美育的优质的特色资源，成为全校师生的共同财富，形成了"人人参与、个个受益"的全员接受美育的良好局面。学校多年来致力于美术特色课程体系的建设，让美术不仅服务于学生升学的需求，更服务于学生发展和审美需要。学校不仅为美术特长生提供了一个发展平台，更为全体师生提供了一个触摸美术、理解美术、欣赏美术的舞台。美术课程让美育找到了合适的支点，促进了学生的个性发展，也带动了学校的特色发展。

一、形成共识重视美育在教育中的重要地位

2012 年，我校积极申报了朝阳区普通中学特色品牌化建设学校的美育特色项目，并获得了批准，成为朝阳区普通中学特色品牌化建设学校。学校借此良机，组织干部、教师深入学习领会特色品牌化建设精神和意义，提高全校师生对美育在教育中重要地位的认识，并在全校上下形成共识。人们习惯把我们的教育分为德育、智育、体育、美育和劳动技术教育，其中的美育即审美教育，是学校教育的重要组成部分，也是素质教育的重要内容。美育由于有自己特定的内涵、系统和体系，所以有其独立性。其基本特征体现在，具有示之以形的形象性、动之以情的情感性和寓教于乐的愉悦性。但其开发智力、陶冶情操、培养美感和愉悦身心的作用，又使其同德育、智育、体育和劳动技术教育相互渗透，相辅相成，不可割裂。学生道德品质的养成、正确世界观的形成，以及审美能力正确导向的促成都与学生对美的认知和评价密切相关。审美教育可以使学生树立具有正能量的审美观念，提升发现美、认知美、创造美的能力，形成对日常生活中美丑善恶的正确评价观。因此，美育是培养学生全面发展的需要，有了美育才是全面发展的教育，更准确地说，没有美育的教育是不完整的教育，一定程度上说，没有审美能力的人也不是全面发展的人。把特色品牌化建设作为突破口，全面贯彻学校"以人为本，促进师生可持续发展"的办学理念，促进学生个性化成长和身心健康发展。从思想深处和具体行为上着眼于适应社会的需求和学生自身发展的需要，考虑到基础教育特点和我校学生实际情况，考虑到社会人才需求的多元性和学生发展的差异性，在全面提高学生素质的基础上，以美术特色为依托，以审美教育为目标，培养全面发展并学有所长的人才，为学生的终身发展负责。

二、制定方案落实美术课程的美育目标

学校充分利用美术特色优势，始终把美术课程作为美育特色建设的突破口和落脚点。没有审美教育的美术教育是缺失的美术教育，没有美术教育的审美教育是虚无的审美教育。美术是美育最密切、最直观、最有效的学科渗透载体，美育也是美术教育最根本的、最深刻的、最崇高的教育目标，美术和美育

有着天然的、亲近的血缘联系。

多年以来，美术一直是我校的优势课程。美术被称为视觉艺术，它以自身特有的手段——点、线、面、形、体、色等造型因素，运用各种不同的工具和材料，构成各种形式的美和美的形式，并通过人的视觉感官，形象地传导于欣赏者大脑，作用于欣赏者的心灵，激发欣赏者对真善美的向往，对假恶丑的憎恶，是富有感染力的、直观的审美教育载体。所以，美术是美育的重要手段，它在锻炼学生的视觉敏感力、观察力和丰富学生的想象力和创造力的同时，也更好地培养了学生对自然美、艺术美和社会生活美的正确审美观和洞察判断力。在美术学科教学和学科活动中，只有美术教师把绘画理论与造型技术的传授，艺术思维与想象能力的培养，艺术灵感与创作欲望的激发，同审美情趣与鉴别能力的提升等四个方面有机结合和渗透，才能真正实现美术教育的课程目标。

同时，只有培养好学生正确的审美情趣与鉴赏能力，才能真正促进学生积极主动学习美术和激发学生对美术的发自内心的热爱，同时也会反作用于教师素质和业务能力的提升。教师、学生一起在对美术感性认识和欣赏创作实践的基础上，共同发现美的规律。使学生通过素描、色彩、速写和设计等基础知识与技能的学习和训练，研究掌握各种造型艺术的技巧，掌握作品的构思与欣赏要素，选择恰当的表现形式和技能技巧，实现内容与形式的统一。与此同时，也使我们的学生在审美意识和审美能力不断积淀的基础上，逐步把感性认识提高到理性认识，发现并运用美的规律，产生判断美、评价美、表现美和创造美的欲望与行为，致力于追求崇高审美理想。

三、不断完善美术课程体系的美育构建

近年来，学校加大科研力度，促进特色内涵发展，以科研课题的形式，打造精品课程，完善三类特色课程体系建设，即专业必修课、专业选修课、拓展课，使学校特色课程形成必修与选修、考试与训练、固定与灵活、专业与非专业相结合的科学的特色课程体系，为实现美育目标奠定坚实的科学的特色课程基础。美术特色学校不仅要有特色办学理念、办学模式和办学成果，更应有特色美术课程，形成素质教育统率下的贯穿审美教育的课程、教材、教法模式，并在教学实践中不断发展和完善学校的课程体系和课程建设。所以美术专

业课程体系的构建既要重视课程的专业性与选择性，又要重视课程的综合性和普及性，更要关注课程的审美性和美育性，以及课程设置分配的合理性和侧重性，为学生未来发展打下坚实的美术基础和审美素养。美术课程体系是实现美术特色办学的核心，其主要目的是使学生较全面地了解掌握美术基础知识、美术技能和造型创意与表现方法，提高艺术综合素质和学科表达能力，为学生顺利步入理想的艺术殿堂打下坚实的基础，其核心就是提升学生的审美意识和发现美、创造美的能力。学校积极组织教师开展美术课程体系的实践研究，区级课题"美术特色学校理论建构与实践研究"成果顺利结题并得到专家们的肯定。课题研究成果已由国家级出版社出版，不但使我校形成了独具特色的美术特色管理、教学、教研和科研模式，也填补了国内美术特色学校课程体系研究的空白。学校还充分利用学校与社会的资源，开设门类丰富的特色校本课程，开展丰富多彩的美术社团、兴趣小组和户外采风活动，做精做细美术特色课程品牌，拓展学生的想象空间、活动空间和成长空间，让学生愉快学习、快乐成长。

为全面提高学生素质，发展美育拓展空间。学校鼓励干部教师深入钻研、不断完善我校独具特色的美术教学管理、教研和科研的内涵和模式，为美术特色课程建设提供不竭的动力，为审美教育提供宽广的平台和空间。根据美术学科特点，注重学生审美能力的培养，注重夯实美术基础，彰显特色教学的时代特征。在美术课程体系建构过程中，我们首先要寻求到理想的具有美学意义的参照系，并将自己学校课程体系建设置于广阔的美育视野中和多元的课程形式中加以审视，使每个学生都具备合格的文化知识和良好的艺术素养的同时，还要具有审美的能力和修养，所以美术课程必须承担美育的责任，并且是责无旁贷的。"人无我有，人有我优，人优我精"是特色学校应具备的品格，也是特色学校核心要素和主体精神，美术特色课程体系构建就是这种理念的具体实践。适应素质教育和时代要求，根据学生的身心特点和审美认知能力，调动学生发现美、欣赏美和创造美的主观能动性，提升学生的审美能力是非常重要的课程体系建构前提，也是美育的基础和载体。

四、以美术课程为载体的美育具体实践

在提升对美育重要地位的认识以及明确美术与美育关系的基础上，学校大

力进行美术与美育渗透的具体实践，加强美术课程建设和加大审美教育深度，使之发展成为学校的办学特色和发展方向，并成为学校办学理念落实的有效载体和办学目标实现的重要手段。

（一）寻求突破，美术教育打开发展新大门

在 2002 年以前，原学校面临着生源质量较低、学生学习兴趣不高、升学成绩不理想、社会评价负面影响较大等困境。学校领导班子经过认真调研和思考，反复讨论形成一致意见，根据地缘优势和社会需求，开设美术特色课程，办美术特色学校是学校发展的唯一出路。原学校地处朝阳区酒仙桥大山子电子城中心地带，周边艺术教育资源丰富，紧邻世界知名的 798 现代艺术园区和中央美术学院，周边的美术特色教育环境得天独厚，艺术氛围浓郁，具有独特的区位优势。2002 年，经北京市和朝阳区教委批准，开始了美术特色课程教育。经过十六年的发展，终于杀出重围，展现出生机勃勃的办学局面，其办学成果也得到了学生、家长和社会的认可。自 2005 年以来，平均每年美术特长生高考本科上线率都在 90% 以上。至今已把 1000 多名学生送入中央美院、清华美院、中国传媒大学和北京服装学院等高等学府。学校还积极组织学生参加各类美术比赛，先后获得国际、国家、北京市和朝阳区奖励几千人次，连续 10 年被教育部艺术教育委员会授予全国美术大赛优秀组织奖。让每一个学生找回了自信，让每一个学生的特长得到发展，也为学校赢得声誉。更为重要的是，学校通过特色美术课程的开设，使之成为学校美育的重要载体，师生精神面貌和审美情趣发生巨大变化，美术教育已经成为学校全体师生发现美、感知美、认识美和创造美的源泉。由此，学校先后获得"朝阳区美术特色教育示范校"、"北京市艺术教育特色学校"和"全国百强特色学校"等荣誉称号。

（二）多元课程，美育提升每一名学生兴趣

为了让学生都能接受高质量的美术教育，体验到美育的魅力，学校组建了一支由 22 名高素质美术专业教师组成的团队。这些教师有的毕业于清华美院、中央美院等著名高校，获得学士、硕士或博士学位；有的成为市区级骨干或各类艺术家协会会员，教学经验丰富，为学校开展美术教育提供了强大的保障。学校还经常聘请中央美院、清华美院等高等院校和科研机构的教授或专家来校兼职任教和讲学。如今，全校范围内已开设美术类校本课程 20 余门，成立美术类专业社团或兴趣小组 30 余个。每周二和周三下午，全校所有学生走班选择自己感兴趣的选修课学习，这一天也成为学生们最为开心的一天。三类特色

课程体系有机整合，包括专业必修课、专业选修课、拓展课，使学校特色课程形成必修与选修、考试与训练、固定与灵活、专业与非专业相结合的科学的特色课程体系。还充分利用学校与社会的资源，开设门类丰富的特色校本课程，开展丰富多彩的美术社团和外出写生采风活动，每个周末，学校还经常推荐或组织学生前往美术馆、博物馆参观，通过自身的实践，去寻求美、发现美和感知美。做精做细美术特色课程品牌，来拓展学生的知识空间、活动空间、成长空间和审美空间，让学生沐浴在美的氛围里，愉快学习、快乐成长。

（三）特色文化，以美术氛围提升审美品位

学校文化建设是为了实现学校的办学目标，彰显办学特色，是一所学校总体办学品质、教育水平的综合体现，关系到学校的整体发展和全体师生的共同利益，紧密结合学校特色进行学校文化建设，是学校建设与发展的重要工程。学校着力打造"尚美文化"体系，在学校精神文化、行为文化、制度文化和物质文化等方面，进行美育思考和实践。走进青院附中，灰墙红窗，古朴典雅。楼内，各式各样的非物质文化遗产琳琅满目，仿佛进入了一个博物馆。楼房的每一层都集中展示一种非物质文化遗产：北京的景泰蓝、山东潍坊的风筝、黑龙江赫哲族的传统鱼皮画、天津的杨柳青年画、陕西的皮影……17 种 400 多件非物质文化遗产中，大多数作品来自大师之手。学校在此基础上编写出校本教材《中国传统工艺美术选粹》已由教育科学出版社出版，让每一位师生和学生家长都能了解非物质文化遗产的传承意义和其无尽的艺术魅力。让学校文化育人，让学生近距离欣赏这些大师的作品，与大师进行心灵对话，直接感知和体会美的魅力。学校营造环境育人的整体艺术氛围，使整个校园充满浓郁的中国传统文化气息，提高师生艺术鉴赏力，全方位启发师生艺术创造思维，成为学校美术特色课程和审美教育的有效载体。在开展美术教育的过程中，学校师生对美的认识深化了，越来越多的师生爱上了美术，喜欢上了美术。在学习美术、感知美育的过程中，我们师生的修养提升了，也逐渐养成了良好的品德和行为习惯，对真善美的理解和判断能力也增强了，并把学习美术的积极性迁移到了其他学科中，学习兴趣和自信大大提高，综合素养得到了全面提升，学校的社会认可度也大大提升了。在坚持学校文化建设课堂教育主渠道的同时，坚持"管理育人、服务育人、环境育人"的原则，全方位营造学校文化建设的良好氛围。

（四）整体推进，把美术活动融入人的发展之中

学校在美术课程教学中利用学科自身的特定规律，引导学生发现美、感受美、追求美、创造美的同时，围绕美术课程这一中心，调动一切积极力量和丰富多彩的活动来整体推进和拓展美育成果，使学生通过全方位的参与和感知，形成科学的审美观，达到美育的目的。陶艺、雕塑、书法、服装设计、艺术摄影和绘本画等课程不仅拓展了学生的视野，激发他们的灵感，也充分满足了学生对美术的兴趣和提升审美能力的需求，把美术特色资源变为全校师生共同的美育财富。我校设有国画社团、版画社团、油画社团、服装社团、陶艺社团、书法社团、绘本画社团和风景画社团等30多个美术类社团，学校师生每学年参加国家和北京市及朝阳区级美术类比赛几十项，每年获得各级奖励300多人次。除美术方面的课程外，学校还开设了街舞、合唱、围棋、航模、编织、击剑等课程，同美术类社团一起满足学生的成长需求。其中一年一度的学校文化节成为学校艺术教育和审美教育结合的重要展示平台，每年的六次校园美术作品展和国际绘本画大赛已经成为学校有较大影响力的特色品牌活动。学生创作的书法、绘画、雕塑、创意服饰等作品创意独特、异彩纷呈，他们在自己组织和参加的活动中发现美、感受美、体验美，审美情感、审美观念和审美能力在不断提升。

五、美术与美育结合特色建设的实践体会

美术课程的内容和形式，要面向全体学生，符合全体学生发展的美育要求，并借鉴多元智能的积极理论，使学生的基本功训练、形象思维训练、感受能力训练、技能技巧训练、审美能力和审美情趣训练同步进行。为实现此目标，在总体关注美术训练与审美教育相结合的同时，我们还注重了四个结合：审美能力与创造能力相结合，基础技能提高与个性审美拓展相结合，课内美育渗透与课外拓展感知相结合，教师示范指导美与学生自主学习探究美相结合，最大限度地提高学生的审美情趣和美育成效。

更重要的是，提升美术学科的美育效果关键在于美术教师的学科素养和美学修养。所以注重美术教师综合能力的培养，对美术教师的综合能力提出了更高的要求。采取多种形式加强美术教师的专业培训，提升他们的专业素养和美育能力，是至关重要的。大力宣传美术教师在美育中的地位与贡献，组织课堂

观摩，交流学习美育经验，及时疏导存在的问题，加强教师间的相互沟通，换位思考学生的审美需求，形成学科甚至学校的美育合力，取得积极成效。

同时，制定合理的美术课程和活动评价标准，发挥教学评价对教学活动和审美教育的导向功能，因势利导，有利于促进教师和学生个性化、多元化发展与提升。也能防止美术专业训练单一化、程式化，而忽视美育功能的倾向出现，使教师更多关注学生的个性差异和审美教育，并尊重、引导、纠正和认可学生的审美价值取向。还要发挥评价的诊断功能，实现查漏补缺、纠偏正标的目的。更要发挥评价的激励功能，激励教师把美术教育和审美教育有机结合，全力培养学生学习美术、追求真善美的兴趣。

不可或缺的是要为美术特色教育和审美教育营造良好的氛围。学校以美术特色课程为中心，在校园环境及文化的建设中凸显美术和美育功能，同时根据美术课程的设置和美育的需要配备足够的硬件设施和软件资源。如专用教室、多媒体教学设备和器具、丰富的美术和美育的图书与资料，还广泛利用校外的各种美术课程资源和审美教育基地，聘请专家教授和名师参与本校美术教学教研，围绕课程方案和美育渗透的内容多形式、多渠道地拓展美术教学空间，整合美术教学资源。积极开发信息化美术课程和审美教育资源，充分利用网络获得最新、最前沿的教育信息资源，不断调整、扩充和开发新的课程内容。

总之，社会发展日新月异，新时代对学校特色教育提出了更高的要求，我们需要与时俱进、不断创新，使特色课程体系构建成为特色学校永远的课题。未来中央美术学院附属实验学校的发展，将会继续着眼于美术教育特色课程建设，加强美术与美育结合的实践研究，不断提高特色办学水平和美育效果，不断注入新的办学活力，争取把中央美术学院附属实验学校办成一所"文化氛围浓郁、管理现代规范、师生素质优良、教育质量突出、美术特色鲜明的，具有现代教育理念和示范引领作用的，人民满意的、国内一流的十二年一贯制美术特色品牌学校"。

弘扬中国非遗文化　促进学校文化建设

姜　源

　　学校文化建设是为了实现学校的办学目标，彰显办学特色，是一所学校总体办学品质、教育水平的综合体现，关系到学校整体发展和全体师生共同利益，紧密结合学校特色进行学校文化建设，是学校建设与发展的重要工程。中华传统文化是学校文化建设的可靠根基，而非物质文化遗产是中国传统文化的重要组成部分和集中体现。因此，在中国非物质文化视域下，结合学校美术特色，以非物质文化遗产中的美术和工艺部分为载体，将非物质文化遗产传承引入学校文化建设，有利于学校吸收传统文化中的精华，积淀深厚的文化传统，构建独具特色的学校文化，是中央美术学院附属实验学校一直极力追求的文化建设目标。

一、非遗文化传承与美术特色学校文化的有机统一

　　中华民族五千年的文明发展史，源远流长、灿若繁星。我们祖先以卓越的才华和杰出的智慧，在不断的劳动生产实践中，创造了灿烂的中华文明，为中华民族和全人类留下了宝贵的文化传承和物质财富，尤其是非物质文化遗产更是耀眼多姿。但随着历史的变迁和岁月的流逝，人类创造的很多文明在逐渐地消失。如今，无论是联合国教科文组织，还是中国政府及各级地方政府，均已认识到保护人类文明的迫切性和重要性，并付诸实际行动，全力保护人类祖先留下来的财富和文明，纷纷遴选和公布各级文化遗产保护项目。到目前为止，中国是受保护的世界非物质文化遗产项目最多的国家。

　　非物质文化遗产不仅承载着中国传统文化，蕴含着民族精神，而且其中

的各种民间艺术和各种传统手工艺技能也蕴含着较高的审美价值。透过非物质文化遗产的发展史、艺术史、审美史的学习，汲取厚重的文化历史营养，有利于学生加深对非物质文化遗产的了解和认识，激发学生对非物质文化遗产的兴趣，并不断开启学生心智，升华学生心灵。同时非物质文化遗产中蕴含的审美意识和理想追求有助于触发学生美的意识以及提升学生对美的理解，从而提升学生艺术审美水平。所以，非物质文化遗产的审美思想和美术特色教育的美育目标有着天然的联系。

非物质文化遗产是中华优秀传统文化的传承和积淀。我们在充分认识非物质文化遗产传承和学校文化建设重要意义的基础上，挖掘利用非物质文化遗产和学校资源的优势，围绕学校办学理念、办学目标和办学特色，集思广益，制定独具本校特色的校园文化建设的总体设想、思路以及具体建设方案，并在实际工作实践中，逐渐形成完整的以"尚美文化"为主题的学校文化建设体系，建设有品位、有生命力的学校文化。这既是规范学校办学行为，形成学校独特人文氛围的重要载体，也是为师生们创设适应发展的知识空间、活动空间和成长空间，是学校建设和管理中的重中之重的大事。

中央美术学院附属实验学校文化建设的指导思想是在学校"以人为本，促进师生可持续发展"的核心办学理念的统领下，继承中华传统文化，大力弘扬社会主义核心价值观，以"尚美文化"即"崇尚美、创造美、认知美、享受美"为主题，着力彰显我们的办学特色，并使学校文化建设同办学特色有机融合在一起，致力于打造一个人文和谐的学校文化氛围。使学校文化建设以学校物质文化为基石、以制度文化为屋架、以行为文化为砖瓦、以精神文化为支柱，形成文化层次多样的立体的学校文化建设体系。学校文化建设是办学理念的综合体现，是一个相互关联的完整体系。教育理念是学校文化建设的理性前提，社会的进步需要我们在继承传统文化的基础上，用一种新的教育观来审视这个时代的学校文化，这是教育发展的趋势和时代的要求。我校文化建设体系的最基本的核心就是教师和学生所追求的价值观与取向，要把它融入学校文化建设活动的各个层面，由此构成我校以"美术＋美育"为核心的"尚美文化"体系的外延，即"崇尚美"的学校精神文化、"创造美"的学校行为文化、"认知美"的学校制度文化、"享受美"的学校物质文化等，形成一个具有学校特色的相辅相成的完整体系，内部组成有机契合，来实现"以文化人"的境界与文化建设的目标。

二、非遗文化美学精神传承助推学校美育目标的实现

中华传统文化的美学精神其中一个重要的传承载体就是非物质文化遗产。学校的文化建设只有在继承传统文化的基础上与当代多元文化进行融合，才能创造出优秀的学校文化。传统文化是学校文化建设的根基，非物质文化遗产是中国传统文化的重要组成部分，将非物质文化遗产传承引入学校文化建设，有利于学校借鉴传统文化，积淀深厚的文化根基，构建独具特色的学校文化。所以，将非物质文化遗产引入学校文化建设具有极其重要的美育价值和美学意义。

在经济全球化和多元文化大潮不断冲击下，媚外思想、功利主义和应试教育充斥着校园，影响着学校文化的建设和健康发展。而中国优秀的传统文化，甚至中华民族伟大的民族精神和应该具有的民族情怀也有所淡化，学生的审美导向值得注意，审美能力有待提升。建设优秀传统文化传承体系，弘扬中华优秀传统文化在学校文化建设中极其重要，也是中小学教育必须肩负的责任。非物质文化遗产中蕴含的重要精神品质和审美意识通过教育传承，可以潜移默化地影响学生的精神品格，提升学生的审美水平。非物质文化遗产的产生和创造，体现了广大劳动人民对美的追求和向往，对勤劳勇敢品质的赞扬和歌颂，彰显了劳动人民勤劳勇敢、自强不息、勇于创新的民族精神。这些民族精神和文化品格通过教育，可以逐渐内化为学生的自身修养，形成其内在的精神品格，有助于学生树立正确的价值观念，培养他们美好的品德和优秀的品格。

人们习惯把我们的教育分为德育、智育、体育、美育和劳动技术教育，其中的美育即审美教育是学校教育的组成部分，也是素质教育的重要内容。学生道德品质的养成、正确世界观的形成，以及审美能力正确导向的促成，都与学生对美的认知和评价密切相关。审美教育可以使学生树立具有正能量的审美观念，提升发现美、认知美、创造美的能力和对日常生活中美丑善恶的正确评价观。因此，美育是培养学生全面发展的需要，有了美育才是全面发展的教育，更准确地说，没有美育的教育是不完整的教育，没有审美能力的人也不是全面发展的人。作为美术特色学校，加强美育，在学校文化建设过程中重视美育，在中华传统文化中传承美育，是十分重要的。学校文化建设，就是要培养好学生正确的审美情趣与鉴别能力，真正促进学生积极主动学习美术和激发学生对

美术的发自内心的热爱，使我们的学生在审美意识和审美能力逐步积淀的基础上，逐步把感性认识提高到理性认识，发现并运用美的规律，产生判断美、评价美、表现美和创造美的欲望与行为，致力于追求崇高的审美理想。

中央美术学院附属实验学校着力打造"尚美文化"体系，在学校精神文化、行为文化、制度文化和物质文化等方面，进行美育思考和实践。走进学校，灰墙红窗，古朴典雅。楼内，各式各样的非物质文化遗产琳琅满目，仿佛进入了一个博物馆。楼房的每一层都集中展示一种非物质文化遗产：北京的景泰蓝、山东潍坊的风筝、黑龙江赫哲族的传统鱼皮画、天津的杨柳青年画、陕西的皮影……17种400多件非物质文化遗产中，大多数作品出自大师之手。学校在此基础上编写出校本教材《中国传统工艺美术选粹》，让每一位师生都能了解非物质文化遗产的传承意义和其无尽的艺术魅力。让学校文化育人，让学生近距离欣赏这些大师的作品，与大师进行心灵对话，直接感知和体会美的魅力。学校营造环境育人的整体艺术氛围，使整个校园充满浓郁的中国传统文化气息，提高师生艺术鉴赏力，全方位启发师生艺术创造思维，成为学校美术特色课程和审美教育的有效载体。在开展美术教育的过程中，学校师生对美的认识深化了，越来越多的师生爱上了美术，喜欢上了美术。在学习美术、感知美育的过程中，师生的修养提升了，对真善美的理解和判断能力也增强了，并把学习美术的积极性迁移到了其他学科中，学习传统文化的兴趣和民族自信心大大提高，综合素养得到了全面提升。

三、学校环境文化建设中的非遗文化传承与魅力

中央美术学院附属实验学校是朝阳区教育委员会和中央美术学院合作成立的、由中央美术学院承办的十二年一贯制公立美术特色示范学校和中小学素质教育示范学校。作为北京市艺术教育特色学校、北京市学校文化建设示范学校，我们更强烈地感受到中国传统非物质文化遗产的杰出和伟大，也清醒地认识到有传承的义务和宣传的责任。学校在确定环境文化建设的总体设想时，就定位于："学校建筑的建设和改造、学校文化的构思和设计，既能体现历史文化古都北京的悠久色彩、中华民族的传统文化艺术，又能展现央美实验的办学理念和特色风格。"同时建设主题确定为："古朴·经典·和谐·精彩。"此主题与设想是在学校办学理念的统领下，着力彰显央美实验的办学特色，并使学

校文化建设特色同办学特色有机融合。其中多姿多彩、内涵丰富的非物质文化遗产中的传统民间艺术会为"十二年一贯制的办学体制"中不同年龄段的学生提供具有丰富的故事性和连续性的教育素材；传统文化中劳动人民创造的多种非物质文化遗产，会使"美术特色的艺术教育"从中汲取不尽的营养；"只有民族的，才是世界的"设计理念，会使学校放眼全世界，真正成为具有吸引力的"国际化的开放式的校园"。浩瀚久远的中华五千年的文明史中，瑰丽辉煌的文化艺术，是我校校园文化建设取之不尽、用之不竭的资源宝库。学校的物质环境和人文环境有机结合，中华传统文化和世界现代文明有机结合，形成了具有我校特色的环境文化。

中央美术学院附属实验学校一直在坚持学校文化建设的课堂教育主渠道的同时，坚持"管理育人、服务育人、环境育人"的原则，全方位营造学校文化建设的良好氛围。按照我校文化建设的总体方案，把校园环境建设同特色建设及示范学校创建紧密结合起来，突出美术特色品牌化校园的环境独特性和示范性，在现有的基础上，进一步营造环境育人的整体艺术氛围，使整个校园充满浓郁的中国传统文化气息，提高教师艺术鉴赏力，全方位启发师生艺术创造思维，使之成为学校文化建设的有效烘托和载体。其中，学校以非物质文化遗产作为走廊文化的主要载体，从已被列为世界和中国政府及地方政府保护项目的工艺美术类别中，精选出具有代表性的17个项目如剪纸、皮影、脸谱、蜀绣、漆画等共400余幅传承人或大师的作品，展示于学校各栋建筑走廊之中，成为支撑校园文化的最亮丽的风景线，也被北京市联合国教科文组织协会命名为"非物质文化遗产传承教育博物馆"。在展示的过程中，我们能真切地感受到全校师生对它们的喜爱、尊重和敬畏，也能真切地体会到中华民族传统工艺美术文化的博大精深和摄人心魄。它不仅烘托出作为美术特色学校的强烈的艺术氛围，更主要的是，它能使我们全校师生感受到，我们祖先在漫长的文明发展史上所创造出来的灿烂辉煌的文明成就，以及给我们后代人带来的民族自豪感和自信心。

四、学校课程文化建设中的非遗文化载体与支撑

学校的中心工作应该围绕课程建设和学生发展而进行。美术特色课程的建构就是以推进素质教育和审美情趣为宗旨，以学科教学和美育功能相融合为

突破口，促进教师不仅在教学形式、教学方法上有创新和发展，还需要在教学理念和美育意识上有巨大转变。美术特色课程的美育建构将会推动学校的教学改革，提升学校的综合实力，同时也会弘扬传统文化中所蕴含的真善美，成为学校精神特质的一部分，并实现审美教育的目标。在学校课程文化的价值取向上，明确课程文化要体现民族性和时代性。非物质文化遗产作为传统文化的重要组成部分，蕴含着丰富的教育内容和教育价值。从非物质文化遗产中选取具有价值的课程内容，开发独具地方特色的校本课程。学校加大科研力度，促进特色内涵发展，以科研课题的形式，打造精品课程，完善三类特色课程体系建设，即专业必修课、专业选修课、拓展课，使学校特色课程形成必修与选修、考试与训练、固定与灵活、专业与非专业相结合的科学的特色课程体系，为实现美育目标奠定坚实的科学的特色课程体系。美术特色学校不仅要有特色办学理念、办学模式和办学成果，更应有特色美术课程，形成素质教育统率下的贯穿审美教育的课程、教材、教法模式，并在教学实践中不断发展和完善学校的课程体系和课程建设。

在美术课程体系建构过程中，首先要寻求到理想的参照系和支撑点，通过广泛的阅读和调研，开展对外交流，作深入的课程比较研究，精心筛选出适合自己学校的多种参照系，将自己学校课程体系建设的实际置于广阔的素质教育的视野中加以审视。美国当代著名的发展心理学家加德纳的"多元智能理论"对我们构建美术特色课程体系提供了参考，使我们更多地从教育的角度来认识美术课程，而不是从美术的角度来看待美术教育，这样才会更多地从促进学生发展的角度来组织课程内容，淡化学科中心，注重课程的综合性和多样性。而美术课程体系建构的理想支撑点就是博大精深的中华传统文化，其中非物质文化遗产是其最好的体现，尤其是其中所蕴含的美学精神，值得我们发扬光大和继承，成为课程建构的有力支撑。

为了使非物质文化遗产在学校文化建设和课程建设中发挥更大的效益，真正地发挥环境育人的作用，学校把所展示的传统工艺美术作品加以详尽的介绍，编写成为一本图文并茂的校本教材《中国传统工艺美术选粹》，并已由教育科学出版社正式出版，让每一位师生都能了解非物质文化遗产的传承意义和其无尽的艺术魅力，深刻地体会到我们每一个中华儿女都应该去传承并发扬光大。我们希望以此为契机和载体，调动更多教师和莘莘学子了解传统文化、学习传统文化、尊重传统文化的文化意识和民族自觉。同时我校充分利用学校与社会的资源，开设门类丰富的特色校本课程和社团。学校各类社团深受非遗文化熏陶，国画社团、版画社团、油画社团、服装社团、陶艺社团、书法社团、绘本画社团和风景画社团等美术类社团，在传承基础上创新发展。既丰富了学生的文化生活，培养了学生的兴趣和爱好，同时也提高了学生的审美意识。对于继承中华传统文化，弘扬传统文化的美学精神发挥了积极作用。尤其是吸引一大批学生喜欢美术，立志将来从事美术创作、艺术设计和文化创意行业，每年报考艺术院校或高校艺术类专业的高考本科录取率都在90%以上。我校的"美术特色学校理论建构与实践研究"成果已由国家级出版社出版，形成了独具特色的美术特色管理、教学、教研模式，也填补了国内空白。

学校自2002年开设美术特色课程以来，逐渐形成了"以美术校本课程和美术社团为载体，以美术必修课程和选修课程为基础，以美术创作和展示为高级形式"的完整美术特色课程体系。仅近三年就有600余人次的学生在国家级各类美术等艺术类竞赛中获奖，并连续9年获得教育部艺术委员会颁发的全国集体组织奖。更为重要的是，学校着力打造美术精品课程，完善美术课程体系，使美术课程优势成为学校审美教育的优质特色资源，成为全校师生的共同财富，形成了"人人参与、个个受益"的全员美术教育的良好局面。多年来致力于美术特色课程体系的建设，让美术不仅服务于学生升学的需要，更服务于学生发展和审美的需要。学校不仅为美术特长生提供了一个发展平台，更为普通师生提供了一个触摸美术、理解美术、欣赏美术的舞台。美术课程让审美教育找到了合适的支点，促进了学生的个性发展，也带动了学校的特色发展，实现了从"小美术升学意识"到"大美育教育观念"的根本转变。美术课程多年来一直是我校的优势学科。美术被称为视觉艺术，它以自身特有的手段——点、线、面、形、体、色等造型因素，运用各种不同的工具和材料，依托中华传统文化的深厚积淀，构成各种形式的美和美的形式，并通过人的视觉感官，形象地传导于欣赏者大脑，作用于欣赏者的心灵，激发欣赏者对真善美的向往，对假恶丑的憎恶，是富有感染力的、直观的审美教育载体。

新时代学校党支部发挥政治功能的实践研究

李剑锋

一、新时代学校党支部政治功能发挥的内涵释义

（一）以党的政治建设为统领，是新时代学校党支部加强自身建设的总要求

习近平总书记在党的十九大报告中指出："中国共产党一经成立，就把实现共产主义作为党的最高理想和最终目标，义无反顾肩负起实现中华民族伟大复兴的历史使命。"这一重要论断，进一步为学校党支部政治功能的发挥指明了方向，全体党员教师要坚定理想信念，增强使命意识和担当精神，立足岗位、居安思危、努力工作，在教育战线坚守初心、立德树人，为党和国家培养德智体美劳全面发展的建设者和接班人，这是新时代党对教育战线提出的总要求，更是学校党支部加强自身建设最核心、最本质的要求。

（二）保证全党服从中央，是新时代学校党支部加强自身建设的总任务

把党的政治建设放在首位，决定学校党支部的建设方向和效果，学校党支部要旗帜鲜明地讲政治，要发挥出应有的政治功能，党支部的政治功能主要体现在政治方向、政治立场、政治纪律、政治鉴别力和政治敏锐性上，学校党支部要引领全校党员师生坚定执行党的政治路线，严格遵守政治纪律和政治规矩，在政治方向、政治立场、政治原则、政治道路上同党中央保持高度一致；学校党支部要始终引领全校党员教师回应教育为谁培养人、培养什么人、怎样培养人这个根本命题，要始终将为党育人、为国育才作为党员教师的不变初心和崇高使命。

（三）突出政治功能，是新时代学校党支部成为坚强战斗堡垒的首要条件

党支部是党在学校中全部工作和战斗力的基础，主要体现在政治功能发挥方面。日常工作中，党支部要全面负责学校党的思想、组织、作风、反腐倡廉和制度建设，把握学校发展方向，参与决定重大问题并监督实施，支持和保证校长依法行使职权，领导学校德育和思想政治工作，培育和践行社会主义核心价值观，维护各方合法权益，推动学校健康发展，同时学校党支部也逐步成为宣传党的主张、贯彻党的决定、领导基层治理、团结动员群众、推动改革发展的坚强战斗堡垒，党支部强大的政治功能成就了党支部的坚强战斗堡垒。

二、新时代学校党支部政治功能发挥的具体体现

（一）新时代发挥学校党支部的政治功能，体现在统一意志和凝聚力量上

中国共产党自成立之日起，始终能够保持团结和集中统一，始终保持进取精神和强大力量，经历各种曲折和失败而愈挫愈勇，同党始终注重讲政治、发挥政治功能密不可分。学校党支部必须旗帜鲜明讲政治，严肃认真开展党内政治生活，这是全体党员教师补足精神之"钙"的根本保障，更是党员教师立足岗位、执着奉献、提高教育教学质量的组织保障。党支部必须引领全体党员教师深刻领悟"两个确立"的决定性意义，增强"四个意识"，坚定"四个自信"，坚决做到"两个维护"，善于从政治上谋划部署推动学校发展。

（二）新时代发挥学校党支部的政治功能，体现在解决问题和化解矛盾上

党支部突出强调政治建设，意味着进一步强化学校领导干部的政治责任，这些年随着"群众路线"、"两学一做"、"三严三实"、"不忘初心、牢记使命"等主题教育的深入开展，学校党支部的政治生活越发规范，党员干部教师的政治意识明显增强，政治觉悟明显提高，党支部的政治生态明显好转，为学校的可持续发展提供了良好的政治氛围和有力政治保障，而那些因为管党治党"宽松软"对党的政治建设没有抓紧、抓实、抓好带来的问题和矛盾也就迎刃而解了，因此发挥党支部的政治功能对于解决学校发展中遇到的矛盾和问题具有十分重要的政治意义、理论意义和实践意义。

（三）新时代发挥学校党支部的政治功能，体现在办学方向和办学质量上

党支部在日常工作中，把党的政治建设抓好了，把党的政治功能发挥出来了，各位党员干部教师的政治立场、政治方向、政治道路和政治原则就把握住了。在日常的学校办学规划制定、学校的课程设置与实施，教师课堂教育教学、学生社会实践活动，教材的使用、宣传材料的选择等方面，就不会出问题、走岔路，学校的办学方向就会始终按照党的教育方针前行，教师的教育教学活动就会按照"四有好老师"和"四个引路人"的要求开展，教育教学的质量也会随之提升，社会主义核心价值观也能够在学校的各项教育教学活动中落实落地，培养德智体美劳全面发展的社会主义接班人和建设者的使命也将实现。

三、新时代学校党支部政治功能发挥的工作方略

（一）政治引领是新时代学校党支部政治功能的根本要求

新时代中小学党组织建设，需要牢牢抓住政治引领这个根本，严格按照党章要求，开展党内政治生活，提高党员教师的政治素养，在政治立场、政治方向、政治原则和政治道路上同以习近平同志为核心的党中央保持高度一致，旗帜鲜明讲政治，才能保证在学校办学过程中的政治方向正确、政治原则坚定、政治路线正确，也才能统一全党意志、凝聚全党力量；学校党支部在干部教师队伍建设、师德师风培养、课程设置与实施、课堂教育教学、学生活动组织等方面加强思想政治引领，确保社会主义核心价值观落地落实，为社会主义事业培养合格的建设者和接班人，将立德树人根本任务落实到位。

（二）政治凝聚是新时代学校党支部政治功能的突出表现

学校党支部的战斗堡垒作用能不能发挥，就要看党支部的凝聚力有多大。党员干部来自群众又要融入群众和凝聚群众，党的群众路线让党的政治功能得以发挥，保证了党员干部和人民群众能够朝着共同的目标而奋斗，这也是党的政治功能的最根本的体现；学校党支部直接担负着教育党员、管理党员、监督党员和组织群众、宣传群众、凝聚群众、服务群众的职责，做到这一切，政治凝聚是统领，学校党支部既要能凝聚党员的力量，将基层党组织打造成为战斗堡垒，使党员在学校工作中更好地发挥先锋和模范作用，又要能广泛凝聚群众

力量，团结一切可以团结的力量，通过组织、宣传、凝聚和服务群众，进一步增强党在群众心中的影响力和凝聚力。

（三）政治认同是新时代学校党支部政治功能的重要目标

政治认同感的培养关系到立德树人根本任务完成的质量，关系到中国特色社会主义核心价值观养成的效果；政治认同感的培养核心和实质是意识、心理归属感共同作用下对中国特色社会主义核心价值观的自我选择与追求，并能够在生活中付诸实践。从大的角度来讲，是政治观的培养，是对国家、人民、中华民族归属感的培育；从个人角度来看，其实也是当今中国社会对主体行为的规范和要求。由此可见，在学校党组织政治功能发挥过程中，政治认同感的培养是重中之重。

四、新时代学校党支部政治功能发挥的途径探索

（一）新时代在健全机制中发挥学校党支部的政治功能，坚定党员干部教师的政治立场

实践证明，只有健全了党建工作的各项机制，才能真正履行好党支部的各项职责，才能让党支部的政治功能得以发挥。参与重大问题决策是学校党支部的重要职责，是党支部发挥政治核心作用的基本途径，学校任何重大问题的决策首先要经过充分的酝酿，前期要进行广泛深入的调查研究，充分听取各方面意见；与教职工利益密切相关的事项，要广泛征求意见，内容涉及多个部门的，事先做好沟通协调，相关部门应在有关会议召开前，将会议议题及有关材料送达参会人员，以保证参会人员有足够时间了解相关情况；在决策时，首先应安排分管领导或相关部门介绍、说明情况，并留出足够时间进行讨论，对有关决策建议，参会成员应逐个表态；学校主要领导应在大家充分发表意见的基础上，汇总并发表意见，一旦形成决议，任何领导班子成员都不得擅自改变集体决策。实践证明，规范党支部议事决策制度，有利于提高决策的科学化、民主化，提高解决班子自身问题的能力，更好地发挥党支部的政治核心作用。

（二）新时代在党政共进中发挥学校党支部的政治功能，坚持党建校建一体化的工作原则

学校的领导班子就是一个学校发展的"火车头"，领导班子的战斗力是否优秀，关键在于党政之间的沟通协调与配合。在日常办学过程中，学校党政主

要领导要主动交流思想、沟通工作，各级干部也要保持党政协调交流配合的工作状态。进而形成党政和谐、凝聚力强的领导班子，党政协调一致，是工作的需要，也是人品的体现，书记和校长是照亮学校发展的两盏灯，角度不同，但目标一致，二者在工作中相互支持，自然会推动学校的全面发展，也会给班子其他成员带一个好头，从而促进领导班子乃至全校教师队伍的团结奋进；同时，党政的团结，也不等于一团和气、没有争论，应该是以学校教师和学生的发展为中心，坦诚相见，在讨论中获得最佳的方案，促进事业的发展。在这个过程中，党组织书记更应配合行政管理，确定学校发展的长远目标，并思考为了实现目标党组织该承担哪些任务，进一步让党建工作与学校发展结合起来，为学校的发展进一步营造风清气正、和谐团结、积极向上的工作氛围。

（三）新时代在加强思政课程中发挥学校党支部的政治功能，构建课程思政的工作机制

加强思想政治理论课程的建设，就是要全面贯彻党的教育方针，要坚持马克思主义指导地位，贯彻习近平新时代中国特色社会主义思想，坚持社会主义办学方向。学校办学要加强思政工作，一是开好上好思政课，培养好思政教师队伍，通过思政课树立学生高尚的社会主义核心价值观；二是做好课程思政的机制建设，各个学科要深入挖掘本学科的思政素材，紧紧抓住课堂育人主渠道，结合学科教学内容的特点，因地制宜地、恰如其分地加强学生思想政治意识的培养与教育；三是进行活动思政的设计与实施，学校的各项学生活动，要紧紧结合社会生活、时事政治进行谋划和设计，要让学生在感知、体验和对比中加强对复杂现象的分析，甄别事情的真伪，培养正确的政治鉴别力和政治敏锐性。构建课程思政的工作机制，是落实"全员、全过程、全方位"德育教育的根本保证，能够将习近平新时代中国特色社会主义思想铸魂育人引向深入，不断增强学生中国特色社会主义道路自信、理论自信、制度自信、文化自信，把爱国情、强国志、报国行自觉融入日常的学习生活中，通过课堂、活动引导学生全面客观认识当代中国、看待外部世界，在批判鉴别中明辨是非，在具体事例中理解党的政策，在丰富的活动体验中树立理想信念，增强政治认同。

（四）新时代在立德树人中发挥学校党支部的政治功能，引领学生从小形成科学的世界观、人生观和价值观

学校党支部要紧紧围绕"立德树人"开展工作，工作中要进一步加强学生社会主义核心价值观的培养，学校党支部要引领全体党员干部教师，在学生

智育、体育、美育、劳动教育、科技活动中贯穿德育教育，贯穿社会主义核心价值观教育，以科学的世界观、人生观、价值观为引领；工作中要坚持德育为先、"五育"并举，为学生创设符合身心健康发展的多元课程和多样活动，为不同学段的学生从小树立爱党、爱国、爱学习、爱劳动、爱科学的理念打下坚实的思想基础；要持续开展师德师风建设，树立典型榜样，不断提高思想道德教育工作的实效性和扩大辐射面；要明确课堂是立德树人的主渠道，引领广大党员教师牢牢守住这个主阵地；要把握好教学、科研、管理等重大事项中的政治原则、政治立场、政治方向，在课程建设、教材选用、学术活动等重大问题上把好政治关。

五、新时代学校党支部政治功能发挥的显著效果

（一）新时代发挥学校党支部的政治功能，为培养中国特色社会主义事业奋斗终身的有用人才坚定了政治方向

新时代发挥党支部的政治功能，有利于增强学校按照党的教育方针办学的坚定性，学校党支部通过教育引导党员干部教师深入学习掌握习近平新时代中国特色社会主义思想，坚持不懈用党的科学理论武装学校党员干部教师的头脑，提高其思想政治素质和为党育才的教育信仰，增强对中国特色社会主义核心价值观的政治认同和思想认同，增强道路自信、理论自信、制度自信和文化自信，确保学校办学和教师教育教学在政治上不迷失方向，准确把握党在培养目标上的新规定，把培养社会主义建设者和接班人作为根本任务，培养一代又一代拥护中国共产党领导和社会主义制度、立志为中国特色社会主义事业奋斗终身的有用人才。

（二）新时代发挥学校党支部的政治功能，为教育事业凝聚教师队伍引领教师发展树立学习榜样坚持了优秀做法

新时代发挥党支部的政治功能，最终要依靠每一位党员在自己的岗位上发挥出来。学校党支部在日常工作中加强党员的教育与管理，督促党员学习党的思想理论，引领党员提高党性修养，带领党员服务学生、服务群众、服务学校。每位党员通过学习来武装自己的头脑，提高自己的思想觉悟，通过实干推动学校教育教学质量的提升，通过实干促进学校的可持续发展。在这个过程中，学校党支部注重提炼和总结党员日常工作中的先进事迹，让党员的先进事

迹去感染人、影响人，让先进的党员影响他所在的团队与集体，以点带面，形成良好的工作氛围和工作集体，让党组织成为优秀党员、先进榜样的孵化器，进而引导教师茁壮成长；要特别关心青年教师，他们是学校发展的后备力量，对青年教师的思想引领是学校党组织政治功能发挥的重要环节，党支部发挥党建带团建的优势，从思想上、政治上、业务上、生活上对青年教师加倍关心，引导青年教师在工作中形成正确的教育观、学习观，学习党的思想理论，坚定理想信念，以"四有好老师"和"四个引路人"的标准要求自己，逐步形成政治过硬、师德高尚、为人师表、充满朝气的青年教师队伍。

（三）新时代发挥学校党支部的政治功能，为学校培养德智体美劳全面发展的优秀人才营造可持续发展氛围坚守了清风正气

学校是培养国家和社会所需要的创新人才的地方，学校党支部要为培养创新人才、要为学校可持续发展营造风清气正的工作氛围。学校党支部要不断研究学校发展过程中出现的新情况、新问题、新任务，在全面深化教育改革和创新发展的大背景下，党支部引领全校党员干部教师因地制宜、实事求是、创造性地开展和推进教育教学工作，党支部能够针对实际需要做好教育发展和改革过程中的宣传工作，并善于发现问题和解决问题，化解矛盾，树立正气，为学校的可持续发展提供强大的组织保障，为全校党员教师钻研教育教学业务、提升教育教学质量树立清风正气。

疫情背景下小学线上教学管理的实践探索

关海涛

一场席卷全球的冠状病毒感染的肺炎让全人类的生活方式都发生了改变，封城宅家，延期开学，线上教学，改变了长期以来学校教育教学的方式。"健康第一、生命至上"，"停课不停学、停课不停教"，"学生乐意、家长满意"是我们学校教学管理的工作目标。如何做好特殊时期学校线上教学的有效管理，保障教学目标与育人目标的有效达成，是摆在我们面前的新课题、新挑战。全体师生居家抗"疫"，全面呈现了居家学习和生活，同样能够绽放别样的艺彩！

一、文件解读落实，政策引领落地

依据朝阳区教委视频会议的工作精神，学校在教学管理上将《朝阳区关于进一步加强中小学延期开学期间教育教学管理工作的指导意见》作为下一步居家工作的纲领性指导文件，进行了落实落地、深入浅出、有针对性的解读。提出了疫情阶段线上教学新的工作要求，以"健康第一、面向全体、五育并举、自主发展、家校协同"为总体思路，细化居家学习指导，关注学生身心健康，教育教学联手助力，坚持统筹资源与学校主体实施相结合、疫情防控与教育教学相结合、学生自主学习和教师指导相结合，全体教师处于有效的工作状态。

二、教学处整体安排，做到"三精"

（一）准备阶段：教学处高度重视，精心谋划

制订课程实施办法，出台课程实施办法及课程相关说明，从行政会议、协

商确定到组长会议，整体部署，最后召开全体教师会议，传达精神，解读方案，进行宣讲；规范各项实施模式，更有利于整体操作。

（二）试行阶段：教学处合理分工，精细落实

学校教学管理干部下沉教研组、指导教学，做到停课不停学、停课不停教、停课不停研；部署各年级组制定体现本年级特点的作息时间；部署各教研组、年级组以周为时间节点完成课程内容安排；落实好各年级组每周教学备课的上交及检查等工作。

各组以特殊教学方式，较好实现了"停课不停学、停课不停教、停课不停研"的工作目标。各教研组能够按照学校的工作方案，按照每周教学处下发的教师复习指导学生的链接表格的意见把各学科的内容穿插安排，把线上学习和线下学习融合安排，以同进度、同教学、同作业为原则进行安排。老师们提前备课，进行指导，虽说布置的是简案，但从呈现的形式能够看出老师们的精心备课，图文结合，关注学困生。在实施中组长能针对组内遇到的有关教学的问题，与组内老师商讨、研讨，及时与教学处沟通调整，做到有效监控。

（三）实施阶段：教学处积极改进，精准施策

结合市、区精神，落实上级要求，及时调整工作部署，制定课程安排、调整作息时间表，针对线上复习指导、新课教学提出整体实施意见，从管理上做到线上教学监管，发现问题，及时改进，调整方法。

教学处结合每一阶段的实施情况，提出4个调整1个关注。教学进度的调整：把以复习为主的教学进度安排转化为以为新课教学为主的教学进度；作息时间的调整：把前期课间休息10分钟调整为15分钟，把之前学生的自主选择自主调控时间转化为规定的课时时间和课时内容相结合；教学备课的调整：把以复习备课为主的形式转化为新课教学的备课，设计好问题，找准知识的衔接点，巧妙设计好练习，关注学困生；学科教学内容的安排保持与调整：语、数、英学科按照各年级组制定的教学进度、教学内容并结合市区提供的资源进行融合，采用不同的方式进行安排（课件、微视频等），其他综合学科都在14：00—15：00的兴趣活动时间进行了安排，结合区教研员的建议，穿插进行，确保本学期的教学工作如期完成。一个关注是：关注不同群体的学生，确保每一个学生不掉队。

三、组长率先垂范，教师全心呵护

每位年级组长和教研组长前期均进行了精心的准备，从任务与分配、工作形式、工作效果、问题与困惑、下一步打算等方面进行了汇报，体现了不同年级、不同学科的特点。实现了"三个动起来"，即学科复习动起来，自主体育锻炼动起来，学做家务动起来。全面细致地展现了小学部的居家学习状态，即教师悉心指导、学生情绪稳定、亲子参与互动。

（一）一年级：延期开学"宅"在家，自主能力得到提升

一年级学生根据家务劳动课程的具体要求，在老师和家长的共同指导下纷纷行动起来，别看他们年龄小，可做起家务劳动来还真是有模有样。学生们在家务劳动中大显身手，衣物自己动手洗起来、家务劳动小帮手干起来、美味食品动手操练起来……

为了激发孩子们的自主运动兴趣，在全体学生中开展的"我是体育小老师"活动，赢得了孩子们的喜爱。孩子们结合自身的运动健身情况，设计健身动作，录成小视频，发到群里供大家学习！每天会有1—2名同学进行教学，其他孩子跟着一起锻炼！

同学们虽然"宅"在家中，但自主能力不断提升。"我是劳动小达人""我是健身小达人"不仅让孩子们热情高涨，同时也使枯燥的学习生活变得乐趣无限！孩子们有了自信，家长们不再愁眉苦脸！

（二）二年级：超长假期快乐学，羽翼渐丰

规律作息，自主完成学习任务。别看年龄小，孩子们能根据老师提供的学习资源和学习计划，来安排自己的作息。他们可以在规定时间内保质保量地完成学习任务，遇到不懂的问题就及时向老师请教。一个月来，老师们在这个"时空课堂"里答疑解惑，学生们快乐地学习着！

学习之余，生活丰富多彩。孩子们的成长真是太快了！不仅可以花式锻炼、强壮身体，还能帮助爸爸、妈妈做一些力所能及的家务劳动。现在，二年级很多同学对简单的家务劳动能做到轻车熟路，成为家长的小帮手啦！

对于学生的学习生活，老师们始终本着防疫为主，时刻关注孩子身心健康的原则，认真提炼复习内容，给学生推送有效学习资源，随时解答孩子们的问题，鼓励他们在学习之余，还要加强体育锻炼。在提高自理能力的同时，培养

其他兴趣爱好，如书法、乐器等，让自己的居家生活丰富而有意义！

（三）三年级：重视学科阅读，强化积累

在语文学科中，我们采用以美篇阅读的形式推荐学生把课本中的课文转化形式让学生进行阅读，在这个阅读的基础上，结合市、区空中课堂的内容配以适合三年级学生要完成的阅读训练进行一日一练。对于篇幅较长的课文，我们会分为两天推荐。针对好的词语、句子、段落，建议学生要有重点地多读多积累。这样的阅读不仅为后续的学习做好了铺垫，也提高了学生的阅读量。随后进行阅读小练，根据短文设计的练习，紧紧围绕语文基础知识的字、词、句以及对文章内容的理解，并以多种形式呈现，收到了很好的效果。

在阅读积累的安排中，引领学生结合自己的实际情况，自主选择和完成每天1—2首的古诗诵读和古诗背诵，内容选取小学生必背古诗和学习的古诗。还设计了好书推荐环节，坚持推荐每两周完成一本课外书的阅读。学生在阅读后还以自己喜欢的方式，如读书小报、读后感、古诗配画等形式进行了自主交流。

（四）四年级：动手动脑，以趣促学

手抄报致敬最美"逆行者"。自新冠肺炎疫情暴发以来，孩子们开始了停课居家生活，口罩遮住了孩子们稚嫩的脸庞，阻挡了他们外出的脚步，却没有阻隔孩子们的颗颗爱国之心。四年级组教师借此契机，结合孩子们的年龄特点，希望他们在居家防疫的同时，能够实时关注疫情发展情况，了解疫情防控的相关知识，并能够用手中的画笔进行呈现。孩子们纷纷行动起来，利用休息日的时间，为我们发来了他们绘制出的一张张手抄报，以此致敬最美"逆行者"，五彩画面的背后，看到的是孩子们爱党爱国爱人民的真情实感。孩子们更加懂得了生命的意义，懂得了要更加珍惜现在美好的生活。

思维导图梳理知识体系。在停课不停学阶段，我们四年级组的教师非常关注孩子们自主学习能力的培养。在作业的布置上既关注到了知识的再回顾，也着眼于孩子们学习能力的提升。在四年级上学期的数学教学中，我们曾带领着孩子们利用思维导图来梳理知识，厘清单元脉络。在停课居家学习这段时间，我们也希望孩子们能够学着运用思维导图这种形式自己独立梳理单元知识，实现对知识的再学习、再认识和再提高。从孩子们反馈给我们的作品来看，别瞧孩子们年龄不大，能力还真是不可小觑！只要我们肯放手，给他们一些自主学习的空间，他们的想象力、创造力就会无穷大，这让我们老师很是欣慰啊！

（五）五年级：不同寻常的春天，别样精彩的成长

线上线下，乐学善学。突如其来的疫情，让同学们开启了非同寻常的学习方式和生活方式。线上线下的乐学善学，自主探究，彰显了孩子们强烈的求知欲，孩子们感受到学习的快乐。

居家活动，丰富多彩。尽显孩子们乐观向上的健康心理，凸显了孩子们热爱生活的美好心灵，感受到孩子们的多才多艺。

（六）六年级：重视学科拓展，增长能力

"停课不停学"，六年级的孩子们阅读课外读物，在老师的提议下，采取了"看书与听书相结合"的形式，既有利于保护孩子们的视力，又激发了他们读书的兴趣。

为了让孩子们关注疫情的变化，每周布置他们绘制一周的疫情统计图，并进行数据的分析。通过绘制统计图和进行数据分析，他们更加直观了解到新增确诊人数的不断下降，新增治愈人数的不断上升，从而感受到了医护人员的无私奉献，激发了爱祖国的情感。

总之，学校严格落实学生居家学习、教师线上指导、家校携手共育的工作思路，执行政策，及时调控，做到守土有责、守土尽责、守土有方，为孩子们的健康成长保驾护航！

文化自信融入中小学校园文化建设的路径探索

雷芸

在人类文明发展史上，中国几千年的文化是一盏从未熄灭的明灯，中国文化不仅为我们自身提供了滋养，也为世界的发展做出了突出贡献。近些年，习近平总书记多次在重要场合提到文化自信，他说："中国有坚定的道路自信、理论自信、制度自信，其本质是建立在5000多年文明传承基础上的文化自信。""文化自信是更基本、更深沉、更持久的力量。""文化自信"这个概念的提出有着非凡的意义，它为中小学校这个最基本的文化阵地为谁培养人、培养什么人、怎样培养人提供了育人导向，同时也为校园文化建设提供了理论和实践指导。

一、文化自信的内涵及其在学校教育中的意义

在党的十九大报告中，习近平总书记指出："文化兴国运兴，文化强民族强。没有高度的文化自信，没有文化的繁荣兴盛，就没有中华民族伟大复兴。"在党的二十大报告中，习近平总书记又提出："推进文化自信自强，铸就社会主义文化新辉煌。"有创造力的文化都是向未来敞开的，实现中华民族伟大复兴，更为重要的是坚定对文化未来发展前景的自信。学校是建立文化自信的主阵地，教育引导好我们的下一代，让他们认同我们的优秀文化，信任我们的文化精髓，有文化自觉的意识和文化传承的主动作为，建立起有底气的文化自信，才能牢牢接住我们中华民族优秀文化的接力棒，才能在人生的每个阶段确立好目标，发挥好作用，成为对社会有贡献、有价值的人，开展文化自信教育是学校要履行的重要责任，教育工作者必须在培养学生文化自信上有所担当和作为。

二、校园文化的内涵及其在学校教育中的作用

提起校园文化建设，很多人狭义地认为就是学校的环境和硬件建设，这其实是一个误区。"校园文化建设"是一个宽泛的概念，它是以学生为主体，教师为主导，以促进学生成长和提高文化素养及审美情操为目标，由全体师生员工在教育、教学、科研、管理、生活等各个领域相互作用中共同创造出来的物质和精神成果。校园文化建设分为物质文化、制度文化、行为文化、精神文化四个层次：物质文化特指学校建筑设计及硬件设施、绿化、景观等，它是能体现学校环境风格的外在标志；制度文化包括要遵循的各项规章制度和既定公约；行为文化特指师生员工的各种行为方式和在此基础上形成的校风、教风、学风；精神文化是校园文化建设的核心和灵魂，也是校园文化的关键，包括学校的历史沿革中所积淀的人文思想和文化观念，体现了师生共同遵循的价值观和信念。这四个方面的全面、协调发展，能表现出学校整体精神的价值取向，是具有引导功能的教育资源。优秀的校园文化是学校发展的灵魂，是凝聚人心、展示学校形象、提高学校文明程度的重要体现，更是一所学校综合实力的反映。它对学生的人生观、价值观产生着潜移默化的影响，对学生的品性形成、提高学生的人文道德素养、拓宽同学们的视野、培养跨世纪人才具有深远意义，优秀的校园文化能赋予师生独立的人格、独立的精神，激励师生不断求索、不断超越。所以，校园文化建设是学校发展的重要保证。

三、文化自信融入校园文化建设的路径

中小学生年龄跨度一般从 6 岁至 18 岁，这时期的学生还未定性，不能屏蔽过滤网络上的等大量碎片式信息，容易受到不良文化的侵蚀和误导，学校要抱着"从娃娃抓起"的理念，无论是物质文化还是其他层面的文化，都要以文化自信教育为端口，做好校园文化的一体化构建，坚持将传统文化作为教育主体，根据不同年龄段学生的身心特点、认知能力、认知水平创设各种条件，通过课堂教学、社团建设、校本课程、特色课程、重大节庆日、社会大课堂、社区共建、家校沟通等渠道，深入开展中国传统文化、社会主义核心价值观宣传教育，深化爱国主义、集体主义、社会主义教育，着力培养担当民族复兴大任

的时代新人。笔者认为可以通过以下路径将文化自信融入基础教育阶段校园文化建设中。

（一）非遗文化

非物质文化遗产（简称"非遗"）是各族人民世代相传，并视为其文化遗产组成部分的各种传统文化表现形式，它是一个国家和民族历史文化成就的重要标志，是优秀传统文化的重要组成部分，它所蕴含的文化价值、艺术价值和美育功能，能够丰富和拓展学校的艺术教育内容，更是开展文化自信教育的重要形式。开展非遗文化进校园活动，不仅有利于学生认识非遗文化的深刻内涵和重要价值，更能够激发其内心深处的民族自豪感与爱国主义热情。非遗文化的传承在基础教育阶段的实施途径广，方法多，主要有以下三种：一是"请进来、走出去"的方式。可以邀请民间手工艺人进入校园现场讲授并带领学生共同制作非遗作品，用最直观的方式引发学生主动参与和在互动中对非遗传人、材料、制作过程和最后呈现的作品的浓厚兴趣，非遗作品所蕴含的中国人民勤劳、朴实、智慧的信息会对学生产生潜移默化的影响。同时要引导学生和家长走入社会大课堂，走入博物馆，在参观交流中体验手工艺人精湛的技艺和精美的作品，在作品中挖掘文化符号，感受中国传统文化的博大精深；还要走入社区，带动社区居民一起开展非遗体验并推广宣传。二是拓展学习方式，通过校本课程、课题研究的形式对非遗文化做深入系统的研究，形成校本教材，为非遗文化的保护和传承做出贡献。三是在校园环境文化建设方面下功夫，例如，可建立校园非遗博物馆，收集适合不同年龄段学生喜爱的皮影、马勺脸谱、杨柳青年画、鱼皮画等代表地方文化和特色的手工艺品悬挂在各处，学生所到之处即可见，通过环境设计达到耳濡目染"以文化人"的效果。

（二）红色文化

红色文化，也称革命文化，是中国特色社会主义文化的重要组成部分，它承载着党和人民在革命战争、社会主义革命时期形成的优良作风和革命精神，是实现中华民族伟大复兴的重要精神力量。可以说，红色文化在基础教育阶段学生人生观、世界观、价值观的形成和思想引领上具有重要的现实作用和教育意义，是树立学生文化自信的重要立足点和着眼点。在基础教育阶段，开展并宣传红色文化的形式非常丰富，校园文化建设中尽可能提供红色资源，打造红色宣传阵地。校内可建红色主题展览馆、培养红色宣讲员，将红色展览馆列为爱国主义教育基地，形成学校特色文化，加大宣传和推广力度。还可将红色案例、红色内容融入到各学科教学中，让红色历史和事迹扎根在学生内心深处；还可通过重要纪念日、主题活动、红歌赛、描绘你心目中的英雄绘画比赛、演讲、党课、团课，参观红色遗址等多种形式，让学生多维度、多渠道接触红色文化，在接触的过程中，红色文化中的英雄事迹为学生树立起正面的楷模形象，形成了正确的人格崇拜和判断力。学生对红色文化的认同，也是对爱国主义、集体主义和社会主义的认同，有助于让他们深刻感受到国家今天的和平、繁荣与富强，是多少仁人志士用生命换来的，要勿忘历史，珍惜当下，放眼未来。

（三）民族文化

党的十九大报告指出："深化民族团结进步教育，铸牢中华民族共同体意识，加强各民族交往交流交融，促进各民族像石榴籽一样紧紧抱在一起，共同团结奋斗、共同繁荣发展。""根深方可叶茂，本固才能枝荣"，文化认同是最深层次的认同，是民族团结之根、民族和睦之魂。中华民族共同体是各族人民在长期历史发展中形成的你中有我、我中有你的民族共同体，是建立在共同历史条件、共同价值追求、共同物质基础、共同身份认同、共有精神家园基础上的命运共同体。基础教育阶段在落实民族团结进步教育过程中要将民族团结进步教育同爱国主义教育相结合，同培养学生尊重、理解、包容等基础道德品质结合在一起。要将民族团结进步教育贯穿于学校工作的各方面、各层次、各环节、全过程，让学生认识到中华文化是各民族文化的集大成，少数民族文化是中华文化不可分割的重要组成部分，教育引导学生包容、接纳、尊重少数民族生活习惯和文化，发挥好课堂教学主渠道作用，将民族团结进步教育融入各学科教学中，让民族团结一家亲和社会主义核心价值观的种子在学生心中生根发芽。同时要将民族团结进步教育融入学校校园文化建设中，创设有利于学生观察和体验的民族团结进步教育窗口、走廊、园地、展板、黑板报等"教育景点"；通过运动会、文化节、毕业典礼、成人仪式、"六一"展演、校内外写生、画展、迎新联欢等活动加强各民族交往交流交融。

总之，充分发挥好文化自信在基础教育阶段校园文化建设中的重要作用，培养学生对中国文化的认同感和对社会主义新时代背景下文化自信的认知，教育工作者任重而道远！

建设校园文化　培育尚美新人

——中央美术学院附属实验学校环境文化的育人实践

黄春丽

中央美术学院附属实验学校是北京市艺术教育特色学校和北京市学校文化建设示范学校，以独特的艺术氛围和美育实践培养出一批批艺术创意学子。文艺与文化密不可分，一所美育特色学校自然要有不一样的校园文化环境，学校一直走在"建设文化校园、培育尚美新人"的路上，不断践行着"培养德智体美劳全面发展的社会主义建设者和接班人"的教育方针。

一、环境文化建设

校园环境文化建设与学校办学特色有机融合，主题为"古朴·经典·和谐·精彩"。学校分四校区办学，环境优美、整洁有序，已成为平安校园、书香校园、数字校园、生态校园、文明校园、人文校园。

高中校区入校有太湖石相迎，灰楼面红窗棂、以中国风的空调外机罩为衬托装饰，古朴典雅。院内木质的六角凉亭旁，人工石山配以瀑布跌水，爬山虎经春的鹅黄和夏的油绿转为秋的焦糖和艳红，三五鱼儿又在水潭中嬉戏。一排柿子树枝头鸟鸣阵阵，挂着每届考生的心愿卡，寓示事事如意，树下木椅圈围，支撑木椅的石墩上刻有社会主义核心价值观，教育之心处处留。两棵大银杏和几棵法桐成荫，两棵核桃树带给校园和和美美的和谐寓意，学生可透过教室的窗观察到一年四季的美。鲁班锁斑驳的木质隐藏着中国传统的智慧，石磨则象征着劳动之美和坚韧之志，几根废旧的铁管经随意上色焊接摆放，也为校园增添了几分艺术气息。这儿可是校园写生的好地界，每年9月初都会变身成为学生画纸上的风景。艺术楼后开辟了小菜园，师生常常穿过园中一边的梅花墙门走进各种蔬菜之中，品味浓郁的生活气息。玉兰树则亭亭玉立，在初春的暖阳中早早地候着摄影大师来采风。菜园的另一边则是葡萄藤架，只是仰头欣赏那绿绿紫紫就已经甜到心坎里了。校门左侧的石榴园春来花香艳美、秋到果红坠枝头，融合着民族团结进步教育，象征着各民族师生在学校"尚美"文化熏陶下"像石榴籽儿一样团结在一起"，创造美、传递美。

初中校区教学楼砖墙红灰相映，山楂树、玉兰树相映成景，刻有"恢弘"两字的景观石立在青青草地上，旁边有轮胎搭摆的小蛙造型独具特色，透着喜悦和纯净。

小学校区的校门仿故宫红门设计风格，两侧的小石狮子透着活泼，蓝底金字校名的牌匾尽显大气古风。古色古香的连廊连接艺术楼和教学楼，为师生遮风避雨，也是参观访客的拍照打卡地。教学楼前矗立84届毕业生赠予母校的体操造型雕塑"树人四十载、桃李吐芬芳"，时刻提醒学生积极向上。各校区还设有读书角、展示角和琴廊，精心留给学生休闲的文化空间。

校园文化的人文定位也是独具一格。中央美术学院附属实验学校办学理念是"以人为本，促进师生可持续发展"，以"办特色教育，创品牌学校"为办学目标。学校校训为：尚德至诚、崇思唯美，凝聚了办学理念和目标，引领着学校特色与文化，将国家教育方针中的"德"列于首位。

校训释义"注重道德修养，崇尚思考行为，追求尽善尽美的最佳境界"。"尚"与"崇"均为"尊崇、崇尚、注重、推崇"之意；"至诚"与"唯美"均为"尽善尽美、最佳境界"。"德"为"人们共同生活及行为的准则和规范"；"思"为"思考"或"反思"。校训从"道德标准"和"行为准则"两方面对全校师生提出"追求卓越"的要求。学校取校训首尾字作为文化建设的主体思想"尚美文化"，即"崇尚美"的学校精神文化、"创造美"的学校行为文化、"认知美"的学校制度文化、"享受美"的学校物质文化，形成内部有机契合、相辅相成的完整体系，从而实现学校"以文化人"的境界和目标。

在校训的引领下，通过"三风"建设等很多具体实践行为来践行学校文化的核心理念。

学校形成"和谐、人文、朝气、阳光"的校风、"勤学敏思、恪职乐业"的教风和"志存高远、行求笃实"的学风。校徽是代表学校文化形象的logo标识，学校校徽外形轮廓为同心圆，符合中国传统文化的"圆满同心"之意。主体色调为学校的校本色——孔雀蓝，也是中国传统的吉祥庄重之色。外围双圆之内为学校中文名和英文名全称，内部核心主体是中国古代金文"美"字的变形体，体现对中国古代优秀传统文化的传承。"美"既是学校特色课程的"美术之美"，也是育人目标的"美育之美"；既体现校训"尚德至诚、崇思唯美"的内涵，也突出了学校"尚美文化"建设的主题。金文"美"字是一个形象生动的象形字，也如同一个快乐跃动的图腾，象征学生快乐成长。演化为双头天鹅和一双翅膀，象征"文化"和"特长"比翼高展，"品德"和"才能"振翅齐飞。校歌为一首混声四部合唱，中英文歌词，全曲和谐一致，曲调激昂而富有朝气，给人一种健康向上的鼓舞和激励，孕育着无穷的力量，"向往在大海的浪涛中搏击，渴望做振兴民族的栋梁……"作品具有极强的感召力和凝聚力，体现了学校师生团结的精神风貌和进取精神。学校校服以蓝灰或蓝白为主要基色，点缀红色条纹，深受学生喜爱。2021年9月央视12频道《热心话》栏目进校拍摄时，多名学生接受采访时表示"太爱校服了，非常好看"，"一进校参观就喜欢上这所学校了，太美了，非这儿学习不可"，学生从心底里涌起对校园之美的赞同和对学校的无限热爱。

二、文化熏陶育人

学校坚持"以文化人"，在课堂作为育人主渠道的基础上，践行"管理育人、服务育人、环境育人"。

非遗传统文化育人。中央美术学院附属实验学校是名副其实的非物质文化遗产传承教育博物馆，由北京市联合国教科文组织协会颁发牌匾。学校文化建设突出非遗文化传承，与美术办学特色有机结合，在小学、初中和高中校区楼内走廊装饰展示了北京的景泰蓝、山东潍坊的风筝、天津的杨柳青年画、陕西的皮影等21种600余幅非遗大师作品，2016年出版全国发行校本教材《中国传统工艺美术选粹》，加强学生非遗文化教育和体验。利用中国非物质文化遗产工艺美术作品打造学校文化特色、营造学校美术特色办学氛围，让越来越多的学生熟悉并掌握中国非物质文化遗产的历史渊源和工艺流程，引领学生走上现代化传承之路。

民族团结进步文化育人。学校秉承"只有民族的，才是世界的"文化建设理念，每个校区建筑楼道装饰的各类非遗文化作品中包括云南大理白族扎染、广西壮族织锦、贵州水族马尾绣、黑龙江赫哲族鱼皮画、鄂伦春族桦树皮画、新疆维吾尔族挂毯 6 种 200 余幅少数民族非遗代表作品，让学生在传统文化艺术气息中感受中国 56 个民族创造的各具特色的璀璨的文化遗产。学校通过体育课、课间操及体育竞赛渗透民族团结教育。创编京剧操、功夫扇、八段锦和武术操并融入"两操"活动中；月度体育竞赛融合拔河、踢毽子等民族传统项目；体育课融入武术、跳皮筋、脚斗娃（斗鸡）、八段锦等民族传统体育活动，体育节设置舞龙、竹竿舞、毽子、武术等民族体育项目。美术课和美术社团课上，学生在剪纸和设计课上以不同民族的图案纹样进行艺术再创作，教师教授少数民族头饰绘画技法，学生创作维吾尔族大叔、藏族老奶奶等少数民族人物素描、速写作品；开展教育扶贫艺术作品创作，义卖捐赠给青海玉树的学生。学生学习《面塑》《民间泥塑》《农民画中的节日》《画门神》等涉及火把节、泼水节、那达慕大会、藏族新年的内容，加深对各民族传统文化的了解。教师开发编写"多元一体与民族团结"、"地理区划与民族特点"、"历史人物与民族关系"、"民族艺术与民族文化"、"画说服饰与民族特色"、"舞蹈知识与入门"系列民族团结进步校本教材。学校在实践中不断融合民族团结进步教育，促进美术特色学校发展，为国家输送更多新时代艺术人才。

爱国的红色文化育人。中央美术学院附属实验学校作为培养新时代美术工作者的摇篮，有责任、有义务去宣传学习以笔为戈、以画为弹的美术抗战者们。同时，"鲁迅艺术文学院"又是中央美术学院的源头之一，学校成立"延安鲁艺纪念馆"，作为对全校师生并辐射社会的爱国主义教育基地，激励未来的美术工作者们勇敢地承担起民族复兴的伟大责任。2021 年 6 月 22 日，在举国上下庆祝中国共产党建党一百周年之际，学校举行延安鲁艺纪念馆开馆仪式暨"烽火丹青——中国共产党与抗战美术主题展览"开幕式，并对外开放。鲁艺馆展厅简洁而庄严，占地 300 平方米。展览分"大家都应当团结抗日"、"要画中华民族的火把燃起救亡的魂"、"文艺是时代前进的号角"三大主题展示篇章，以图片资料为主，档案文物、视频资料为辅，用史实育人。馆内展出复制图片 134 幅；展品总藏 411 册（件），现展出书籍 242 册，实物 44 件；4 部视频设备循环播出延安鲁艺介绍、地道战、鸡毛信、百团大战等影像。中国共产党领导的美术界抗战，不仅是中华民族抗日救亡斗争的重要组成部分，也是新文化运动以来中国近代美术史上的辉煌篇章，为新时期建设社会主义先进文化提供了宝贵的历史经验。中央美术学院附属实验学校延安鲁艺纪念馆和主题展览将作为学校文化建设和立德树人教育的有机组成部分,同时免费向社会团体开放,更好地发挥延安鲁艺纪念馆社会辐射效益和革命文化的教育作用。牢记习近平总书记嘱托:用好红色资源,传承好红色基因,把红色江山世世代代传下去。

开放的世界情怀育人。学校高中校区艺术楼是美术专业课程基地,192个典雅精致的画框装点在五个楼层的走廊两侧,画框中是世界各国美术题材高清邮票放大图和点评。艺术楼装饰要展现美术这一世界相同的艺术形式,需要邮票这张"国家名片"以世界各国共同的文化形式来承载美术这种中西合璧、相辅相成和相互借鉴的博大内涵,将绘画、设计、雕塑、中国美术和建筑等多种美术艺术集成体与学校美术特色校园文化有机结合。学校以邮票为载体串联起中外艺术珍品,五个楼层五大主题,建设多元立体的校园文化,重视艺术成就与文化传承,凸显美术特质和育人功能,为立志于美术创作、艺术设计和创意产业的莘莘学子营造艺术氛围,激发艺术情怀。学校利用国际美术大赛和画展把艺术交流、美术作品竞拍、慈善捐助有机地结合,慈善款捐赠给青海省玉树地区曲朗多多藏族学校。现已举办三届青少年原创绘本国际艺术节活动,把审美教育、情操教育、心灵教育结合起来的美育串联,为世界青少年插上丰富想象力和创新意识的翅膀搭设基石。国际青少年绘本艺术创作吸引了全国和世界其他各国青少年共同的参与,正是将美育的过程通过小艺术家们的画笔和他们的心灵碰撞来开展美育的一个良好的形式。疫情使整个世界的人们不得不疏远和分开,但是小艺术家们可以通过画笔和艺术创作,通过彼此心灵的交流,把各国文化中最纯洁的道德思想、最丰富的精神源泉展示出来,分享给世界。

三、文化宣传展示

中央美术学院附属实验学校作为朝阳区美术教育示范学校和北京市艺术教育特色学校,在秉承"尚德至诚、崇思唯美"的校训践行美育育人的同时,也承担着传承文明的义务和宣传文明的责任。

除校园荣誉墙、宣传栏和教室内外宣传墙外,学校形成"一网一号两刊 + 多媒辅助"宣传体系。学校网站 2018 年更名后改版,油画设计风格的首页,无框架、无展示图干扰,简洁清晰。微信公众号自 2017 年创建以来发布 321 条信息,并经合作单位转宣至今日头条、搜狐教育、百度新闻、腾讯新闻等媒体平台，全面宣传学校教育教学文化成果。校刊《青藤文摘》选登校外优秀教育教学文章、《青藤学刊》刊登校内教师优秀获奖论文，教师相互借鉴学习、共促进步提升。此外，学校近两年的教育教学成果还先后在《现代教育报》《语言文字报》《中国教育报》《德育报》《朝阳教育报》《中国教师》《北京教育》《环境教育》等杂志报纸刊登宣传139次。《朝阳教育》2020年11月扶贫专题栏报道刊登学校学生扶贫绘画作品。学校延安鲁艺纪念馆开馆以来，《朝阳教育报》《现代教育报》《德育报》分别以"烽火丹青：央美附属实验学校延安鲁艺纪念馆开馆"、"校园博物馆让红色教育活起来"、"延安鲁艺纪念馆正式开馆，首展抗战红"为题相继报道，宣传学校红色教育。2020年12月，学校获北青传媒2020年度青教育盛典京城教育领军学校。

多种形式的视频专题促进学校文化宣传辐射。为促进民族大团结，加强民族融合，宣传少数民族非遗文化，中央美术学院附属实验学校利用其非物质文化遗产传承教育文化建设优势，从学校三个校区楼廊所装饰的非遗大师作品中选取少数民族非遗作品拍摄制作专题宣传片《校园里的少数民族非遗》，2021年1月成片，介绍壮族、赫哲族、白族、水族、维吾尔族和鄂伦春族民族生活区域和环境，展示壮锦、鱼皮画、扎染、马尾绣、新疆挂毯、桦树皮画6种少数民族非遗手工艺品及传承制作过程。2019年12月，学校录制《关注心理健康 共筑和谐校园》专题视频，宣传心理教育成效。2021年2月，高中部录制抗疫故事剧《医》获2020年朝阳区第三十二届"孙敬修杯"讲故事比赛优秀组织奖。为庆祝中国共产党建党100周年，学校录制教师合唱《共和国之恋》、初中部师生制作拍摄《风雨百年》专题片，抒发热爱党、热爱祖国之情。2021年9月12日，央视12频道《热心话》栏目对学校美术特色作专题报道。2021年10月，学校制作剪辑"舞动童年"啦啦操社团和服装社团视频，参加《现代教育报》首都特色社团征集活动。

学校重视示范实践效果。学校通过北京师范大学继续教育与教师培训学院给予的平台，近年接待研修班学员包括各地中小学校长等教学干部到校跟岗学习上千人次，积极介绍特色办学经验，曾为甘肃省甘南藏族自治州100多位藏族和回族寄宿制学校校长作精细化管理讲座。作为朝阳区素质教育示范校，学校一直积极支持扶贫工作，近几年先后派7人次赴新疆、西藏、河北等地支教均获好评。校长参加区民族教育研究会赴贵州省黔南布依族苗族自治州支教活动，与黔南民族师范学院附属中学和三都水族自治县鹏城希望学校签订友好校协议，提供学校管理文本资料和书籍，帮助规范学校管理和制度文化建设，探索水族文化与学校文化建设有机整合。学校还积极谋求京津冀艺术教育协同发展，接待雄安新区教育局和基层学校领导到校考察交流，与天津宝坻区艺术中学和唐山艺术高中达成京津冀艺术类高中协同发展构架协议，推动京津冀一体化教育发展。

四、文化建设积淀

学校是美术特色示范校和北京市艺术教育特色学校，美术教育教学取得重要成果。《美术特色学校的理论建构与实践研究》一书在航空工业出版社出版，2017 年获北京市第七届学习科学研究优秀成果二等奖。校长主编的《家庭教育（高中三年级全一册）》一书在教育科学出版社出版。作为中央美术学院美术教育指导基地、北京教育学院艺术教学研究和学科建设基地、北京金帆书画院（绘画）分院，学校通过美术校本课程与美术社团活动，建立学生金帆书画院的特色课程体系，实施"尚美教育"，服装社团等 40 余个美术社团共同搭建学生艺术平台，近三年来获国家级、市区级艺术类奖励近 993 人次，教师获奖达 152 人次，特色办学成果深受社会好评。作为国家体育总局体操运动管理中心评定的全国啦啦操四星级俱乐部，"舞动童年"啦啦操社团积极参加比赛，获冠、亚军 20 余次；服装社团以"青铜时代"、"时尚敦煌"、"先秦遗风"、"凤舞丹阳"、"盛唐风韵"为主题设计系列服装，多次参加北京市纸艺服装设计大赛并荣获团体、创意设计、表演走台一等奖。

2020 年 12 月，小学部建立实施《"2+6+×"学生综合素养评价体系》，《"尚美"文化为学生成长护航》获北京市综素评价教师典型案例一等奖，42 名学生获朝阳区万名"美德少年"称号，学校获北京市 2020 年中小学生综合素质评价工作先进单位。学校 2021 年 7 月喜获朝阳区普通中小学校全面实施素质教育督导评价优秀等级。2021 年 9 月受邀任中央美术学院国际学院学术支持单位，学校将以央美"基础美育研究中心"为契机进一步推进学校美育工作，提升美育水平，并发挥美术特色学校的美育优势，为美育的推广和示范做出自己的贡献，承担应尽的社会责任。

学校落实立德树人根本任务，以美术专题活动促进学校美育，把美术教育与思政课堂相融合，组织小学、初中、高中学生绘制反映脱贫攻坚和教育扶贫题材的美术作品，其中 22 幅在《朝阳教育》2020 年 11 月期刊和学习强国 App 《现代教育报》强国号 2020 年 12 月 3 日等平台上优选刊登。

年鉴是记载学校发展的历史，展现学校风貌的镜子，是校园文化建设、办学水平提升的层次体现，促进学校发展、汇聚师生凝聚力。学校将网站信息资源与年鉴材料收集结合编纂年鉴，获北京市首届年鉴综合质量评比一等奖。

绿树成荫、繁花似锦、灰砖红窗、古朴典雅、硕果累累的校园文化使中央美术学院附属实验学校成为集学园、家园、花园、果园、乐园为一体的魅力学校。全校干部教师走在为营造大美术特色教育环境的教育之路上，为"建文化校园，育尚美新人"继续努力前行。

初中践行社会主义核心价值观之初探

魏笑云

一、问题的提出

社会主义核心价值观是社会主义核心价值体系的内核，是中国特色社会主义的本质体现，是新时期全面贯彻党的教育方针的首要任务；培育和践行社会主义核心价值观是学校立德树人的重要任务，也是深化教育领域综合改革、促进学生健康成长的现实选择。培育和践行社会主义核心价值观要从小抓起、从学校抓起，并要落实到教育教学和管理服务各个环节，覆盖到所有学校和受教育者。初中阶段是孩子们价值观、人生观、世界观初步形成的关键时期，初中教育要抓住孩子成长的关键期，结合该阶段孩子心理生理成长的规律，深入践行社会主义核心价值观，通过学校管理服务工作层面、教师教育教学工作层面、孩子学习和成长实践层面，多方面全方位展开，师生形成正确坚定的理想信念，让爱国主义情怀深入人心，人人从小事做起，踏踏实实修好品德，爱岗敬业，人人追求成为有大爱大德大情怀的人，在大爱大德大情怀中成长的孩子才会成长为有大爱大德大情怀的社会主义事业的接班人。

二、学校进行社会主义核心价值观教育面对的复杂情况

当今的中国正处于社会转型期，人们的思想观念常常受到多元价值的冲击。青少年正处于成长阶段，价值选择和价值取向极易受到多元化的社会影响，比如拜金主义、见利忘义、娱乐至死、外貌至上、享乐至上、诚信缺失等

问题，严重冲击青少年社会主义核心价值观的践行；加上社会上一些成年人受不良风气的影响，也有许多诸如闯红灯、爆粗口等不良的社会行为，这些都会影响到孩子形成正确的价值观，对践行社会主核心价值观形成负面的影响；这些常常会让学校的德育教育效果打折扣，甚至出现五天学校教育加上两天社会家庭影响等于零的现象。学校进行社会主核心价值观教育有时会出现缺少针对性的情况。基于上述思考和认识，我认为学校在践行社会主义核心价值观的过程中，要重点做如下的探索。

三、学校践行社会主义核心价值观重在统筹与落实

（一）制订社会主义核心价值观内容学习阶段目标和活动计划

学校各级领导非常重视社会主义核心价值观的学习和践行，大家定期召开会议的时候都有关于核心价值观的学习，在充分认真学习和讨论的基础上，全体教师群策群力，出谋划策，为我校实施该项教育费心出力，各个岗位都有自己践行社会主义核心价值观的思考和行动。全校行动统一，制订统一的全校学习计划，三年为一个周期，初一、初二、初三不同年级的孩子学习内容各不相同，初一阶段以文明礼貌教育为主，以遵守学校规则和法制教育为线，爱学习，守规则，讲礼貌，助同学，作为活动的四项内容，培养学生敬业、友善、文明、和谐的价值观的建立；初二是学生情感发展最为丰富，理性思维迅速逐渐发展的阶段，培养爱国主义情怀为主，以关注社会自由、平等、公正、法制为线，以时事摘要、时事演讲、时事评论、时事辩论赛为活动形式，让学生站在社会角度思考践行自由平等公正法制的深刻内涵和重要意义；初三学生具备了一定的辩证思维，又处于升学选择的重要时期，为什么学习，如何刻苦学习，学习的终极意义是什么，都是要跟学生交流的重要问题，把社会主义核心价值观教育与国情教育相结合，并把国情与自己人生梦想教育相结合，会起到较好的教育效果。

（二）将社会主义核心价值观渗透于学校、班级管理等各个方面

学校要求日常管理没小事，狠抓师生的日常行为规范，领导也好老师也好学生也好，人人开展"向不良行为告别"的专项活动，积极在行动上、在小事上践行社会主义核心价值观。

学校紧紧围绕立德树人与依法治校相结合，法律底线和道德规范都要抓，

让广大师生在学校生活实际中感受到道德的真善美，又感受到法律的威严，感受公平与正义的制度内涵。

（三）建立践行社会主义核心价值观家、校、社三位一体的教育体系

习近平总书记指出，办好教育事业，家庭、学校、政府、社会都有责任。学校担负着立德树人的重任，但家庭教育也不可忽视，社区也可以为孩子提供社会实践的机会，践行社会主义核心价值观的教育离不开家庭与社区。学校邀请家长参与到学习社会主义核心价值观活动，让家长清晰社会主义核心价值观的内容，理解学校的活动内涵，并参与到对学生的指导中来，为学生形成正确的价值观尽心尽力；此外，社区也参与学生行为的观察中来，促进良好的行为得到表扬，不良行为得到及时纠正。

四、学校践行社会主义核心价值观贵在培育与养成

（一）文化宣传以正面为主，加强社会主义优秀文化的宣传力度

培育和践行社会主义核心价值观要通过持续不断的潜移默化的熏陶，和细致入微的行为引导，才能使社会主义核心价值观在广大师生的心中播种、生根、发芽、开花、结果，学校通过国旗下讲话、课后广播、校园橱窗、主题班会、板报等多种形式展示社会主义核心价值观的内容与事例，采取故事会的形式，讲述社会主义核心价值观相关的诚信故事，开展文明行为展示、法律案例分析，社会生活大调查等内容，多种形式宣传核心价值观的基本内容。

（二）宣传优秀教师、优秀学生事例感染教育更多学生

"我心中的好老师"活动，大力宣传了教师的感人事迹。有些老师在家微信指导学生学习能坚持半年之久，天天到深夜，逐渐改变学生的学习态度和状况。很多老师无暇顾及自己家庭和孩子，爱岗敬业，让我们感动。同时，我们加强宣传学生道德明星，对能做到从不闯红灯的同学，能做到从不爆粗口语言文明的同学，能做到善于助人的同学，开展"最美少年"展示活动，展示学生的心灵美、行为美、语言美。在师生中营造为学先为人，评价学生先看做人，再看做事，再看做学问的氛围，创设好校风校纪，使社会主义核心价值观的践行不是停留在背诵，而是渗透在行动，停留在学生的心底，以及成长的未来日子里。

（三）价值澄清以时事演讲、评论、辩论等多种形式展开

在多元价值的冲击下，要让社会主义核心价值体系成为价值选择和价值判断的主要依据，需要对学生接触的多元价值观进行澄清，需要对纷繁复杂的社会现象做出理性的分析，才能让学生在纷繁复杂的社会实践中明辨是非，做出正确的选择。社会现实中发生的某些重要影响的事件，如果没有正确的价值引导和深入的分析，学生就会受到网络评价中的一些错误导向的影响，不仅不能做到分辨是非，甚至有可能颠倒是非，因此，一些学生关注的问题，一些社会暴露的热点问题，要拿出来进班会、进课堂，比如毒奶粉、毒疫苗事件，比如某某大学校长读错字事件，比如某某知名演员偷税漏税事件，对这些负面的事件要展开充分的价值澄清，教会学生什么是违法、什么是犯罪，做到预防未成年人犯罪。通过新闻事件曝光、新闻事件评论、新闻事件演讲、时事辩论等多种形式，有利于帮助学生梳理与澄清价值观中的一些错误认识，值得一提的是，辩论的形式非常受学生们喜欢，他们可以畅所欲言，也有助于他们更加深入地认识事物，做到能从国家社会的更高层面分析和思考问题，拓展了他们的思维视野，增强了他们的责任意识，促进他们形成家国情怀，增强担当意识。

美术特色班的班级文化建设探究

徐　婧

当今世界各国的中等教育改革，十分关注教育体制的改造和结构的调整，形成了普通教育职业化、职业教育普通化的中等教育综合化趋势。美国的中学以综合中学为主体，兼施普通教育和职业技术教育。法国、英国在二战之后也相继开展了中等教育综合化运动。《国家中长期教育改革和发展规划纲要（2010—2020年）》指出"推动普通高中多样化发展"，"鼓励普通高中办出特色"。那么作为美术特色校的细胞——美术班，如何利用美术特色资源做好德育渗透呢？

我校十余年来，美术特色教育办学发展很快，美术专业教师队伍业务精干，专攻专业教育，美术班的班主任几乎都是由非专业课教师担任，这对美术班的班主任提出了更高的要求。因此，作为班主任，能否尽快地熟悉专业是关系到我们工作成效的一个重要因素。下面，我想说说我是怎样把专业特色带进班主任德育工作中的。

我是数学教师，两年前学校安排我担任新招收的美术专业班班主任。刚开始，对于美术班的管理工作，我几乎一窍不通，对三门专业课也完全不懂，这个班的少部分学生在未升入高中之前，已具有较好的美术基础，分别在各类书画比赛中获奖，显然，班主任如果光凭空洞的说教和一般的行政管理手段，不仅学生不服，树立不起教师的威信，而且也不可能把班主任工作搞得生动活泼，丰富多彩。为了避免这种被动局面，我开始深入课堂，深入学生，大量接触专业信息，翻阅美学报刊，与专业教师频繁联系，交流意见，督促检查学生的绘画作品作业。从而对美术专业有了初步的了解。

根据我班的具体情况，在抓好学生德智体美劳全面发展的同时，我着重抓了美育的教育和培养工作。目的是想通过艺术和借助于现实生活中的美来教育学生懂得什么是真善美，什么是假恶丑，激发学生的美感，陶冶他们的心灵和情操，使他们形成正确的审美观，并注意培养他们在日常生活中和艺术创作中正确地表现美，执着地追求美、创造美的艺术才能。而教育载体我选择从班级文化入手。

一、高度重视班级文化的创建

班级文化是班级的灵魂，对学生的精神生活具有极大的影响，对学生思想品德行为具有潜移默化的作用。

（一）班级文化具有教育功能

班级文化作为一种特有的教育力量，渗透于教学活动之中，对学生心理素质的培养具有引导、平衡、充实和提高的作用。班级文化虽然无形，但又无所不在，如春雨润物无声，滋润学生心田，陶冶学生情操，塑造学生灵魂。比如墙上每月更新的优秀美术作品，榜样的教育形于无声。

（二）班级文化具有凝聚功能

班级文化能把班级成员的个人利益与班级命运紧密联系在一起，寄托着全班成员共同的理想和追求，能够激发成员对班级目标、准则的认同感，以及作为班级一员的使命感、自豪感和归属感，从而形成强烈的向心力、凝聚力和群体意识。比如班级的"读书吧"、"生日墙"，看似平常的角落，却凝聚着孩子们的心之所属。

（三）班级文化具有制约功能

班级文化能够形成一种规范体系，成为一种强大的约束力量。通过氛围、制度和观念方面的制约，使班级成员都能自觉地管理自己，让自己的行为符合班级规范。比如班级每日更新的考勤单，各个老师及每个学生日日抬头可见，无形、无声的批判也许强过耳提面命。

（四）班级文化具有激励功能

能为每个班级成员提供享受和创造的空间，有效地激发和调动每个成员参与班级活动的积极性、主动性和创造性，使其以高昂的情绪和奋发进取的精神，积极投入到学习和生活中去。每月文化墙的设计与执行成员名字会贴于文化墙中央，是一种表彰更是一种监督，没有最好，只有更好。

班级文化当然不仅限于可见的，更多是一种潜移默化的文化。一种久而久之深入师生内心的文化，会在日常学习生活中不经意流露出来，好的影响一旦形成受益终生。

二、引导和鼓励学生特色创新

我校致力于创建特色学校，提出了把学校建成"文化氛围浓郁、管理现代规范、师生素质良好、教学质量突出、美术特色鲜明，十二年一贯制的国际开放式的著名品牌学校"。从学校层面来看，管理者的教育观要随着教育发展趋势和时代要求不断进步、完善和发展，新的时代需要新的教育观统领和审视新的校园文化；从班级层面来看，班主任的教育要随教育发展趋势和学校目标变化调整、完善和发展，那么我在班级特色主题的选择上，注重围绕学校特色，以健康向上为前提，从多种方案中优中选优。

一是设立班级目标，引领学生向目标攀登，使每名学生不齿于影响和败坏集体形象的行为。树立"每个学生都是班集体建设的主人"的观念，唤醒和激励学生的自主意识，充分调动和发挥学生的主体性。

二是树立"以学校为荣、为班级争光"的集体意识，有爱心帮助有困难的学生，有能力担当班级中的工作，有信心为小组为班级争夺荣誉。班主任以身作则、以行示范，引导正确的舆论，以评比表扬等方式与学生交流，扭转错误的舆论，树立正面的典型，让同学们用放大镜去看自己的缺点、看别人的优点，人人心中有榜样。

三是在关系和谐、正气上升的氛围中，优秀的学生感到自豪，暂时落后的学生奋起直追，每个人的创造性、积极性都得到赞扬和呵护，主体性得到充分发展。

三、抓班级文化建设的着力点

在班级文化建设工作中，有多个角度、多个层面、多个环节。经过我认真的学习研究，认为应该主要抓好四个方面，建设班级的物质文化、制度文化、行为文化和精神文化。在实际工作中，我从这四个着力点出发，在老师的引导下，充分发挥学生的主体作用，让学生自主自愿地创建精品特色班级。

（一）物质文化高品位，我的班级我布置

我们把班级环境的建设权还给学生，由班主任组织全班学生对教室进行精心装饰，让教室的每面墙壁、每个角落都具有教育内容，富有教育意义。

（二）制度文化多创新，我的班级我来管

为创造班级大家管的氛围，我们在班级里组织学生讨论各项规章制度，按照全体学生的意见进行修改和补充，特别是在制度中突出班级目标追求、价值观念、作风态度等精神、文化方面的因素。今年以来，各个班级都通过了座位轮换制度、班干部选举制度、卫生扫除制度、班级公约和奖惩制度。学生自主学习制度、研究制度、了解制度，为自觉遵守制度打下了良好基础。与此同时，班干部轮换担任执行"周"班长，学生自主选举班干部，监督管理自身和他人的行为，自主参与评比和考核，极大地增强了学生的自主意识和参与意识。使班级有关公约、规定逐渐转化为学生的一种观念，以无形制度替代有形制度，既能起到强制约束作用，又能发挥激励规范作用。

（三）行为文化多样化，我的地盘我做主

鼓励和引导学生围绕班级特色，开展形式多样、内容健康的活动，让学生张开想象的翅膀，尽情展示自己的才能。同学们自主组织了给敬老院献爱心、社区送温暖等活动，受到了广大居民的表扬。同学们参加学校团委开展的"爱心义卖"活动，出售自己闲置不用的物品，把得到的款项捐出来用于贫困地区活动。在近期的主题班会上，更多的孩子走上讲台，带领同学们进行校歌、手指操的编排；在各项特色的小比赛中，同学们积极参与，或参加竞赛，或组织评比，既丰富了学生的学习生活，又能实现"玩中学，学中玩"，在活动中增长知识、提高能力、培养兴趣、增强信心。在班级环境、校歌、手指操的检查中，我班展现了显著的凝聚力。

（四）精神文化好风气，我的班级我爱护

班级精神的培育，需要点点滴滴长期积累。从创建班级特色开始，就需要确定班级精神。我要求以简单明确而富有哲理性的语言形式加以概括，并借助班牌形式加以形象的表达。在设计班牌时，调动全班学生人人参与。设计完成后，学校通过运动会、比赛、年级活动等场合给予展示，使这些具有特色的标志帮助学生对班级产生认同感和自豪感，而且通过他们的设计活动，体现创造力、合作力，增强班级的凝聚力，增进同学间的了解和信任。

四、持之以恒完善提高

在班级文化建设中，我始终要求，不能停留在、局限于搞好班级卫生，做好教室环境布置上，而要延伸、扩展到行为规范、制度建立和精神塑造方面，全方位加强班级文化建设。要把素质教育结合到班级文化建设之中，防止把应试教育、分数至上作为班级管理的价值取向，注重培养学生的自主管理、自我发展能力。

（一）营造积极向上的精神文化

班级精神文化是班级全体成员的群体意识、价值取向、审美观念等精神风貌的反映，是班级文化建设的核心良好的班级文化使人身居其中处处感到集体的温暖，同学之间团结友爱、互相鼓励、互相关怀，师生之间民主平等、爱生尊师，这种氛围使人心情舒畅，产生一股令人振奋催人向上的力量，这种凝聚力一旦形成，就会产生强烈的吸引力，把师生团结起来，共同为班级的发展而努力，这可以通过组织学生开展富有意义的班级活动等措施来实现。

（二）建设富有特色的物质文化

苏霍姆林斯基指出：无论是种植花草树木，还是悬挂标语，或是利用墙报，我们都将从审美的高度深入规划，以便挖掘其潜移默化的育人功能，并最终连学校的墙壁也在"说话"。通过物质的形式体现了出来：教室前黑板上方张贴班训！教室右边，是学生书画作品展示；教室后边的墙壁上是同学们出的墙报，通过精神文化的物质化，能让同学们随时警醒自己，自己应该为班级的发展而努力。另外，我们也在班内尽量创设一种积极向上的人文气息，如读书吧、生日榜。

（三）建立自由民主科学的制度文化

班级制度文化建设，不仅能为学生提供评定品格行为的内在尺度，还会使每个学生时时都在一定的准则规范下自觉地约束自己的言行，使之朝着符合班级群体利益，符合教育培养目标的方向发展，班级特色文化建设影响学生成长的特质。

1.持久性

班级特色文化建设对学生成长的影响是持久的，并不只是短暂的。一种良好的班级特色文化建设在最初的阶段会直接给予学生影响，但随着时间的推移，学生生活阅读的丰富，以及他们认知水平的提高，这种起初的影响会持久地影响学生，可能是几个学期、几年，甚至变为学生的终生兴趣与爱好，乃至发展成自己的毕生事业，这主要是因为文化对一个人的影响是持久的，文化对一个人的影响会渗透于人的认知、情感与行为当中，当文化变成人生活的一部分时，变成人的认知、情感与行为中的素养时，这种特色文化自然会对人产生持久影响，这种持久性会以显性与隐性两种方式同时存在。

2. 渐进性

班级特色文化建设对学生成长的影响是渐进的，并不只是即刻的。虽然班级特色文化建设对学生成长的影响可能会产生即刻的效果，但班级特色文化建设对学生成长的影响更是渐进的，这种渐进性主要表现为，班级特色文化建设对学生成长的影响是一个缓慢的过程，是需要时间积累的，也许开始班级特色文化建设对学生成长的影响不是很明显，但随着时间的推移，已经建设的班级特色文化会逐渐地影响学生，在学生身上的这种影响会逐渐地显现。因为文化对人的影响是缓慢的，这需要一个过程，需要经历时间与个人认知上的发展后，这种影响才能逐渐影响人的认知、情感与行为。

3. 启发性

班级特色文化建设对学生成长的影响具有启发性主要是指，建设的一定班级特色文化可能会对某些学生的认知、情感或行为产生某种启发，开启他们的心智，带给他们一些感悟，进而可能会使某些学生生成深度爱好与认知，使对这些学生的影响进一步发展，变成他们的持久兴趣与特长。这是因为在学生最初幼小的心灵里，他们的人生观、价值观、世界观尚未发展成熟，他们需要一定的合理、健康的文化思想引领，否则他们可能会误入歧途。建设一定的良好班级特色文化，是教师精心准备的，是符合学生发展身心需求的，当学生接触到这样的特色文化后，这些特色文化中的某些因素会影响学生，使某些学生对这些文化产生兴趣与引导，进而萌发为他们的欲望与动机，产生启发性，引导学生个体和班级群体的追求理想的价值取向。

（四）建立健康的班级人际关系

健康的班级人际关系，是学生个体和班集体健康成长的基础。只有在健康的班级人际关系中，学生个体才能和谐相处，健康成长，由此班集体也才能合作共同发展，开展丰富多彩的班级特色文化活动，能够培育健康向上、平等友爱、团结互助的班级文化氛围和良好的人际关系。健康的班级人际关系，有利于发挥班级舆论功能的导向作用和班级文化的团结凝聚力，团结合作、互助友爱的健康人际关系，是特色班级文化建设的内在需要和外在诉求。

（五）培养学生的个性与特长

一方面，班级特色文化培养学生的个性。每个学生都是不同的，但学生的这些个性与差异是他们的财富，是他们发展的基点，正是在分享别人的不同观点的基础上，自己的观点被相对化重新审视并获得新的发展契机。

另一方面，班级特色文化可以培养学生的特长。当学生生活、学习于班级特色文化环境中，他们会与这些特色文化产生种种互动与碰撞，久而久之，这些特色文化中的某些因素会培养他们的特长。

如何帮助孩子制订一套系统完善的复习计划

佟　铭

《礼记·中庸》有云："凡事预则立，不预则废。言前定则不跆，事前定则不困，行前定则不疚，道前定则不穷。"无论是学习方面还是生活方面，有计划地约束才能按部就班地做好，反之则会拖沓散漫。

最常见的现象就是有一些孩子，无论是家庭作业，还是寒暑假作业，不到最后快结束的一刻，根本不开始写；期末复习阶段，需要复习科目以及知识点较多的时候，出现无从下手的烦恼；复习时缺乏计划性，东一棒槌西一榔头，一会儿做数学题，一会儿背英语单词，忙忙乱乱，哪一科也没学好；制订了简单的计划，却在实施的时候，发现漏洞百出，造成手忙脚乱的困扰。

这些问题大部分原因在于，孩子没能制订一套系统完善的复习计划来督促自己。什么是复习计划？为了应对考试、升学和就业等决定人的下一个阶段的生活，对前期所学所做的事情进行回顾。为了达成更好的回顾效果而制订的周密、详尽、可操作性强的任务时间表，叫作复习计划。也就是说，复习计划是一个时间表，是对前期事情的回顾，并且需要周密详尽、可操作。

制订复习计划可以让孩子在复习阶段，明确自己的学习任务、学习目的以及约束完成的时间。有了计划的约束，孩子会逐渐改掉拖拉的坏毛病，让学习变得有条不紊，逐渐转为自主地学习，进而提高学习效率。

如何帮助孩子制订一套系统完善的复习计划呢？我从以下几个方面说一说。

一、时间制订方面

（一）一致性

学生课外的复习计划要与老师的计划大体一致、相互配合，尽量不要自己单搞一套。经常有学生抱怨说，按照老师讲的方法和原则制订的详细计划，一天下来却完不成，实施不了。仔细一问才知道，学生每天完成老师的任务后，再按个人的计划进行复习，这等于两套计划同时进行，难怪不能完成计划。

（二）完善性

一个相对完善的时间表，既要涵盖每月的整体安排，又要包括每月以及每天、每时的细节规划，并且要尽量具体。不要只是"晚上 7 点到 9 点学习"，而要把实际学习的科目和内容都定下来。如：7：00 到 7：30 继续完善历史学科朝代及重要事件的大思维导图；7：40 到 8：20 完成数学"直角坐标系"一章的重点知识梳理及拓展。

（三）周循环

一项研究结果表明，周单位的学习计划比每日计划或每月计划更有效。所以制订每周计划，不断循环的过程十分重要。周循环学习法就是把一周学习量提前做计划，并循环反复地学习方法。制订周一到周六的学习计划，每天完成，万一没有完成的部分在周日补充学习，以便于系统管理学习进度。有了目标就能更有针对性，计划落实也会更好。就像马拉松比赛，以一定的步伐有节奏地坚持跑下去才能取得好成绩。

（四）分散学

制订复习计划，要注意分散学习、交叉学习。如果有 90 分钟的学习内容，您是让孩子一下子学习完呢，还是分成几段间隔学习呢？心理学家很早就对这个问题进行了实验，实验结果表明：分散学习要比长时间的集中学习效果好。对于中学的孩子来说，其身心发育的特点也要求采用分散学习的方式。这样孩子就不会疲劳，学习的效果也会更好。

（五）用碎片

其实在复习阶段，更多的时间是碎片时间，比如早晨起床后，洗漱的时间可以安排听英语原音或者听古文讲解；上、下学路上时间可以背英语单词，或者总结今天一天的收获。总之，这些时间都可以利用起来，并且可以写在计划里，关键是一定要有内容，而不是随意想做什么。

（六）留余地

复习计划要留有余地，不要"满打满算"。比如，晚上 7 点到 8 点复习数学，8 点开始复习英语，这样安排就太紧了，当中应该有一个缓冲：7 点到 8 点是数学时间，8 点 15 分以后留给英语。这样，数学复习完后喝口水，稍作休息，不要连轴转。而且，留有余地也可以确保上一段计划的完成。还是以 7 点到 8 点复习数学为例，万一时间到了，却还差一道题没做完怎么办？留有 15 分钟的余地，孩子就可以具体问题具体解决，而不致产生浮躁的情绪。

二、知识回顾方面

（一）思维导图

所谓思维导图，也可以叫作大脑思维导图，主要针对为以全脑思维的定义与相应的规律当作参考和依据，科学发挥出左脑具有的逻辑思维，右脑具有的图像、词汇以及想象等功能作用的一种方法，通过此种方式，能够提高对大脑潜能的开发程度，有利于增强记忆与创新能力。它利用图形、线条等元素，使一个人思维通过可以呈现的方式展现出来。复习阶段，由于知识点零散，用思维导图把知识点串联起来，甚至能站在更高位置再次审视所学知识，认清楚知识之间的相互关系，进而进一步理解知识，学会应用。

思维导图，能让孩子对知识的认识思路更清晰，内在联系把握更加透彻，快速厘清知识间脉络顺序，从而让孩子快速地形成知识网络，增强孩子的思维能力，提升孩子思维能力和归纳总结能力。

（二）助力薄弱

制订和实施复习计划时，要兼顾各个学科。既要保障每个学科的复习时间，又要适当照顾薄弱学科，复习计划要兼顾全面。有的孩子对喜欢的科目就先复习，不喜欢的科目放在后头；有的把自己的强项放在前面复习，弱项的复习受到影响，导致强项越来越强，弱项始终没得到实质性的提高。其实，每个人都有自己的强项和弱项，正确的做法是优势要强化，劣势也要弥补。

三、可操作性方面

（一）学习日志

计划的制订是为了能够更好地完成，而不是一个摆设。所以，复习计划的制订要考虑到它的可操作性，最好按照时间顺序，制定成一个明确任务的表格，及时完成每项内容后，能够可检查。

（二）每日总结

曾子曰：吾日三省吾身。我们的复习计划，每天做总结，一方面，检查是否按时完成；另一方面，可以根据实际情况，进行适当调整，以便更好实施。

四、其他方面

（一）切合实际

每个个体的存在都不会是完全一致的，同一种学习方法也不尽然适合所有孩子。所以家长需要和孩子实事求是地分析自身的学习情况，合理地利用各种有利条件，排除干扰，制订复习计划。

（二）认可原则

计划的制订是为了实施，如果孩子不接受这种计划，再周详也无济于事。所以，家长要让孩子自主进行选择，既可以培养孩子的自主意识，又能够获得孩子的认同感，还能够让孩子避免产生被父母支配的恐惧和焦虑。

（三）辅助加成

复习阶段，时间、效率、结果都是一个紧张的存在。但是要想复习真正有效，并不是只有死学习，也需要辅助加成。适当的睡眠、美食，以及运动，劳逸结合会让思维更加活跃，复习才会效果更佳。

家长也要引导孩子充分认识自身在复习中存在的问题，并鼓励孩子克服自身的缺点，按照预定计划按时完成相关内容。这样一来，就可以引导孩子主动克服自身的懒惰、懒散情绪，还可以帮助孩子在计划实施的过程中形成对时间管理的良好意识，促进孩子的时间意识和管理能力。当孩子形成主动学习的自觉意识后，家长就可以鼓励孩子根据自身特点对复习内容进行调整，这个过程有助于提高孩子参与复习计划的积极性和主动性，提高孩子在实施过程中的效果，帮助孩子强化其个人意志力，实现其全面发展。

复习计划的制订和实施是一个系统工程，操作中应该实事求是、统筹协调，既要有长远的计划，又要做短期的安排，既注重计划的制订又注重计划的实施，这样在复习中才能取得较好的效果。

中央美术学院 附属实验学校

Experimental School Affiliated to Central Academy of Fine Arts

教师发展篇

教师美学素养的理性分析与提升策略

姜 源

新时代党的教育方针是，教育必须为社会主义现代化建设服务、为人民服务，必须与生产劳动和社会实践相结合，培养德智体美劳全面发展的社会主义建设者和接班人。由此可见，美育是我国教育的基本组成部分，美育在我国教育中具有同德智体劳一样的重要地位。美育不只是美学教师和个别学科的任务，而是所有教师和所有学科教育教学活动不可推卸的责任，美育要融入学校教育的全过程。在教育教学工作中能否贯彻好这一重要的指导思想，全体教师美学素养的高低，具有决定性的作用。所以，提升所有教师的美学素养，是目前教育面临的重要而又亟须解决的重要问题。

一、教师美学素养的内涵及理论分析

美学素养是在美学基础上形成的一种人文品质，是人全面发展的重要因素，是引导人追求美好事物的价值基础，是人全面发展的重要标志，也是合格教师必须具备的基本素养之一，是教师完成美育任务的前提条件。狭义的美育通常指审美教育，即以陶冶人的情感、培养人的审美能力为目的的教育。而广义的美育则指美的教育，是运用美学理论和美学现象，在教育教学中实施的以培养人热爱美、评价美和创造美的教育活动。要在学校教育教学中开展好美育活动，提高学生的审美能力，培养学生健康的审美情趣，激发学生追求美的热情，引导学生树立创造美的理想信念，首先需要教师具备开展美育活动的美学修养。一位优秀的教师或一个完美的教育活动，不仅仅依靠专业知识和专业能力，也不仅仅依靠教育学、心理学和教学法等教育技术，还要依靠美学知识和美育理论来设计组织活动才能实现。可见，教师美学素养的提升是非常重要的。

教师美学素养的内涵是非常丰富的。第一，教师正确的价值观和高尚的职业情感，是美学素养养成的关键要素。教师要以美育人必先以美律己，既要有崇高的理想和正确的价值观，又要有高尚的职业道德和职业情感。同时，要具有高尚的政治情操，树立共产主义世界观和价值观，坚持社会主义方向，以社会主义核心价值观培育学生。同时教师要发自内心地热爱自己的职业、关爱自己的学生，明确教师的职责，遵守教师职业操守，工作上精益求精、追求卓越。教师的审美价值观决定美育的价值导向，决定学生的审美取向和审美情趣。只有教师具有崇高的职业情感，才能和学生产生情感互动和美的共鸣，才能使教师美的呼唤和学生美的渴求，形成美的共振，促成美育目标的实现。

第二，教师美的气质和言行举止。美存在于生活之中，学校生活中无处不体现美，关键是教师如何言传身教地引导学生去发现美、认知美。教师的榜样性和学生的模仿性是贯穿各级各类教育始终的基本特征，所以教师言行举止和形象气质的魅力，是美学素养的直接体现。教师不仅要有渊博的专业知识和高超的教学能力，还要有严格的自律和榜样的力量。教师要具有亲和力，能和学生打成一片，还要具有气质魅力，能让学生肃然起敬，自觉向老师看齐。所以教师在校园内的一举一动、一言一行，都是学生关注的，是一种潜移默化的外在美育行为，将会内化为学生的审美价值取向，也是教师美育主导作用的直观体现。教师行为上的自律、言辞上的严谨、气质上的修炼、人格上的魅力会直接感染学生，教育学生，引导学生，是最直接的美育手段和最有效的美育途径。

第三，教师应具有符合美学规律的教学艺术。捷克大教育家夸美纽斯在《大教学论》中说："教育人是艺术中的艺术，因为人是一切生物之中最复杂、最神秘的。"教师在不断提高专业知识和专业能力的同时，还要关注更多的关联学科知识和教育学、心理学等方面的学习，更要关注美学素养的提升。因为教育是美的艺术，教育的最高境界就是让学生感受到教师教学的美、学科知识的美，尤其是教育氛围的美。优秀的教育教学不仅会给人美的享受，更会促进学生审美能力的提升和正确价值观的形成，促进学生身心的健康发展和良好思维能力的拓展，所以教育教学的美就体现在科学性与艺术性的完美结合。

第四，教师要有反思精神和创新研究能力。教师的美学素养不是一朝一夕就能形成的，是在具体的美学学习和教育实践中不断总结反思提升的，需要具有持之以恒、不断进取的反思精神。教师教育教学的过程就是一个不断反思提升的过程，也是一个不断研究和创新的过程。教师积极投身于教育科学研究中去，积极参与教育教学研究活动，就是一个不断参与教育教学艺术不断完美的过程，也是一个不断创造美、发现美、展示美的过程。提升学生的审美能力，实现美育目标，也是一个不断反思研究的渐进过程，是一个不断增强心灵感应、相互信任、传递接受和领悟提升的过程。学习、实践、反思、研究、提升，既是教育科学发展规律，也是教育艺术提升规律，更是审美教育不断完善的规律。

二、当前存在的问题及原因探究

教师职业特点决定教师美学素养的提升，不但需要学习美学理论，提高自身审美能力，具有高尚的审美情趣，还要形成正确的美育理念，应用于教育教学活动中，体现美育价值和美育意义。但是，目前我国教师的美学素养，还不能完全满足教育教学的需要，难以真正实现美育目标。主要存在以下问题。

首先是教师缺乏美学及美育的基本理论知识。我国的高校尤其是师范教育没有把美学当成所有学生必修的通识课程，而是当作个别专业的专业课程，导致大部分学科教师对美学知识或美育理论没有一定的了解。美学又是一个独立的学科体系，包含着丰富的内容，除了文学、艺术和教育类专业出身的教师之外，大部分教师没有比较系统深入地学习，目前教师继续教育培训中也很少关注美学知识及美育理论的培训。教师缺乏美学和美育知识的问题不解决，也就谈不上教师在教学实践中，主动地按照教育教学内在美的规律，来设计教育教学审美方案，就更谈不上对学生审美情趣的培养和审美价值观的教育了。

其次是教师教育教学活动中缺乏美育实践体验。教育教学实践中，无论是人文学科还是自然学科，均有理解美学意义和提高审美情趣的美育目标，没有一定美学素养的教师是根本完成不了，无法按照美学知识和美育理论来设计自己的教育教学活动。一些教师尤其是自然科学教师片面理解美育活动，把美育孤立于自己的教育教学之外，认为美育只存在于文学艺术类学科中，这样必然缺少审美情感体验的设计和实践。不能把美学及美育理论同教育教学实践有机结合，教育教学的艺术性和审美性很难体现出来，这也是当代缺少教育家的原因之一。

最后是教师对美学及美育重要意义认识不到位。由于受一些传统思想和应试教育的影响，很多教师忽视美育，认为可有可无，学科教学根本不会渗透美育目标。实际上，教师美学素养是时代的需求，美育是素质教育的核心内涵，是教师基本素养的重要内容。教师美学素养在促进学生的全面发展、综合素质提升以及人格完善等方面，有着不可忽视的作用。所以，积极学习美学和美育的理论知识，并自觉应用到教育教学实践，是每个教师的职责和义务所在。

三、教师美学素养提升途径与策略

教师的美学素养是实现美育目标的先决条件，在培养全面发展的人才过程中具有重要的作用。教师要充分认识到美学素养的重要意义，积极主动学习，不断提高自己的美学素养，并在具体的教育教学实践中渗透美学和美育思想，增强学生发现美、认知美、追求美和创造美的能力。所以，要选择恰当的途径和策略，鼓励引导教师不断提升自身美学素养，具有重要的实践意义和理论意义。

第一，加强政治理论学习，树立科学的世界观和价值观。作为教师要坚定我国的社会主义办学方向，坚持中国特色社会主义理论的学习，不断提升自己的政治素养，以马克思主义为引领树立自己的科学世界观，以辩证唯物主义思想为指导建立自己的正确价值观，才能保证自己的美育活动具有正确的方向性。要始终同党和人民站在一起，自觉做中国特色社会主义的坚定信仰者和忠实实践者，忠诚党和人民的教育事业，自觉把党的教育方针贯彻到教育教学全过程。要始终充满正能量，坚持正义、崇尚科学、鼓励进步，引导学生树立正确的审美观，明辨美丑是非，引导学生关爱他人、服务社会，关注祖国的前途和整个人类的命运。

第二，提升个人素养，树立高尚的职业情感和道德情操。教师自身形象、气质、情怀和修养是教师美学修养的客观真实反映和美育水平的客观基础要素。教师要珍爱自己的职业，以高尚的教育情怀来发自内心地喜欢学生，充满教育事业的崇高感、神圣感和自豪感，这是教师提升美学素养，有效开展美育活动的最重要的情感基础。英国哲学家培根说："相貌的美高于色泽的美，而秀雅合适的动作的美，又高于相貌的美。"教师的职业特点决定教师要仪表端庄得体、服饰朴素大方，要为人心胸宽广、自尊自爱律己，要充满生活热情、工作中爱岗敬业，要语言文明幽默、举止优雅有度，用自己的言传身教和人格魅力来潜移默化影地感染学生，使学生在教师的身上自然而然地受到美的熏陶。只有教师自身具备了美的生活态度、美的自律人格和美的理想追求，才能乐于将美育融于自己的教育教学之中，引导学生去发现美、感受美、认知美和创造美。同时，学生重要的特点就是强烈的好奇心和模仿力，教师的人格力量和道德形象"润物细无声"的美育魅力是任何说教都无法比拟的。

第三，学习美学和美育理论，提升审美趣味和审美能力。目前我国各类教师中，存在美学知识和美育理论掌握不多、自身综合素养不够完善的现象，再加上高等院校通识性美学教育的欠缺，甚至很多教师的美学、审美心理学和美育理论、美育心理学等方面理论知识存在着空白。要改变这种现状，除了教师要不断提升自身修养之外，还要通过各种办法和途径去学习。各级各类教育培训部门和学校要承担起教师美学素养提升的主体责任，在各类进修培训和校本培训计划中要把美学素养的提升作为一个重要的、不可或缺的内容。对于教师自身来说，要树立使命意识的责任感和时不我待的紧迫感，加强美学知识和美育理论的自我学习提高和自觉教学实践，如此才能从根本上解决自身美学素养的提升问题。教师的美学素养是美育效果的重要支撑和保障，也是时代的要求和教育现代化的重要标志。教师不但要学习，还要善于学习，吸收和消化已有的美学知识和美育成果的同时，还要富有反思、研究和创新的精神，不断掌握美育规律，并运用于教育教学实践之中，设计出满足教育目标和学生审美需求的活动，实现师生审美能力共同提升的目标。

第四，加强专业能力的提升，为美育奠定坚实的学科基础。教师的专业水平和教学能力，以及专业发展视角下学科文化视野和美学视角，是进入审美化教学的重要基础。教师专业能力的提升有利于在教育教学中更好地发掘探索科学美，有利于自觉地运用美学和美育的观点启迪学生的心灵，有利于激发学生的审美意识和审美情趣，引导学生为追求科学美进行探索。教师专业素养和学术能力的提升，将会使学生由机械性的学习转化为自觉的学习探求活动，形成一种和谐美好的学习环境和育人氛围。

第五，注重实践体验和反思，提高实践指导与创新能力。理论只有在实践中才能得到检验，只有经过不断的总结反思才能得到发展。美学知识和美育理论的掌握和提升是一个不断总结反思和实践提高的过程，不是一朝一夕就能实现的，更需要坚持不懈、持之以恒的精神。所以，我们教师要提升自己的美学素养，就要坚持自觉地、长期地在工作岗位上和教育教学中努力实践，把教育教学活动和审美教育紧密结合，不断提升自己的美育感知力和洞察力，逐渐在学习和实践的反思中，提高自己的指导水平和创新能力。教师有了这样的认识，就会在教学设计时，不仅从学科专业的角度去考虑学科知识的科学性、系统性，还会运用教育学、心理学、现代教育技术等学科原理来设计教学方法和安排教学过程，更会从美学的角度设计教学节奏、方法策略及语言行为，使学生在学习知识的同时，得到审美体验，收获审美情感，激发学习热情。教师也会不断反思总结，注重科学研究，不断总结教育教学规律，更好地掌握美育方法，挖掘学科更多的审美元素，自觉运用美学知识和美育理论去创造性地开展教育教学实践活动，不断激发学生审美力和创造力。

总而言之，新时代的学校教育，美育的地位和作用是不可替代的。教师不断提升自身的美学素养，具备良好的生活态度与审美情趣，学习美学知识和美育理论，改变单一的教育教学模式，爱护尊重学生的个性发展，注重审美教育和价值观的引领，积极反思研究教育教学规律，自觉运用到具体的教育教学实践中，实现德智体美劳全面发展的目标，是新时代赋予我们教师不可推卸的责任。

科研兴校在创新中求发展

易　瑾

学校在发展规划中明确提出"科研兴校，在创新中求发展"的理念，努力探索以科研为先导，通过教科研提高教育质量的办学新路径，使教科研成为促进教师专业发展、提高教学质量、推进学校教育发展的内生动力，从而推动学校形成自身办学特色，赢得良好的社会声誉。

一、科研先导，营造教科研氛围

学校高度重视教育科研工作，形成了以校长负责，教研室领头实施，学科组为依托，教师全员参与的教科研体系。为了营造良好的科研氛围，保护和调动教师开展课题研究的积极性，学校制定了教科研工作管理与奖励办法等一系列制度，确认了教科研是促进学校教育水平提高和发展的强大动力，是学校工作迈上新台阶、达到新水平的重要条件，是学校办出教学特色，办出自身风格的重要途径。

学校注重课题研究，研究重点主要集中在课堂教学模式改革、教师培训、创新人才培养和校本课程建设几个方面。2013年以来，先后申请了多项北京市教育科学规划课题、北京市教师培训研究课题、北京市青少年创新人才培养工程项目、区级优秀人才资助项目、北京教育学会课题。形成"学校有中心课题，学科组有重点课题，教师有学科教学课题"的教科研体系，推进了学校的整体性发展。

二、管理推动，为教科研领航

学校教科研工作的高度，在很大程度上取决于学校管理者指导和引领的高度。我校教师多为新毕业硕、博研究生，有着高涨的教学科研热情，但缺乏课题研究中需要的科学操作程序和研究方法。为了增强教学科研的实效，学校狠抓两大管理环节。

（一）实施专家技术引领，开展教科研培训

1. 引领性专家培训，注重研究问题的价值性

学校邀请专家组织了"教科研课题选题"培训，主要内容是关于课题选题原则、申报方法、课题研究主题的确立等，为教师的前期选题提供了得力帮助。学校教研处以创新性和实用性为两大基准点，对申报的课题进行审阅、指导和修改，确保了课题均来自教学一线和创新人才培养工作，有着较高的研究价值和推广价值。

2. 针对性专题培训，强调研究方法的科学性

为有效解决研究过程中遇到的实际问题，教研处组织了"文献资料的查阅、过程资料的归类及整理"、"课题成果的提炼与展现"两个专题培训。主要采取实例介绍的方式，由学校教研处开发出材料样本，直观地展示了过程性材料的归类方法和成果呈现样式，印发了学校创新人才培养成果资料，用典型案例进行指导。通过培训，教师的研究思路日渐明晰，研究方法不断改进。

（二）实施阶段性指导，抓细三次调研

在课题研究的不同时期，根据研究需要课题组开展三次调研活动，由大范围聚焦到研究点，层层深入，促进并推动课题研究三个阶段的工作。

1. 前期摸底性调研，找准课题研究方向

为全面了解申报课题的研究状况，教研室指导教师开展前期课题调研活动，听取课题申报人的课题研究综述汇报，由校长、特邀专家和教研处主任进行点评，指出存在问题，提出修改意见。调研旨在筛选科研课题的价值性，及时调准教研课题研究方向，将课题研究推入正确发展轨道。

2. 中期深化性调研，提升课题研究质量

以"细化研究过程，精练创新成果"为主题，针对课题研究中发现的突出问题，分步进行会诊指导。第一步：分组会诊，重点确定成果呈现形式。将全

部课题分为两组（个人课题和集体课题），听取课题主要参与人的中期考核答辩，再邀请专家进行会诊，指出前一阶段研究中存在的问题，指导后期工作的重点实施内容，并确定课题的成果形式。第二步：个别会诊，重点研究课题实践方法。与课题主要参与人一起，探讨课题实践方法对课题研究的支持作用，确定了课堂课题研究的途径及方法，使课题研究真正具有可操作性。

3. 后期总结性调研，注重课题成果的推广与应用

注重科研课题成果的总结提炼，实现有效提升。研究成果是课题研究的外在价值体现，学校特别重视课题研究中过程性资料数据的积累与分析，及时存档和制表，比对前后各类指标的变化，为课题成果提供了丰富的过程性材料。在课题成果应用和开发方面，学校构建了教学研究资源库，其中校本课程资源可以延伸到不同领域、不同学科和不同年级。以"课题成果展示交流"的方式，将成果及时推广到学科教学和创新人才培养工作中。学校依据课题成果的应用度和推广度进行考核。并在校园网和学校公共微信平台开辟"教研课题成果"专栏，展示研究成果，实现教研课题成果资源的有效共享。

三、决策驱动，为教科研护航

（一）在教科研课题实施中，开展"三级"联动

"三级"联动，指校长—教研处—课题组，三者构成层级结构，组成了学校教学研究共同体。为了增强教科研工作的执行力，校长直接参与工作调度和过程指导，为教科研的顺利开展提供支持与保障；教研处在主管领导的指挥下，创造性地开展课题申报与实施工作，组织校本培训，开展课题调研，为课题研究的有效开展提供了组织和技术保障。这样既有决策层校长的方向调控，又有管理层教研处的有效指导，外加实施层教师的踏实肯干，使学校教科研工作实施顺畅，并在创新实践探索中实现了学校与教师的共同成长。

（二）在教科研课题评价上，加大奖励力度

为激励课题研究团队扎实开展科研，精心打磨研究成果，学校推出了"以奖代评"的激励办法：一是加大教科研成果奖励的力度。对获得立项（成果）的课题实行考评并给予重奖，让课题主要参加人员得到应有的肯定和尊重。二是设置个人贡献奖。获得一项课题研究成果，课题主要承担者（申报者）所发挥的作用和付出的劳动，可能要几倍于其他课题组研究成员，学校在教科研考

评方案中专设了课题主要承担人（申报人）的个人贡献奖，以激励教师成功申请课题，当好带头人，投入大量的时间和精力。

（三）在教科研工作建设中，形成校本特色

学校把"科研兴校"作为在研学校重点课题的建设内容，以学校特色建设项目来支撑教科研体系，提升教科研品质。学校通过采用外出学习培训、与教育研究机构合作交流和邀请专家进校指导等途径，争取得到权威的理论指导和研究方法指导的机会，将教科研做成学校特色，形成大的学校文化背景下的教科研文化。

四、优化课题载体作用，促进教师与学校共发展

扎实的课题研究，不仅取得了丰硕的教学研究成果，更促进了教师与学校的"双发展、共成长"。

（一）促进了教师的专业发展

学校以科研为先导，必须从提高教师思想认识着手，引导学校教师树立"教育教学要改革，课堂模式要创新，科研课题要先行"的观念，引导教师以成长为"专家型教师"为个人发展目标。

通过参与课题研究，学校教师对深化教学改革和开发校本课程资源的认识更为透彻，课堂教学更有实效性和针对性。教学资源的极大丰富，为教学的多样化、个性化提供了广阔的空间。通过参加课题研究，学校教师的科研能力和水平显著提高，并在教育教学改革实践与科研实践中不断取得优异的成绩和丰硕的成果。

学校教师开发的"未来家乡旅游"校本课程，在第二届"真爱梦想杯"全国校本课程设计大赛荣获一等奖。学校老师执教的《中国主要山脉和地形区的分布》和《氧气的性质》在"第八届全国中小学互动课堂教学实践观摩活动"教学课评比中荣获全国一等奖。开展课题研究仅三年，学校教师共获国家级奖项 12 人次，北京市级奖项 189 人次，区级奖项 168 人次。

（二）推动了学校的优质发展

在创新人才培养方面，学校通过开展科研课题，有效推进了校内外各类资源的整合，成为学校办学质量整体提升的重要助力，促进了青少年创新人才培养工作。学校连续三年成功申报了"北京市青少年创新人才培养工程"项

目，并在创新人才培养和校本课程建设方面取得了突出的成果。《中国教育报》以"一场创新教育的野外试验"为题，对学校创新人才培养工作进行了专题报道。学校"青少年创新人才培养项目"课题的阶段成果进行了区级展示与交流，受到北京市青少年创新科技学院领导的好评与赞扬，推动了学校创新人才的培养。

在校本课程建设方面，为了整体推进学校教育教学水平，学校倡导以科研促教学，教研处组织相关教师开展学科教育课题研究和校本课程开发，定期进行学习、交流和培训。学校关于校本课程的开发和编写的工作已获得市级科研课题支撑，校本课程开发与建设工作初现成果。学校承担的北京市教师培训研究课题被评为市级优秀课题。学校《基于学生个性发展的校本课程开发与实施研究》，在北京市基础教育课程建设优秀成果评选活动中被评为二等奖。此外，为了优化教育资源，学校与北京师范大学、中科院植物研究所和中科院自动化研究所合作，为全校学生开设了"未来家乡旅游"、"生态课程"、"科学家讲坛"、"开放性科学实践活动"等特色校本课程。

在教师培训方面，学校在北京市教师培训课题研究中，为保证"校本研修实施策略研究"的顺利开展，建立了以"特级名师引领、学科小组合作、教师自我反思"为核心要素的校本研修模式，以理论学习、课堂实践、教学反思、案例分析、经验交流、问题解决、教学指导为基本形式的校本研修制度，并通过教学观摩课、教学展示课和教师优质课等活动，为教师参与校本研修创造条件，提供平台。灵活运用多种教研方式，以"发现问题—交流研讨—实践反思"的操作方式，努力提高教师校本研修的针对性和实效性。

在课堂教学研究方面，学校以"打造高效课堂"为主攻方向，开展"创建 SCL（Student-Centered Learning）高效课堂教学模式"的研究课题。解决了教育科研课题与课堂教学实践出现"两层皮"的问题，将科研成果转化为教育教学常态，就是学校开展教育科研的目的。这些科研成果中体现出来的先进教育思想和方法，只有得到广大教师的认可并在教育教学改革的实际应用中真正实行，才能体现教育科研的真正价值，从而尽快为提高教育质量和教学效果服务。根据 SCL 课题研究，我们提出了"四个关注"："关注每一个学生，每个学生都重要；关注学生全员化发展，课堂为全体学生提供民主性学习氛围和发展机会；关注学生的个性化发展，尊重学生的个性特征；关注学生的多样化发展，遵循学生身心发展特点和教育教学规律。"真正体现出课堂教学"以学生为中心"，把课堂还给学生，让课堂充满生命力。

在"创建 SCL 高效课堂教学模式"研究过程中，学校及时通过教研活动、开展教学实践课、课堂实践反思与改进、成果生成与交流等形式，促使实验成果进入教学常态。学校将体现研究主题的经验、案例进行交流，成功地把部分教师的个人经验变为大家的经验，进而变成集体的共同行动。北京教育学院教育专家余新教授对我校的 SCL 高效课堂教学给予了高度评价，认为我校的新课程高效课堂教学模式的应用取得较好的成效，课堂教学过程充分体现出学生自主学习、张扬个性，学生学习表现得自然、真实、勇敢、自信，学生全员参与，体现了自主、合作、探究的学习品质。

一所学校的教科研水平与学校的教育教学改革和发展有着密切的联系。学校教科研工作立足于科学与创新，追求成果推广的实效性。学校通过教育科研的有效开展，完善了校本课程建设工作，摸索出创新人才培养的方法和途径，打造出研究型、专业型的教师团队，改进了教师的工作方式和教学行为，提高了学校的整体教育水平和教学质量。

新时代中小学教师继续教育状况分析

宋瑞丹

抓好教师继续教育，是加强教师队伍建设、提高教师队伍素养的必然要求，是推动教育改革和发展的重要动力，也是促进教师专业发展的有效途径。

一、组织开展中学教师继续教育的基点所在
——基于学分制的培训

根据教育部关于中小学教师继续教育的规定，中小学教师继续教育是指对取得教师资格的在职教师，进行的思想政治和业务素质培训，每五年为一周期。中小学教师继续教育分为学历教育和非学历教育，其中非学历教育包括很多类别的培训，如新任教师的培训、骨干教师的培训、教师岗位的培训等。换言之，就是教育行政部门、有资质的培训机构组织的各种教研或科研类的专业提升培训，以及学校组织的、经有关部门审核的校本研修等，对教师有一定的学分要求，教师获得学分的情况是教师参与考核、晋级、聘任、评优等重要条件。如"十三五"时期，北京市中小学教师在这 5 年内必须学完不少于 36 学分的培训，总学分由三个部分构成，包括必修课程 16 学分，选修课程 10 学分，校（园）本研修课程 10 学分，必修内容包括社会主义核心价值观和中华优秀传统文化、法制教育、信息技术应用、中小学教师专业标准、学科教学和课程教材改革等。教师参加培训获得足够的学分，最后由市教育行政部门核发教师培训结业证书。

二、当前中学教师参与继续教育的问题所在
——内生动力不足

首先，从教师层面看，表现在以下几个方面：（1）部分教师能够认识到继续教育对自身专业发展的重要性，但在参与学习过程中动力不足，参与的意愿和学习行为相脱节；（2）部分教师认为教育教学工作已经很繁重了，还要承担照顾家庭重担，实在没有精力去学习，而且继续教育学习也不是着急的事情，可以先拖一拖，等闲下来时再去学习，或者等继教管理干部提醒时再学；（3）部分教师认为自己职称晋级已经完成了，无须再参加继续教育学习，带有功利思想色彩，参加继续教育学习态度不够积极；（4）部分教师还停留在"过去的"继续教育印象里，认为继续教育只是走走过场，走走形式，没有什么意义和效果，是可有可无的东西；（5）部分教师参加继续教育培训，是为了完成学校领导安排的任务，自己对培训的内容并没有什么兴趣。

其次，从学校领导层面看，主要是对继续教育存在错误导向。继续教育是教师发展的动力源，是积极探索建设学习型教师队伍的有效形式和途径，对教师素质的全面提升和学校可持续发展起着重要的作用是毋庸置疑的，学校领导也是认同的，但在继续学习与学校教育教学工作相冲突时，往往在观念上也存在错误的导向，工作采取漠视的态度，让老师感觉到学校领导都这样，自己更无所谓了。

最后，从学后激励制度看，目前教师按要求参加继续教育后，可获得继续教育合格证书，再无其他的激励奖励，多修继续教育学分的教师和刚刚符合达标学分要求的教师在管理制度上没有任何的差别，慢慢地，老师们自然失去了积极参加继续教育的动力，仅仅是为了凑满学分或者以应付的心态参加学习，培训效果打了折扣，培训资源造成浪费。大多数中小学校对继续教育的激励机制不够完善，没有明确的奖惩制度，这在一定程度上影响了教师们参加继续教育的主动性积极性。大多数教师只是把继续教育当成任务或者负担，以敷衍的态度完成学习，不但浪费了时间，也没有获得相应的培训效果。

三、加强和改进中学教师继续教育的出路所在
——"互联网 +"模式

随着互联网大力的发展，进入"十三五"时期，中学教师参加上级部门组织的继续教育学习方式发生了很大的变化，从集中课堂面授等传统培训方式向网络学习平台转变，使培训变得更加便捷、高效。依托教师学习管理平台，培训效果优势明显。

一是自主学习空间大。通过搭建"订单式、开放式、自主性"的学习服务平台，教师可以根据必修与选修等课程的预设，选择自己喜欢和需求的学习内容，通过网络听课、互动交流完成课程任务。平台中设有相应的学习任务、学前学后测试，学习作业、研讨交流等，完成所有任务后，申请结业，老师批改作业合格后，获得相应学分。互联网平台的使用为教师自主选择培训内容、时间创造了可能性，教师根据自身时间和需求去选择想要学习的内容，有效地激发教师参加培训积极性，学习资源也得到很好的共享。

二是学习省时便捷。以往教师要到校外参加培训学习，由于距离远，浪费了很多路上的时间。大多数继续教育培训时间设在工作日，通过访谈了解到，大部分老师认为继续教育学习时间安排不太合理，不尽"人情"。教师日常工作量很多，压力又大，如果在工作日安排培训任务，又要调课，又要补课，这无形中又加大了教师的工作负担，老师们不能够保证有足够的时间、良好的精力参加学习，即使参加了，也可能心不在焉，走走过场而已。安排调课或找人代替参加培训教师的工作，这给学校工作也带来了很大的影响。工学矛盾的问题，是影响教师学习效果、缺乏学习动力的重要客观原因。但在"互联网 +"时代，网络让学习变得没有距离，教师可利用空闲时间、小块时间、闲散时间，随时通过互联网登录学习平台进行学习。与集中、外出培训相比，既省时，又便捷。在某种程度上，有效避免了"工学矛盾"问题。

三是课程内容丰富，交流互动灵活。随着互联网信息技术快速发展，课程内容和方式呈现也越来越丰富多彩。有重在强化教师职业意识、职业道德和职业素养，提高教师学科素养和教学能力的培训，还有重在开阔教师视野，优化教师知识结构，提升教师整体素养的培训。利用网络学习平台优势，设有自主实践课，通过手机 App，就能让教师实地学习，亲身体验，完成实践课程。

如北京市朝阳区教育系统干部教师学习平台中的一节内外兼修自主学习实践课——圆明之德，辉映中西（圆明园），就是用手机 App 实践学习，依托圆明园"狮子林"和"西洋楼"景区现有的建筑和园林资源，让老师了解皇家园林功能和中西合璧的建筑特点，感受圆明园往昔建筑的精巧，在断壁残垣中反思鸦片战争后的历史。通过这种体验综合性学习的过程，教师可以借鉴设计综合性学习课程的方法与途径，用在自己的教学中。

四是实现组织管理学习的精准化。依托先进的网络信息技术，搭建集学习、管理、服务、评估等功能于一体的教师继续教育平台，能够运用大数据分析，实现对区域、学区、学校和教师个人培训状况的动态精准评估，对教师专业发展进行诊断式研究和指导，提高培训实效性。

四、推动中学教师继续教育良性发展的关键所在
——建立机制体系

一是对继续教育的宣传教育要常态化，让终身教育观念深入人心。通过以上这些存在的现象分析，可以看出教师参加继续教育的认识是不全面的，在主观上没有摆正自己的身份和心态，缺乏责任意识，受自身因素和外界的影响很大，对终身教育的理念认识片面，教育部门和学校要认真落实继续教育相关政策和措施，通过各种渠道，广泛深入地宣传，使广大教师认清继续教育的极端重要性、现实紧迫性，让终身教育的观念真正地落实下去，从思想上认同继续教育的作用和意义，从"让我学"转变为"我想学"，不断获得学习的动力。更重要的是，终身教育观念不只是在参加继续教育学习中提升自身专业素养和能力，而是要让自身增补到的知识内容转化为有效的教育行为，最终让学生获益。教师要把继续教育当作终生学习有效途径，培养自身具有持续的、稳定的学科素养。

二是建立分层的考核评定制度和达标激励奖惩制度，激发教师参加培训的积极性。单一的继教教育学习考核评定制度，无疑会影响教师参与学习的热情，我们可以借鉴国外对继续教育考核评定制度经验，如 1985 年，前苏联在职教师继续教育，实行每五年一次的考核评定制度，评估结果有 5 个层次：称职，并授予"一级教师"，"教师——教学法专家"；称职，并给予奖励；称职；称职，但须履行委员会的建议；不称职。这种分层评定让教师感到"付出就有

回报"的学习体验，不再是学多学少，大家一个样子。同时，学校应建立相应的继续教育激励机制，鼓励教师参与培训，对于那些懈怠、不愿意参加继续教育的教师相应设有惩戒机制，加强学习过程性。

三是呼吁加强中学教师继续教育立法，让行政工作有法可依。目前中小学教师继续教育立法方面还不够健全，仅有一个《中小学教师继续教育规定》，是教育部1999年颁布的。随着近年来教育快速发展，知识结构更新日新月异，教师继续教育立法是急需完善的。缺少顶层的法律依据，一些规定要求就缺乏执行力，组织开展继续教育工作就没有强力约束。完善继续教育法律体系，能够保证教师继续教育具有稳定性、连续性和严肃性，国家层面的教育行政部门要制定和不断完善继续教育的法规体系，特别是形成一条相对科学的中小学教师继续教育的激励和约束机制，形成严肃有序的继续教育氛围。

依托校本培训加强教师队伍能力建设的策略研究

宋瑞丹

"国将兴，必贵师而重傅。"教师队伍能力建设，是实现中华民族伟大复兴的重要支撑。教师的能力水平，不是一蹴而就、一劳永逸的，在师范院校毕业到中小学任职后，提升能力的一个重要途径就是校本培训，这是组织层面帮助教师学习的主渠道。

从工作实践和调研的情况看，在市、区教委的有力指导下，中小学校对校本培训都很重视，注重科学规划布局，给予有力保障，有效促进了教师能力、素质的全面提升。但是，也存在一些不容忽视的问题。在组织管理层面，主要是系统性科学性有待提高，如培训内容不能满足教师专业发展需求，培训形式不符合教师成长规律，培训效果没有做到研训一体、学用一致，培训规划缺乏必要的理论支撑。在教师参与层面，也有一些错误认识，如认为培训不是学校中心工作，走走形式就行了的消极思想；教学任务重、个人事情多，搞培训耽误时间的厌烦情绪；培训年年搞、月月抓，但没有什么用的短视思维；等等。解决这些问题，提升校本培训质量和效益，是当前的一个紧迫课题，是加强教师队伍能力建设的应有之义。联系本人组织校本培训工作实际和一些中小学的有益经验，结合国内的一些有关研究探索，感到在中小学在组织校本培训上，可以在以下几个方面综合用力。

一、突出资源建设，提高培训的系统性

（一）贴近前沿，突出教育改革理念，用活专家名师资源

始终把教育改革作为方向性、引领性的培训内容，突出教改前沿理念抓学

习、建资源，以实现"抓纲代目，纲举目张"的效果。这方面，专家名师往往跟得很紧、见解独到，能够把教育改革的趋势解读得清楚、到位，为教师更新理念、提升层次注入源头活水。要多方联络，搭建专家名师讲堂，邀请知名专家进校园，围绕各自精研的领域为学校教师讲解教育发展改革前沿动态。

（二）贴近一线，突出教学实践经验，用活特教研究室资源

教育教学能力是教师培训工作的核心内容，而实践能力主要源于实践经验。因此，要特别注重发挥特级教师示范作用、实现先进经验共享。在市、区教委的统筹安排下，汇集一线教学经验丰富的校内校外特级教师，组建特级教师研究室，发挥他们在学校管理、教育教学、学术研究等方面的优势，开展传、帮、带活动，带领年轻教师队伍共同成长。特教可以各自带领一个组，跟踪教学理念学习、教学设计、课堂教学实践及听评课、教学论文撰写，在一线指导教学，再把各自的实践带回特教研究室，打造成好方法好点子的交流站。

（三）贴近现实，突出身边问题研究，用活校内教师资源

问题是工作的导向。为了在教师培训中解决教学管理中的问题，应该激活管理层、带动群众性研究，由校本培训领导小组带领教学干部及教学骨干，以新课程标准为依据，每学期对教师教学进行诊断，归纳分析身边存在的倾向性、普遍性问题，动员校内老师出主意、想办法、群策群力、共同提高。每学期，都要采用"身边人说身边事"的形式，定期组织老师进行交流性学习，形成了发现问题、解决问题的良好氛围。

（四）贴近时代，突出眼界视野拓展，用活外校及培训机构资源

随着社会高速发展、教育不断进步，教师培训搞"自我循环、闭门造车"是不可取的，必须紧随时代，走出去开阔眼界、拓宽视野，虚心学习，弥补自己不足。要有计划地选派青年教师，到一些教育发达地区的先进中小学取经见学，体验不同的教学氛围，学习新教法、新模式、新思路。当前，一些学校的优秀微课制作与设计、茶馆式教学等都很有特色，见学回来后，可以在自己的课堂上进行尝试和改进，增强教学活力和创造力。还可以依托继续教育与教师培训学院等专业机构，举办教师寒暑期培训班，利用他们的师资力量优势，对所有教师进行滚动式、系统化的学习培训，提高教师的整体专业水平。

（五）贴近人文，突出综合素养提高，用活各类优势资源

"为人师表"不仅仅是专业能力的要求，更是综合素养的体现。要高度重视教师的全面发展，在培训内容上注重协调兼容。比如，坚持把思想政治和师

德师风的塑造挺在前面，由党总支书记定期组织党课和时事政策教育，帮助教师提高思想政治水平；关注教师心理健康问题，开设幸福教师、心理危机预防及干预等心理专题讲座，帮助教师消除职业疲劳感和精神压力；开展各类文化和才艺学习，促进教师全面发展。

二、突出环节管理，提高培训的科学性

（一）在实施上，通识培训与分层培训兼顾

通识培训主要是集中授课学习，强化教师职业道德和专业发展意识，提高教育专业基本素养，这是必要的，能够打基础、蓄底气、强后劲。当前的分层培训不够，应该着重研究不同层次教师的特点，制订不同的发展计划，提供不同的培训。我们通过研究认为，分层培训可以采取"两维法"：一个维度是按工作时间分，教龄 5 年、10 年是两个重要节点，对工作 5 年以下教师，重点组织适应期岗位培训和教学基本功达标；对工作 5 年以上 10 年以下的教师，重点放在教科研能力的培养上；对工作 10 年以上的教师，重点是促进由"经验型"向"专家型"教师过渡。另一个维度是按实际能力分，学校通过经常性地摸查听课了解教师实际教学水平，对所有教师的素质提高目标进行阶段性的分解，特别是确立骨干培训、教研组长培训和青年教师培训的任务目标，使处在不同发展水平的教师都能在原有的基础上实现提高。

（二）在评价上，总体评估与个人自评并重

对于校本培训，教师既是被培训者，同时又是培训者，而且教师教教师，与教师教学生是完全不同的，这就意味着以评价传统教学的方式来评价校本培训，是不合适的，至少是不完全合适的。因此，在评价方式上，不仅是校领导、职能部门对教师参加培训情况的单向评价，教师也要对培训内容、方式等进行评价，同时还要对自己参与校本培训的情况进行自我评价，这样才能激发教师的创造性，成为培训的主人。校领导、职能部门也能根据教师的反馈，逐步调整培训内容方式，取得更好的效果。从调研的情况看，一些学校只注重对教师参加培训评价，很少对培训的组织情况评价，即便评价，也是在结束后的定量评价，如培训次数、保障情况、考核打分等，缺少过程性、互动性的评价。应当把各种评价形式有机结合起来，定量评价与定性评价、上级评价与自身评价、单向评价与相互评价相得益彰，进一步矫正评价的导向功能。

（三）在成果上，有形绩效与无形绩效互促

校本培训的成效在于推动教师队伍能力建设，培训成果必须围绕这一目的来审视。调查发现，很多老师反映校本培训的最大困难是没有时间，能够参加已经不错了，效果很难立竿见影。而一些学校为了量化绩效，会给出很多指标要求，如要求教师必须按期做课题、交论文、写培训笔记、体会文章、反思报告，等等。出发点很好，但实际效果值得研究，机械地要求教师拿出一定数量的"有形成果"，结果只能招致反感，最终应付了事。应当鼓励教师多做一些思考研究，切实有感而发、提高能力、不必应付。有些绩效是无形的，比如在一段时间内，评为各级优秀教师、获得各种荣誉的数量是否提高了，学校的学生素质是否提高了，这些看似与教师校本培训没有多大关系，实则有其必然联系，要科学地看待，真正让校本培训对学校建设有促进、对教学工作有帮助、对教师发展有益处。

三、突出功能指向，提高培训的延展性

（一）立足教本，抓好学科定向培训

组织校本培训应当本着"研训一体，学用一致"的原则，让培训工作聚焦学科专业，为教育教学服务。针对教师专业背景的多样性，在通识培训解决教师成长中共性问题的基础上，围绕学科专业特点进行针对性培训，这是促进教师成长的有效方式。例如，语文学科的特点是集工具性和人文性一体，语文课堂除了要传授知识，更多的是培养学生的文学素养和人文道德。因此在语文教师培训中突出人文关怀意识的培养，在专家指导下学习相关理论知识，在课堂中反思改进教学思维，教师水平会逐步提高，学生也会有长足进步。再如，英语同属语言类学科，但更注重它的工具性，可以与外籍培训机构合作，专门对英语教师进行英语语音、教态、教法等专业培训，提升英语教师的学科综合素养，创造标准的英语语音授课环境。其他各学科也都应当制定特点鲜明、符合实际的培训措施，避免培训工作"大呼隆、一锅煮"的问题。

（二）立足校本，创建学校特色培训

当前，各种特色学校比较多，像美术特色学校、音乐特色学校、科技特色学校等，在组织校本培训中，要利用好这些特色优势。比如，我校是十二年一贯制的美术特色艺术教育特色办学模式，具有得天独厚的美术专业优势。我们

注重把这种学校特色赋予每一名教师，创建了特色教师培训，依据本校专业美术教师的研究方向，结合普通教师的实际情况和需求，开展了《生活中的服装美学》、《审美教育》、《油画鉴赏》、《书法艺术》、《电影音乐赏析》、《传统文化与和谐之美》等系列培训，接受艺术熏陶，提高气质涵养，全面提高教师的审美意识，以此为牵引带动综合素养的提升。每一所学校都应针对自身特点，打出校本培训的"特色名牌"，不同学校间交流学习时，也能展现不同视野、不同背景下的学术融合，产生积极广泛的社会影响，提高培训吸引力。

（三）立足人本，启发教师自我培训

组织校本培训工作，只有把学校的积极性与教师的积极性统一起来，才能上下双赢、事半功倍，否则就会上急下缓、梗阻变味。首先要让教师认识到培训工作对学校发展和个人成长的重要现实意义，强化克服困难、主动参与的意识。在组织培训中，可以采取订单式、自助式的模式，把教师培训工作作为走群众路线成效的检验，培训内容征求教师意见，学习形式集中大家智慧，让教师的主体作用得以充分体现。同时，还积极搭建各种自学平台，为教师购买教师继续教育用书、组织读书笔记展评和心得交流会，拓宽学习研究空间，有效促进教师自我提高。学校还可以选取有代表性的教师，对专业发展进行追踪研究，为其他教师提供有益的参照，学校领导也要做出表率，带动教师在参与培训中提高自身能力素质。

总之，校本培训还有很大的空间可以探索，还有许多问题需要解决，必须在不断解决矛盾中求实效、求发展。无论是组织者，还是参与者，都应当秉承一种专业引领、开放多元、持续发展的理念，把校本培训作为教师发展的动力源，积极探索有效形式和途径，建设一支师德高尚、业务精湛、结构合理、充满活力的高素质教师队伍，做到以师立校、以学立师。

新时代教师的教书育人之路

杨　欢

伴随着高中全面进入新课改阶段，在新的教育理念的指引下，要构建高质量教育教学，通过现代化教育教学方法的转变促进学生学习方法的转变，建设充满灵动与人文的语文学科的课堂，彰显生命力的教育是师生共同成长的生命旅程。

一、感受学生，课堂充满灵动创新的生命力

近几年随着课改的深入，学生主体性地位得到进一步提升，一些社会流行文化也开始进入学校课堂。如何发掘这些流行文化中的积极因素，并巧妙地加以吸收利用，为学生创造一个积极、愉悦、具有生命力的教学课堂值得研究。

当我们把教学的着力点放在让学生想象、品味语言、感受美等过程时，他们的心灵会受到浸润和陶冶，因此在后来的教学中我开始思考如何发掘一些流行文化中的积极因素，并巧妙地加以吸收利用。于是我进行了这样的教学尝试：我曾经组织学生编排课本剧《短歌行》，要求同学自己改写剧本，学生通过联想和想象加入了许多当前流行的元素，学生也选择吟唱等形式，来表达自己对诗歌的体验和意愿，从而写出充分展示个人创造力的习作。

在学习《诗经氓》这首诗时，我将学生分成了两个小组，结合这一课的具体情况，由几名对《诗经》时期文化生活感兴趣的学生组成背景组，由有朗诵基础的学生组成诵读指导小组。在课前将这两个小组合并在一起，给他们布置一个任务：就是将朗诵的过程与社会生活背景的介绍结合起来，编成一个短剧，到展示时作为课堂导入环节。这样做改变了传统教师导入的方法，由学生

自己来组织编演的短剧将背景与诵读结合在一起。教师只作为幕后的导演出现把主动权交给学生。同时避免了该组学生任务简单化、活动程式化，使他们在准备背景的同时也能深入地研究分析文本的内容。这样就关注了所有学生的发展。

上完这两节课，我体会到：每个学生都是有鲜活的生命的，他们的生活与经历有关，与音乐有关，与游戏有关，而这些都是语文学习的源泉所在。不要一味地去拒绝他们的生活方式，老师只有走进了他们的心中，与他们的心灵进行直接的对话，也许才能更好地找到他们的兴趣点，才能让语文教学真正生动起来，才能让学生的作品有着青春绚丽的生命力。这也许就是我们的语文教学所要探究的意义所在吧。

二、体验生活，富有语文味的课堂焕发生命力

今天的孩子们，思想活跃。可是，不少学生一到作文的时候，文思枯涩，发挥不畅，什么原因呢？张志公先生说，作文教学工作，必须打破"做"文章的观念，使学生习惯于如实地、自然地写出自己的所见、所闻、所思、所感，只有当学生习惯于如实地、自然地写的时候，他的思路才能打开，才能得到锻炼。作文练习我觉得有必要让这些生长在北京校园的孩子们多写写自己家乡生活的文章，也多写写自己的校园。让孩子们了解家乡，书写家乡，热爱家乡，唤起他们的童年记忆或对北京的感受。看学生们的作品，让我由衷地感慨，学生们有很多的生活积累，只要引导到位，他们会给老师带来惊喜。我对他们的写作能力也信心满满了。这里选录其中的一篇——《长满故事的银杏树》：

随着风摇动着的银杏树叶，在阳光的照耀下显得无比的温暖。叶子已经变得金黄，飘下来的同时夹带着几颗有味道的银杏果，充满了秋天的味道。

那是一棵长在教学楼前高大的银杏树，自我初一刚入学的时候它就矗立在那里，那时我站在树下，和新认识的同学叽叽喳喳地说个不停，躲在它高大"保护伞"下憧憬着初中生活的开始。记得我们开学第一天的时候，老师就和我们说："你们看这叶子再黄三次，你们就要离开这里了！"这是一句为了让我们知道时间短暂的话。我却好像从来设有在意过。

高中参加了1+3，继续在这个学校里学习，却在一节数学课后到无奈的老师看着我们说："你们再看一次叶子黄了又绿的时候，你们就要参加高考了。"

那时我高二，这句话像是一把打开回忆的锁，打开了我的回忆，里面不乏我在树下的宣传栏布置板报的样子，与我跑步经过树前，拥有艺术气息的保洁阿姨用扫把扫出来的一个个爱心，和我趴在窗户透过稀少的树叶，看着学长学姐举行成人礼时个个热泪盈眶的样子，我扭过头来看我身边还在随风舞动的叶子。

或许是从那天起，看着慢慢变黄的叶子我突然有了急迫感，每当上课走神时，那一片片金黄又在提醒着我"时间不多了"在每次完成了一天疲惫的学习生活之后，在回家的路上闻到银杏果树，那股子不同的味道时，奇怪的是总有一种莫名的满足感，这会让我觉得自己的一天没有被荒废。

已经高三的我，按照学校每升一年级就多上搬一层楼的规律，现在的我已经从只能看到树根到窗户外的景象被两树的叶子挡住。这棵银杏树伴随了我六年的时间，见证着不光我还有着无数学生的调皮与努力，送走了一拨又一拨孩子，又迎来了一拨又一拨充满梦想的孩子，而它，一直在那里。

三、体验生命，充满生命力的学生成为课堂的主角

于漪老师说过："教育有理想色彩，真正的教育是牵引人的灵魂进入精神境界。"语文教学过程固然重要，但更重要的是引导学生在充满人情味、愉快的环境中接受教育，让学生的灵气在课堂上展现，让学生的个性在课堂上自由挥洒，这样的课堂才会充满生命力。

在设计《鉴赏史铁生散文》这节课的问题时，对文本的理解，我分解若干子问题，抓住文本联系的几个节骨眼儿，让学生琢磨、品味文本语言，并凭借语言挖掘文本内涵，教师在此做引导、点拨。然后以主问题的形式对教学内容进行整合，重组中心问题，直达追求目标。

母爱是世界上最伟大的爱，从孟母三迁，择邻而处，到孟郊"谁言寸草心，报得三春晖"，从地动山摇时，用柔弱的血肉之躯撑起孩子整个世界的地震中的母亲，到徒手勇接女童的最美妈妈，母爱没有具体的内容，不同的母爱方式却有着一个共同的情怀——无私奉献。面对厚重博大深邃的主题，我是这样处理的，让学生在一部分，发现史铁生笔下的一个真实的，伟大的母亲。并且在题型设计上，以"开放性的选择题"这一形式，"这是一位（　　）的母亲，然后做简要说明"激起学生的兴趣，扩大课堂的容量。在第二部分，针对"合欢树的寓意"本节课的教学重难点时，先分解铺设，学生自读自悟，倡导独立

思考，由文学的审美体验推出"合欢树"的丰富意蕴，从而循序渐进、水到渠成地落实重点，感受文章的巧妙构思与布局。文学的精彩不在于一堂课结束后给出一个既定的答案；而在于留给孩子们更多的回味与思考。我这样的提问，就是为了给学生找出一个学习的支点，从而实现全面地提升理解水平。深入的背后应该是精要，是智慧，是完整，也是超越。

一堂真正具有语文味的语文课，需要教师的精心设计。在教学中，教师组织的是一个个充满个性、灵性的生命体。因此，在语文课堂教学中，教师应重在引导学生与文本对话，让学生学会与生命交融，让每个学生走进人物丰富的内心情感世界，以情悟情，将心比心，让学生成为生动课堂的真正主角。

四、关爱生命，现代化教育培养学生家国情怀

受新冠肺炎疫情影响，我们在 2020 年春季学期延迟开学。在这特殊时期，经历不一样的高考备战。针对高三学生面临居家线上学习，出现思想、生活、学习上的各种压力，尽最大努力做好思想教育方面的工作，细致、耐心地帮助学生解决实际的困难和问题。

疫情防控工作紧迫，学校德育工作者在完成学校德育工作的同时，积极参加志愿服务，做登记、测体温、搞宣传、献爱心，以自己的实际行动践行着人民教师的初心。"停课不停学"任务繁重，面对困难挑战，老师们积极应对。以疫情防控为契机，加强学生的爱国情怀和理想信念教育，依托重要纪念日、哀悼日及国家重大事件，有效开展主题教育，增强学生民族自信心、使命感和责任感。开展线上高三 70 天倒计时活动，学生居家学习、锻炼成果展示。配合学校和年级开展的德育中心工作，有步骤、分阶段地对不同的学生进行心理健康辅导帮助。疫情防控期间，学生积极参与各项活动，作为美术特色学校，学生拿起画笔，为抗击疫情绘制宣传画，在网络中留言体现了万众一心的力量。班级中一位同学的爸爸是一线医务工作者，在这场空前的疫情来临之始，他就投入到了紧张的抗"疫"工作中。他用自己的实际行动为这场战"疫"助力同时也让他的孩子知道什么是责任与担当。另外一位同学的妈妈，也是一名医务工作者，在北京新冠肺炎疫情最严重的时期，承担接待境外人员的任务，她是一位有着巨大责任心的好医生。有这样的医生，才会使病人无比安心吧！哪有什么岁月静好，只是有你们在负重前行。致敬奋斗在战疫第一线的英雄

们，致敬所有的白衣天使们，致敬我们的家长。无论是战疫一线，网上教学，居家学习，防控宣传，志愿服务……幅幅画面汇集成为生活的新常态，点点滴滴凝聚成为抗击疫情的新动力。

2020年，注定是不平凡的一年，白衣战士"逆行"，华夏儿女共赴时艰……这是一场没有硝烟的战役。学生面对着突如其来的疫情，认识到备考变得更加艰难，勇敢前行，在短暂休整后，马上投入到"停课不停学，备考不停步"中。在这个特殊的时期，家长、老师用实际行动告诉孩子们：高考的路上，家长、老师一直都在陪着你，你从来都没有孤军奋战！

五、尊重生命，教育合力保障学生健康安全

在抗击疫情的特殊时期，作为班主任，明确自己的责任，居家学习时，积极宣传疫情防控知识，对具有焦虑心理的家长、学生，通过电话、微信等多种途径进行心理疏导。与家长保持密切联系，掌握学生外出行踪、身体状况、学习等情况，对于特别关注学生给予更多的关心与疏导，对于特别时期高考备考存在焦虑情绪，需要一直与家长保持密切沟通，疏导家长和学生的焦虑紧张情绪。由于本学期时间紧、任务重，特别是面临着高考的压力，以及疫情防控，根据学校安排，个人依据学校疫情防控期间开展的线上教育实施方案，利用微信群、小程序和QQ群课堂等方式开展教育教学。2020年3月29日我们高三年级进行了一次学生、家长会。在距离高考70天（延迟高考则可能100天）的时间，这次誓师大会非常必要，线上辅导孩子们也越来越在状态！当高考的脚步越来越近时，在这特殊时期，家长和老师们积极协作配合，家长们无论是坚持每天的晨、晚打卡报平安，还是市级适应考试的全力以赴全员参与，都给孩子们起了示范作用。同时，在"停课不停学，备考不停步"的特殊时期，给孩子们更多的关爱和鼓励，作为班主任，虽然很久没有和学生们见面了，但我心中时刻挂念着他们。今年的春季，北京太安静了；行走于城市间的列车也太过冷清；此时的校园，没有了本属于它的生机，我想，教室的窗前也只会有几只麻雀在叽叽喳喳地叫着吧。高三的学生在休整了一小段时间后，马上投入到这"停课不停学，备考不停步"的进程中。我非常欣慰地看到学生们做到宅而不慌、宅有所获，用自己的方式给这个不同寻常的高三课程带来了不一样的温暖，为防控疫情注入了力量。

中央美术学院附属实验学校 | 向美而行

当然，能够保证我们高三学子的学习进度有条不紊地进行，这一切离不开支持我们的家长；离不开勇敢地站在了抗击疫情第一线的最美"逆行者"。

你们的付出，我们的承诺，我们一定会与全社会一道尽职尽责，不负重托，打赢这场没有硝烟的战"疫"！完美地做出一份属于我们人生中最为关键的答卷。

作为和孩子们接触最亲密的人，当从照片中看到了学生们奋笔疾书的身影时，我更想勉励学生们可以利用这个时间，充分利用广泛的资源，为自己充电，弥补缺漏，就在这个不知归期的学期中勤奋努力，给这个不同寻常的高三课程带来不一样的温暖。

六、创造生命，勤于积累乐于反思

叶澜先生曾有这样一句话"一个教师写一辈子教案不一定成为名师，如果一个教师写三年的反思，有可能成为名师"。的确，没有自我反思就没有成长。反思就是反思自我教育教学行为，根据教学实录和具体案例分析并对照先进教育理论进行反思，找准薄弱点提高自我，学会思考。当我上完一节课后，我会花一些时间对自己的教学做出反思。

我担任高一3班美术班的班主任，班级有20名学生，他们有着极强的个性。所以我首先要严于律己，谨慎地处理好课堂上和班级日常管理中的每一个问题。在他们心浮气躁时，我陪着他们自习，引导他们如何才能养成良好的学习习惯。在和他们的交往中，当我给予学生爱时，学生也以一份真诚的爱来回报他的老师。对于一个老师的付出，能够得到学生回馈的爱，应该是最大的安慰和补偿吧。我记得美术专业课后，你们拿着钢丝球清洗地面，为我搬来一把椅子，让我稳稳坐着，生怕我滑倒。看着你们搬桌椅、清洗地面、拖布擦地面、抹布再擦地面……一切都是有条不紊地进行着。看着你们在教室里忙碌的身影……那天，北京的天空中没有一点雾霾笼罩，气温不高也不低，刚刚好；午后的太阳暖暖地射入教室内，给教室又增添了亮色。那一刻，我觉得，生活充满着快乐与美好，这些，大概都是上天给予我的馈赠，那一刻，我感恩自己拥有的一切，并且坚定不移地相信：美好即是生活的慷慨。"世上不是缺少美，而是缺少发现美的眼睛"，当我走在去往体育馆地下的台阶时，在我的前后总会有两个学生"护送"，我让他们先走，他们却不肯，就这样默默地在我身旁，女孩伸出手让我拉着她，男孩在后面静默地随着。这几层台阶我觉得很短，因为我不想让这种被关爱的感觉这么快跑掉。我欣然地享受着这份由学生向我诠释的幸福。我在这份呵护中被深深感动了，我的内心得到了爱的满足。

总之，新时代教师，努力践行继续教育高质量发展的现代化发展的理念应让学生在主动积极的思维和情感活动中，加强理解和体验，有所感悟和思考，受到情感熏陶，获得思想启迪，享受审美乐趣。要珍视学生独特的感受、体验和理解。

从《齐桓晋文之事》学习教师的谈话技巧

章永平

在教读《齐桓晋文之事》一文时，发现不少人都将其中孟子的高超谈话技巧误认为是"辩论艺术"。那何谓辩论？词典释义为："见解不同的人彼此阐述理由，辩驳争论。"辩论具有自己的特性：辩论人员的双边性（辩论是双边活动，最少两人参加，单一方面只能是议论而已）以及辩论观点的对立性（双方观点是对立的，或是或非，这样才有辩论的可能，否则就是谈判）。而这篇文章中始终都是孟子在侃侃而谈，齐宣王从一开始向孟子询问"齐桓晋文之事"，到最终主动探讨王道，表现出像一位好学的学生对自己崇敬的老师一样地配合，根本谈不上是在辩论。依我看，这只是一次对于孟子来说期待已久的一场成功的谈话而已，孟子将自己的理念做了一次宣讲，也成功地在谈话对象心中留下了印迹。作为一名教育工作者，经常需要和学生做这样的谈话，我们能从《齐桓晋文之事》这篇文章中学到哪些实用的谈话技巧呢？下面我就《齐桓晋文之事》一文来谈一下我领悟到的谈话技巧。

一、精心准备，及时捕捉谈话时机

正所谓"机不可失，失不再来"，时机稍纵即逝。孟子怀着一颗悲悯之心，时刻想着向天下王侯推销自己的学说，以早日救苍生于水火。面对着当时战伐不断、霸道横行的现实，又有几人能耐下性子来听一听他的王道理想呢？所以孟子必须时刻准备着，抓住一切机会来宣讲自己的学说。

文章开篇，齐宣王问的是："齐桓、晋文之事，可得闻乎？"他感兴趣的还是霸道，但是这却是一次难得的谈话机会。当孟子机智地将话题引向王道时，被改变话题的齐宣王的谈话兴致必然会有所低落，他只是礼节性地在维持着谈话，而这时，才充分体现出孟子对这次看似偶然的谈话其实是做了充分准备的。

首先是对谈话内容的知识储备。齐宣王懒洋洋地问："德何如则可以王矣？"对于这个问题，孟子在用他的一生思考，内心积淀如海，但喷发出来就寥寥几字："保民而王，莫之能御也。"没有丝毫的犹疑或思忖，却显示出一代大家的深沉和自信，也正因此，才会有齐宣王的追问："若寡人者，可以保民乎哉？"孟子曰："可。"齐宣王正是在孟子的自信而肯定的回答中激起了继续谈下去的兴致，若不是平时的大量的知识储备，在事发突然时是不能如此气定神闲的。

其次是对谈话对象的细致了解。齐宣王谈兴渐起，接着问："何由知吾可也？"这一句看似漫不经心，其实颇有挑衅意味，"你凭什么知道我就可以呢？"如果孟子答不上来，或者不能让齐宣王满意，齐宣王便会断定，你孟子只是在忽悠人，你的那套理论也就多半是靠不住的。但是我们看到孟子从容地带着齐宣王一起回忆了一件关于"以羊易牛"小事：

> 臣闻之胡龁曰："王坐于堂上，有牵牛而过堂下者，王见之，曰：'牛何之？'对曰：'将以衅钟。'王曰：'舍之！吾不忍其觳觫，若无罪而就死地。'对曰：'然则废衅钟与？'曰：'何可废也，以羊易之。'"不识有诸？

孟子是个有心人，也许是无意中听到胡龁说过；或许是他自己有意多方调查，而挖掘到了关于齐宣王的这件小事。他将之分析、加工、储存，等待的就是在这时候使用。人总是愿意和了解自己的人交流，齐宣王的注意力被彻底吸引，谈话在不知不觉中纳入了孟子预设的轨道。

在日常教育教学工作中，我们经常会碰上不好交流的学生，但是在一天天的相处中，总会有一些"突发"状况，会为我们提供交流的契机，这时我们能否像孟子一样及时抓住？我想我们也必须有此准备：多积累一些学生感兴趣的话题的知识，多了解学生的个人情况及家庭情况等。你的用心，谈话的时候学生是能感知得到的。

二、掌握主动权，始终掌控谈话主题

一位央视的著名主持人回忆起自己主持节目时的一场事故，他说："那时

中央美术学院 附属实验学校 | 向美而行

候我刚参加工作不久，在台上访谈一位公众人物，他随手就把我的话筒拿过去了，然后就开始侃侃而谈，谈话的内容和时间都已经背离了我当初的设计，而话筒在他手上，我最后几乎是奋力从他手上'夺'过来话筒，才避免了事情的失控，这之后，我记住了一条原则，就是作为主持人，一定要让话筒保持在自己的手中。"其实老师和学生的谈话也是如此，作为谈话的掌控者，谈话主题必须掌控在教师手中，才能最终达到谈话目的，起到教育效果。相反，有些教师找完学生谈话后，却被学生牵着鼻子，自己也最终被成功"说服"；或者谈话主题偏离初衷，这样的谈话只能说是失败的谈话。

那么，怎么才能做到始终掌控谈话的主题呢？孟子用自己的行动给我们上了生动的一课。他首先是用各种方式将话题引向自己的谈话主题中。谈话起始，齐宣王问的是"齐桓、晋文之事"，他感兴趣的是"霸道"，而孟子偏偏要和他讲"王道"："仲尼之徒，无道桓、文之事者，是以后世无传焉，臣未之闻也。无以，则王乎？"一句"臣未之闻也"是一种大胆的拒绝，避免了自己被齐宣王牵着走，而"无以，则王乎"则是主动出击，将齐宣王引入自己的谈话轨道。

其次，孟子总是努力去寻找谈话的共同点，使得谈话得以继续，不断激发对方的谈话兴趣。话不投机半句多，如果只是一味地拒绝，是不可能有良好的沟通的。孟子要宣讲王道，这是齐宣王所不感兴趣的，那他感兴趣的是什么？是王天下，这便是话题的切入点。

（孟子）曰："王之所大欲，可得闻与？"

王笑而不言。

曰："为肥甘不足于口与？轻暖不足于体与？抑为采色不足视于目与？声音不足听于耳与？便嬖不足使令于前与？王之诸臣，皆足以供之，而王岂为是哉！"

曰："否，吾不为是也。"

曰："然则王之所大欲可知已：欲辟土地，朝秦、楚，莅中国，而抚四夷也。以若所为，求若所欲，犹缘木而求鱼也。"

孟子故意拐了一点弯，目的是把齐宣王的"大欲"问出来，"欲辟土地，朝秦、楚，莅中国，而抚四夷也"，这不正是你齐宣王想要的吗？这也正是谈话的共同点。话逢知己千句少，有了共同的兴趣点，谈话才能继续。这时候孟子要做的只是给他校正方向而已："以若所为，求若所欲，犹缘木而求鱼也。"话题再一次稳稳地走入"王道"的轨道。

三、察言观色，随时调节谈话节奏

当谈话对象谈兴不高时，我们是要予以激发的，否则谈话就会变成独角戏而索然无趣；而当谈话对象变得兴致高昂、情绪亢奋、专注于自己的表达而不顾对方的反应时，我们则需要予以打压，以保持对谈话节奏的掌控。

我们来看《齐桓晋文之事》原文。孟子询问齐宣王是否有"以羊易牛"之事时，齐宣王的回答犹疑，因为在这件事上他是被人误解的，他心怀惴惴，不知道孟子是何用意，只能用"有之"两个字来应对，可以说谈话的兴致一时被压抑了。敏锐的孟子对此了然于心，立刻对齐宣王予以鼓励："是心足以王矣。百姓皆以王为爱也，臣固知王之不忍也。"这番话如一阵春风，让齐宣王很是受用，谈兴大增，话语明显更多了，也更主动了。"此心之所以合于王者何也？"齐宣王开始主动发问便是明证。这个时候孟子反而更冷静了，他并没有马上顺着齐宣王的问话往下走，而是宕开话题，开始问"举百钧和举一羽"、"察秋毫之末和不见舆薪"的话题，让情绪有点高亢的齐宣王再一次冷静下来。这还没完，接着谈的是"挟太山以超北海"和"为长者折枝"，最后再引出自己的主旨："是不为也，非不能也。故王之不王，非挟太山以超北海之类也；王之不王，是折枝之类也。"就这样冷热交替、抑扬起伏，谈话的节奏始终在孟子的掌控之中，而谈话的主题也始终在孟子的预设轨道中运转，只有这样才能将这次谈话的效果最大化。

四、善用譬喻，深入浅出谈透道理

"孟子长于譬喻"（赵岐《孟子章句·题辞》）。孟子的譬喻"浅近平易而生动有趣，轻快灵便而又深刻贴切"，"堪称譬喻圣手"。在谈话论辩中运用譬喻，能把抽象的道理用具体生动的形象表现出来，易于理解。孟子的譬喻性推理，从逻辑上来说，未免有些牵强，却使孟子的论辩，富于形象性，具有极大的艺术感染力。如"力足以举百钧，而不足以举一羽""明足以察秋毫之末，而不见舆薪""挟太山以超北海""为长者折枝""缘木求鱼""邹人与楚人战"等，非常生动而又言简意赅地说明了道理。即使有些譬喻可能禁不起逻辑上的推敲，但是在当时的情景中，却是实实在在地达到了说服谈话对象的作用。

作为一位思想家，孟子的光辉彪炳史册。虽然他在政治上难言得意，但是他的睿智善辩足以让我们折服。用今天的话说，孟子为了他心中的抱负，在时刻准备着。所以我说，孟子和齐宣王的这次载入史册的交谈，对于齐宣王来说，可能是个偶然，而对于孟子来说，却是他的必然。作为一位教育工作者，我们应该学习孟子担当天下的胸怀，也应该去学习他的这种语言技巧，将之应用到教育学生的谈话中去，以更好地做好自己的教育工作。

学

科

美

育

篇

找到艺术教育与英语课堂的融合点

——浅析中学英语课堂美育教育的实施路径

宋瑞丹

艺术教育与其他学科如何融合，是一个现实课题。研究这一课题，必须一手从艺术教育的核心本质追根溯源，一手从其他学科的具体实践深究细研，从而找到合适的融合点。本人围绕中学英语教学与艺术教育的融合问题，从理论和实践上进行了一些探索求证。

《教育部关于推进学校艺术教育发展的若干意见》指出："艺术教育对于立德树人具有独特而重要的作用。学校艺术教育是实施美育的最主要的途径和内容。艺术教育能够培养学生感受美、表现美、鉴赏美、创造美的能力，引领学生树立正确的审美观念，陶冶高尚的道德情操，培养深厚的民族情感，激发想象力和创新意识，促进学生的全面发展和健康成长。"从概念上理解，艺术教育作为美育最重要的途径和内容，其核心是审美教育，目的是培养学生感受美、表现美、鉴赏美、创造美的能力。

英语作为学生必选课程，担负着帮助学生树立人类命运共同体和多元文化意识、形成开放包容态度、发展健康审美情趣和良好鉴赏能力的任务。《普通高中英语课程标准（2017年版）》也明确提出：在必修阶段，让学生在学习活动中初步感知和体验英语语言的美；在选择性必修阶段，让学生在学习活动中理解和欣赏英语语言表达形式（如韵律等）的美，而且能理解和欣赏部分英语优秀文学作品（如戏剧、诗歌、小说等），从作品的意蕴美中获得积极的人生态度和价值观念启示。英语教学的这些任务和目标，都在美育的范畴之内。

因此，美育是艺术教育和英语课堂的天然融合点、最大公约数。无论从贯彻党的教育方针的理论高度看，还是从落实新课标的实践维度看，或者从学科融合的研究探索看，都应该把美育作为英语教学的重要内容，贯穿于日常的教学活动中去。但是，在实际英语教学中观察发现，对于课堂落实美育教育，教师们有统一的思想认识，但缺乏自觉的传播意识；有美育渗透的基本想法，但缺乏行之有效的操作方法；有不同侧面的挖掘尝试，但没有形成全面整合的培育优势；有提高教师美育素养的普遍性培训，但很少有针对英语学科的专业性培训。这些，弱化了英语课堂的美育教育效果，甚至个别老师在英语课堂上是忽略美育教育的。

为此，针对英语课程的美育特点，从课程的内在美和外在美两个方面，研究提出如下实施路径。

一、抓住课程的内在美

（一）引导学生发现英语语言美

语言本身就拥有着独特的美学意蕴，各国语言都如此，各有各的美。英语语音的韵律美、语法的简洁美、词义的丰富美、语句的修辞美，散发着无穷的艺术魅力，教学中需要把这些讲清楚，让学生领略到。

如笔者在执教人教版新课标高中《英语》选修六第二模块 Model 6 Unit 2 Poems 一课时，根据学生实际，选择了具有代表性的童谣和五行诗，让学生发现语言的美、欣赏语言的美。童谣语言简单、节奏明快、韵律和谐、便于记忆，让学生跟随录音，打节拍跟唱，反复吟诵，体会其中的韵律和节奏，感受童谣给人带来的美。在讲到五行诗时，给学生呈现两首诗（*Summer* 与 *Brother*），带领学生分析其结构特点。整首诗中间对齐，有着错落有致的结构美，而且字数少，言简意赅，大多由 11 个词组成，每行分布字数为一、二、三、四、一；用词也有讲究：第一行为一个名词，第二行为两个描绘性的形容词，第三行为 3 个 doing，第四行为 4 个对比的名词或短语，最后一行为一个概括性的词。五行诗中多使用头韵，采用反复的手法，指导学生朗诵时，放慢语速，才能更好地感受诗歌的韵律。语言本身的美感，是英语美育的重要元素。

（二）深入挖掘英语语言的文化美

语言是文化的载体，是文化的结晶，两者之间有着密不可分的关系。早在 20 世纪 20 年代初，美国著名的语言学家 E.Sapir 提出："语言的背后是有东西的，而且语言不能离开文化而存在。"《英语课程标准（2017 年版）》的课程内容也多次强调文化内容，明确指出：文化知识要素涵盖了物质和精神两个方面，物质方面包括饮食、服饰、建筑、交通等；精神方面包括哲学、科学、教育、历史、文学、艺术、价值观、道德修养、审美情趣、社会规约和风俗习惯等。这对文化教学的要求更为细致、明了。在英语教学中，要结合教材内容，注意讲清教材中涉及的文化背景知识，指明其文化意义或使用中的文化规约，适时渗透文化美；在组织课堂活动时，要创设情境，突出某一特定的文化氛围，让学生在这种背景下进行"角色扮演"活动，并要求他们尽量按照角色的身份和言语交际的环境正确地使用语言。通过这样的课堂教学活动，学生可逐步提高结合社会文化背景恰当使用语言意识，提高文化敏感性，挖掘文化美。我们可以用归纳比较的教学方法，让学生了解中英文文化差异，引导他们发现文化差异美，培养认同、包容的认知态度。

（三）传递英语语言的精神美

人教版英语教材中，有多篇文本是描写人物艺术形象的，这些艺术形象体现了作者的人生观，生活体验以及审美观。引导学生欣赏人物艺术形象，是进行审美教育不可缺少的。如人教版必修 1 Unit5 Nelson Mandel—a modern hero、必修 5 Unit1 Great scientists，都传递了英雄和伟人身上的高贵精神品质。中学阶段是人生关键的时期，教师要做好学生品德的引路人，传递好语言背后的精神美，让学生通过语言学习了解到这些感人事迹和高尚精神品质，向英雄和伟人学习，磨炼自己的意志，勇于拼搏，成为新时代的优秀青年。

二、体现课程的外在美

（一）提升教师个人美育素养

要落实美育教学，首先要增强英语教师的审美意识，提高教师自身素质修养。英语教师教态要亲切自然，态度端庄大方、热情活泼，衣着整洁得体，既可让学生感受到美的愉悦，又为教学活动创造了一个美的氛围。响亮标准的语音和优美纯正的语调给人自然向上的美感，英语教师必须坚持用英语教学，这能够增强自身的影响力，也陶冶学生的性情，潜移默化地影响学生语言能力的发展。每个学生都希望自己的老师是"美"的，教师要身体力行，彰显英语教学的美，提升自己的个人素质，拥有美的情怀。

（二）营造美的英语学习墙

联合国教科文组织对外语教学质量曾提出"五个因素和一个公式"。这五个因素是国家对外语教学的政策、学生的来源与素质、教材的质量、教学环境的条件、教师的素质。由此可见，教学环境的优化是很重要的，这是一种隐性教育，对学生的语言学习具有巨大的潜在影响，能激发学生学习英语的热情。营造美的教室学习墙，是优化教学环境方式之一。我们可以打造班级单词学习"墙"，英语小报展示"墙"等。所谓的单词墙，就是让每位学生将易错、易考、难记的单词和短语分享出来，写在不同形状、颜色的贴纸上，班级学生所有贴纸布置成一个一棵单词树或一条单词鱼，张贴在教室墙上。每天课间，学生可将记会、记熟的单词"摘"下来，贴到自己小组的位置上，张贴成不同学生喜欢的图案；老师每周会抽出时间考察每小组"摘"下的单词，如果全组合格，可给予小组奖励学分，如果小组不合格，小组学生不可再"摘"取单词，直至合格为止，小组间进行评比奖励。这样的单词墙，不仅可以美化教室环境，更让墙壁能说话，能学习，能分享，让英语学习变得有趣起来。

（三）把音乐、绘画、英语戏剧引入英语课堂

好的音乐作品能放松人的心情，陶冶人的情操，它不需要任何媒介，比语言更为直接。课前播放一段欧美乡村音乐，不但能提高学生的审美情趣，更能使学生尽快地平静下来，投入课堂。结合教学内容，精心选取英文歌曲和当下流行的英文说唱，让语言学习富有情趣，提高学生的学习兴趣和效率。

我们也可将单词、课文、对话、篇章用图画的方式展示给学生，在给予良好视觉冲击的同时展开教学，学生的兴趣就会大大提高，同时也提高了学生的审美意识。我们可以布置各类的主题"画"任务，可以是某种语法知识点思维导图，也可以是篇章主题呈现，让学生在画中学习，在画中审美。

教师可以组织学生改写教材文本，创编课本剧，开设英语戏剧校本课程，或让英语戏剧走进课堂，学生在学习和创编剧本的过程中，学习英语歌曲、歌谣，手工制作戏剧相关的道具、布景、装饰，把英语学科学习与艺术学科相结合，一起创造美、体验美、感受美、表现美，从而激发英语学习的趣味性和积极性，培养创造力和审美情趣。英语戏剧对学生的美育素养和综合素质提升有很多的促进作用。

苏霍姆林斯基说："美是一种心灵体操，它使我们精神正直、良心纯洁和信念端正。"在英语教学中贯穿、渗透、实施美育，可以促成学生对教学内容、

教学形式和学习方式产生乐趣，激起学习热情，在心灵深处受到感染和感化，提高学生感受美、理解美的能力。教师应该通过多路径创设多样的美育情境，让学生在英语学习的过程中感悟美、体验美、创造美、寓教于美。

美育融入中学思政课　滋养学生心灵

张　玲

2018 年 8 月 30 日，习近平总书记在给中央美术学院 8 位老教授的回信中指出："做好美育工作，要坚持立德树人，扎根时代生活，遵循美育特点，弘扬中华美育精神，让祖国青年一代身心都健康成长。"

美育并非单纯地以艺术技能为主的教育，而是作用于人的情感和心灵的素养教育，激发学生的想象力和创造力。社会主义社会的美育是为建设社会主义精神文明和培育学生心灵美、行为美服务的。美育重在立德，美育是塑造人、引领人、激励人的过程，是以美化人、净化心灵、培养健康人格的高尚事业，以德育引领美育、以美育赋能德育，让学生在欣赏美、体验美的过程中培养高尚情操，提高觉悟，为实现共产主义理想和创造一切美好的事物而奋发向上。

作为思政教师，我在了解学情的过程中发现，学生中存在一些令人担忧的现象，比如丑化亵渎英雄人物、盲目追星粉丝互撕、精神迷茫、丧文华流行、虚无感充斥……如此种种，让我们看到思政课堂融入美育的必要性和迫切性，因此，做了以下探索和尝试。

一、美育融入课堂

（一）借助美的形式，让学生得到美的体验

思政课教学过程中教师借助温暖的表情、得体的肢体言语、娟秀的字体、生动的课件让学生如沐春风，愿意接受教师的引导进入情境，为实现育人目标提供良好的前提条件。

（二）借助美育载体，引起学生情感共鸣

充分运用艺术重新激活情感的力量，通过欣赏雕塑、绘画、优秀的文学作品、名人名言以及当代影视作品增强情感共识。在学习党的初心和使命时，曾利用《觉醒年代》中陈独秀和李大钊途经海河边的片段，陈独秀看到难民们悲惨的现状，失声痛哭，决定成立共产党，"不为别的，就为他们得像人一样的活着，得有人的尊严……"学生的情绪被点燃，情感升华，深刻认同党的初心。通过这种形式他们感受到的是有血有肉、情感真挚、活生生的陈独秀和李大钊，而不再是课本上符号化、标签化、模式化的脸谱，从而能进入情境，体会他们当时的心情，感同身受，感受到书本知识的真，共产党人的善，实现真善美的统一。又如：在学习《传承中华民族精神》时用鲁迅和钱玄同的对话导入：鲁迅说"假如一间铁屋子，是绝无窗户而万难破毁的，里面有许多熟睡的人们，不久都要闷死了，然而是从昏睡入死，并不感到就死的悲哀。现在你大嚷起来，惊起了较为清醒的几个人，使这不幸的少数者来受无可挽救的临终的苦楚，你倒以为对得起他们么？"钱玄同思索一番后说道："几个人既然起来，你不能说决没有毁坏这铁屋的希望。"进而精选了鲁迅先生以下名言："我们从古以来，就有埋头苦干的人，有拼命硬干的人，有为民请命的人，有舍身求法的人……虽是等于为帝王将相作家谱的所谓'正史'，也往往掩不住他们的光耀，这就是中国的脊梁。""愿中国青年都摆脱冷气，只是向上走，不必听自暴自弃者流的话。能做事的做事，能发声的发声，有一分热，发一分光，就像萤火虫一般，也可以在黑暗里发一点光，不必等候炬火。此后如竟没有炬火，我便是唯一的光。"（鲁迅《热风·随感录四十一》）这些名言能激起学生的责任感和使命感，引导学生温暖有光，知行统一。

（三）借助探究过程，让学生感受思维之美

每个个体有其自身的独特性与差异性，在认同上也不例外，具体表现为排斥外在观念的强行灌输、刻意的煽情、人云亦云的随波逐流……因此，需要根据学生的特点，结合他们的心理特征与行为特征，经历思维的辨析、价值的判断与选择，通过这种认知冲突引导、体验内化转化的探究过程才能实现自觉、长远的认同，培养高尚情操。

在此探究过程中会采用以下模式：热点难点问题导入—问题讨论—正反事例对比—正面引导—探究解惑，经历观点碰撞、自主思考、合作探究的学习过程，学会辩证、全面、发展地认识问题、分析问题。对问题有历史视角、

辩证视角，积极地思考认识解决问题的途径，思想认识逐渐成熟起来。

在学习《实现人生价值》时，利用学生中存在的难点问题导入：有的学生认为"人的一生像西西弗斯推石头一样不断重复，而且人终将死亡，人的一生没有意义"；有的学生认为"人生的意义就在于他区别于动物，会思考会掌控命运"；有的同学认为"人生的意义就在于找寻意义"；有的同学认为"人生的意义在于奉献"。学生讨论探究，经过这个过程逐渐让学生明白：怎样衡量人生的意义和价值，人生价值有没有大小之分？价值观的多元与主流价值一元的关系，并建议阅读马小平的《叩响命运的门》。

二、美育融入课后作业

课上的时间极其有限，为了实现育人目标，课后作业也是形式之一，课后优秀作品的阅读分享，例如《抗美援朝英雄事迹》分享、《冬奥会选手故事》分享、《冬奥会核心图形的设计理念》分享以及主题绘画作品的评比等。

在分享《抗美援朝英雄事迹》时，学生们说道："这场战争是一场钢铁力量与精神力量的对决。当时的美国武器先进、种类齐全，美军可以海陆空三军联合作战，双方力量极其悬殊，是什么使我们赢得了战争的胜利？是什么使我们的战士不畏严寒、不怕烈火、不惧伤痛、献出一切甚至生命，年轻的心为什么能无畏艰险？是因为他们心中有祖国有人民，血液可以被严寒凝固成冰，血性却因必胜信念化为永恒。血性源于信仰，信仰铸就忠诚，为祖国死不还家，为人民血战到底，为胜利前仆后继，崇高理想信念指引创造奇迹，向死而生、英勇决绝。""在强大的拥有先进武器和装备的傲慢的美军面前，我们打出了和平的天空，也赢得了对手的尊重。那是怎样的一种精神？是为了祖国人民尊严而奋不顾身的爱国主义精神；英勇顽强舍生忘死的革命英雄主义精神；不畏艰难困苦，始终保持高昂士气的革命乐观主义精神；为完成祖国人民赋予的使命慷慨奉献自己一切的革命忠诚精神；为了人类和平与正义事业而奋斗的国际主义精神；几十年过去了，这些精神已经融入几代中国人的血脉灵魂，成为中华民族直面挑战、勇于斗争、战胜困难和敌人的宝贵精神财富，中华民族精神长存，中华民族再创辉煌……"

三、美育融入社团活动

利用辩论赛、演讲比赛、时事述评等形式讲好中国故事。我们开展过"讲好中国故事更应侧重平凡人的故事还是伟人的故事",同学们经过准备的过程了解到许多伟人和平凡人的故事,深深震撼和打动了他们。

在关于疫情的时事述评过程中,学生收集到多方资料,有网络上的,有身边的,有国家层面的,有基层治理的,有中国的也有外国的,学生们经过横向纵向的对比交流感悟我国的治理体系治理优势,总结出我们自信的底气源自哪里,以及我们要以发展的眼光来继续巩固和完善我们的制度,更好落实以人民为中心。

"晚舟归来"事件的述评中,学生从整个事件来龙去脉做了一个清晰的梳理,从现象到本质,由表及里、由此及彼、去粗取精、去伪存真进行分析,情景理交融,感情充沛而细腻,字里行间透露出自豪感和责任感,通过述评的方式实现了情感的升华,通过美育教化的过程,激发了学生的家国情怀。

四、美育融入社会实践

在实践中,落实美育,提升德育实效性:通过假期参观历史遗迹、瞻仰革命圣地的实践活动中,学生与历史英雄人物近距离接触,铭记历史,传承精神;在体验民族风情、祖国大美风光的实践活动中感受到民族文化的多样性、独特性,民族文化的魅力所在和民族情感的可贵;参与垃圾分类的宣讲和践行中,学生认识到人类的行为对我们家园的影响,生态环保意识不再是停留在口头和作业上,而是真正内化于心外化于行。

高中思想政治课程是落实立德树人根本任务的关键课程,以培育社会主义核心价值观为目的,是帮助学生确立正确的政治方向的课程。所以美育目标和思政课的育人目标是统一的。美育与思政课有机结合,努力培养担当民族复兴大任的时代新人,培养德智体美劳全面发展的社会主义建设者和接班人,我们思政老师一直在努力,年轻教师一直在传承……

在生物课堂中渗透社会主义核心价值观的实践

张桂玲

中学阶段是人的身心发展最快的时期，其心理可塑性最强，是形成人格及人的基本素质的关键时期。一个人能否成才，首先取决于他是否具有足够的辨别客观事物真善美的能力，是否有良好的道德行为习惯及性格。学校教育，首先应该是成人的教育，成人才能成才。因为从学校出来的学生，如果人品不过硬，则他们所学的知识，反而成了他们作恶的工具，对个人、对家庭、对社会，其危害程度比文盲更甚。

由于受社会环境、升学的竞争等诸多因素的影响，一些中学生道德观念不强。比如，劳动观念淡薄，劳动习惯差，把自己看得过重，在处理个人与集体，自己与他人的关系中存在着较大的偏差，有些学生在最基本的社会责任感和道德感方面存在不足，缺乏对人的感激之心，对公共财物甚至自己的财物不够珍惜，有时不够注意克制自己言行。可见，中学教学不光是传授知识，育人更重要。教师应当把学生的人格教育摆到重要的位置。

因此，很多教育工作者开始探索培养学生社会主义核心价值观的方法。教学中我发现，与生硬的灌输大道理相比，将德育渗透到教学之中效果更为明显。因为，有一些学校和教师，在德育方面花费不少精力，告诉学生应该如何如何听话，如果不听话就罚站等措施。同时嘴里说着，我罚你训你是为你好。学生在这种环境下学习，要么成了唯命是从的工具，没有主见。要么带着不满，以多种形式与老师对抗，给教学带来一定的麻烦，长大以后他也用这些"刀劈斧砍"的方式教育下一代。苏联教育家赞可夫指出：教学法必须触及学生的情感领域，触及学生的精神需要，才能发挥高度有效的功能。因此，教师要善于唤起和诱发学生对道德现象的情感体验，要逐步培养学生善感的心灵，让学生真正地感动，以自觉的行动克服不良行为。

如何激发学生的内动力，少一些"刀劈斧砍"式的教育，多一些"春风化雨"式的润物细无声般的教育，这是我在教学中一直探索的课题。

从事多年的中学生物教学工作，我发现生物学科本身的特点，使它在德育方面，成为一门很好的育人学科。教学中，结合人的自身生长发育过程，学生能够了解自己和他人，从而能更好地理解和尊重他人；结合动植物结构特点和功能的教学，学生能真正热爱自然，保护动植物。在讲课的过程中，我总是不失时机地对学生进行思想教育。下面，我给朋友们分享几个特别成功的案例。

一、教育学生孝敬父母、懂得感恩

学生知道中华民族传统美德之孝老爱亲，构建和谐家庭、和谐社会。但是他们对为何要孝老爱亲理解不到位，所以在如何孝敬父母的行动上表现得很被动。

在《人的生殖》一课的教学中，起初有些学生害羞、不大方，甚至还有个别学生嬉笑。见到此景，我很平静地说：请同学们用正确的态度对待自然科学！你能想象母亲孕育我们时克服了多少困难吗？你能理解"儿的生日是娘的苦日"这句话的深刻道理吗？闻听此言，学生们不那么浮躁了。当学到胎儿的成长发育时，学生们知道了：母亲通过脐静脉和脐动脉为胎儿运来养料、氧气，运走二氧化碳和废物。这时我会深情地对学生讲："原来我们在母亲体内还没出生时，母亲就已经为我们付出很多了。比如每顿饭要吃得比平时多；还要忍受一些妊娠反应，多么不爱吃的食物，一想到对胎儿有好处也要忍着吃；母亲的循环系统不仅要担负自身营养的运送，而且还要负责给胎儿运送营养、运走废物。这大大增加了母亲各个系统的负担。胎儿长到七八个月时体积、体重大增，母亲走路非常困难，需要父亲和亲人细心照顾。分娩时，母亲还要面临剧痛和可能的危险。加之出生后父母这十多年对我们的抚养……可谓是百般呵护，费尽心血。而我们都为父母做了什么？有的同学连自己的衣服都没洗过，看见不可口的饭菜就噘嘴，把母亲问寒问暖的话当作唠叨，记得母亲给我们过的每一个生日，很开心，对吧？而你们又有几人能记住父母的生日呢？"这时这学生彻底没有了害羞，听得更认真了。"我们不挣钱，不需要买多么贵重的礼物，在父母过生日的时候，一句祝福的话语，亲手作一幅画，不惹母亲生气……任何一个小小的惊喜。都会让母亲感动不已。当你考上大学离家在外时，若能时常给父母写邮件、打个平安电话，让父母少一份牵挂，他们就会很满足。"每当讲到这里时，总会有一部分学生流泪，教室极其安静。学生由课前的害羞、嬉笑到课后流泪的转变，让我感到春风化春雨，润物细无声的力量。

二、培养学生的公德意识

在讲到气管的结构和功能，学习了痰的形成过程时。我会引领学生讨论："痰有哪些成分？"最后我们一起书写出痰的成分有：黏液、灰尘、细菌。接着我又问："随地吐痰有什么害处？"有学生讨论回答："随地吐痰，当痰中的黏液干燥后，灰尘和细菌又会随空气再度被人吸入，传染给健康人。"这时从表情上看得出，大部分学生对痰很反感，深刻认识到随地吐痰的危害。然后我们讨论，如果有痰了该怎么办。同学们争先恐后地想办法："去卫生间吐痰"；或者"用废纸包好丢到垃圾桶"……此时从反应上看得出，学生们也很乐意遵守"不随地吐痰"的文明规定。在防控各种疫情的战役中，不随地吐痰更是一项重要措施，课堂教学使文明习惯成为学生的自觉行动，其意义非凡。

三、培养学生环保意识

在生态系统一节教学中，通过透彻的分析生态系统中各种因素的作用及相互关系时，学生发现生物链的任何一个环节遭受破坏都会影响到整个生态平衡。然后我顺势追问："如果人们喜欢吃青蛙就随意捕杀会怎样？""不行，害虫会增多，庄稼会遭到破坏。"肯定并表扬学生之后，我装傻地再问："那么，我们不捕杀青蛙了，春暖花开时到公园的草场上尽情玩耍总该可以吧？""不行，破坏了生产者，初级消费者的适量会减少""破坏草坪，会缺少氧气的"……学生们深刻地理解了保护生物的重要性。

学习杨树茎的结构及功能一节，讲到树皮的功能时，我问学生：为何说"人要有脸，树要有皮？"通过讨论，学生知道树皮能为整株植物运输有机物，并起到保护作用，如果树没有树皮，根就得不到有机营养而死亡。此时，学生深刻领悟到破坏树皮就是要了树木的命。"请你们说说以后如何保护树皮？"从学生的回答时的表情和语气中，我感觉到句句都是他们的肺腑之言"再也不采用踢打树干的方式锻炼身体"、"劝告爷爷奶奶不破坏树皮"、"不在旅游景点的树皮上刻画留念"……

在《植物光合作用》的教学中，当学生们知道食物直接或间接来自植物光合作用，人类呼吸所需的氧气源于植物光合作用时，我会提出问题：植物能为我们做这么多贡献，反过来我们能为植物做点什么呢？"不随意踩踏公园草坪"、"不破坏树皮"、"多种树"……学生们发自内心地表现出要通过自己的具体行为，保护护花草树木。

我就是这样在教学中恰到好处地渗透做人的道理。引领学生们热爱生命，热爱自然。每当看到学生非常强烈地抒发他们内心的环保想法时，我的成就感油然而生。

这样的例子很多很多，我就是这样，用我的爱心，结合生物教学和学生的认知能力，"动之以情，晓之以理"地对学生进行教育。

二十多年的生物教学生涯，我始终不忘初心。精心设计，在教学活动中寻找契机，春风化春雨，润物细无声般地渗透做人的道理，培养学生正确的情感、态度和价值观。为祖国培养身心健康、有责任感、懂得感恩、爱护环境的人才贡献绵薄之力。我坚信：只要时机得当，方向正确，教育的力量是无穷的。希望更多阅读此文的老师能与我有共鸣，并能在自己的教学中多关注学生的身心发展。寓乐于教、寓德于教，学生的核心素养将会得到持续的、全面的发展，实现立德树人的根本目标。

浅谈地理教学中的美育

高 霞

近代教育家蔡元培认为，美育就是将美学的理论应用于教育，目的是陶冶情操。美育不仅能陶冶情操，提高素养，而且有助于开发智力，对于促进学生全面发展具有不可替代的作用。地理教学中贯穿审美教育的因素，不仅可以增加学生学习兴趣，还可以使学生获得美的享受，增强学生的审美意识和审美能力。因此，在高中地理教学中有意识对学生进行审美教育，对提高学生的综合素质将起到积极的作用。本文从挖掘地理教学内容中跟美育相关的内容和在地理教学中如何实施美育来说明地理教学中的美育。

一、地理教学内容中的美

地理是一门综合性极强的学科，主要研究地球表面各地理要素的特征、相互关系及发展变化规律。地理事物种类繁样、姿态万千，地理规律贴近自然、和谐统一，因此地理学科是一门蕴含丰富美育内容的学科。

（一）丰富多样的自然景观美和人文景观美

地球表面有各种各样的地表形态，有一望无际的平原，有起伏陡峻的山地，有边缘陡峭、内部和缓的高原，有坡度和缓的丘陵，有四周被群山环绕的盆地，五种基本地表形态展现着自然美。河流就像一双无形的手，塑造了很多自然之美，它既像一把锋利的刀，切割出了陡峻的峡谷，又像一把温柔的手，把泥沙抚平，抚平了河流上游像扇子一样展开的冲积扇，河流下游探入海中的三角洲。从马达加斯加郁郁葱葱的热带雨林，到东非随季节荣枯的热带草原，从中国东部夏季繁盛、冬季落叶的温带落叶阔叶林，到内蒙古的

› 108

大草原，再到新疆的戈壁、沙漠，体现着地球表面的自然植被之美。地理教学内容中蕴含着气候、地形、水文、植被、土壤的自然之美，给我们美的享受和陶冶。

人类在地球上创造了无数的人文景观，有日出而作，日落而息的乡村田园，也有高楼林立，人流穿梭的现代化城市。在漫长的人类历史中，人类在大自然的画布上，不断描绘着一幅又一幅绚烂多彩的画卷。阳光普照的两河流域依然流传着空中花园的传说，一座座宏伟的金字塔依然注视着一年又一年的洪水泛滥，从古印度的娑罗树下，佛陀的故事度化了一个又一个彼岸，而在遥远的东方，游牧民族与农耕民族在不断的交融与碰撞中摩擦出绚烂的火花。这一切的种种，伴随着历史的洪流，演绎成一个又一个精彩的故事，灿烂的古迹、绚丽的民俗和蕴藏了时代印记的景物，也启迪人类不断从蒙昧的探索走向文明的开化，进而走入可持续的自觉。

（二）和谐统一的地理规律美

地理学科中有很多关于自然和人文的地理规律，其既有引人思索的理性美，又有整体性和差异性的韵律美。地球在绕太阳公转的过程中，公转轨道是一椭圆形，太阳直射点的移动轨迹就像正弦函数的图像，伴随着寒来暑往，呈现出韵律跳跃的规律美。全球气压带风带、洋流分布动律的南北对称，非洲气候与植被则以赤道为中心，向两侧同步递变，体现出步调一致的对称美。自然地理环境的各个要素，气候、地形、水文、生物、土壤之间相互联系、相互影响，你中有我，我中有你，体现出自然界密不可分的整体美。人类的农业和工业生产活动要在遵循自然界的时空规律下，主动能动地改造自然，体现了天人合一的人地和谐之美。

（三）形态各异的地理图像美

清晰直观的图像是地理区别于其他学科的重要特点。地理图像作为地理信息的载体，其存在形式是多种多样的，有实物图、地图、景观图、统计图、示意图。西北地区的风蚀蘑菇、风蚀柱和风蚀城堡，构成了一幅风姿多彩的风蚀地貌景观图，云南石林和广西桂林山水景观图则体现出喀斯特地貌的千变万化，这一切均给我们形象美的享受。各种颜色表示不同地表形态的分层设色地形图，弯曲形态、疏密程度不一的等高线地形图反映出峰峦叠嶂、脊谷交替的自然风貌。"卧游神驰八千里"，这些神秘的、多样的地图给人们无限遐想的空间，让我们足不出户便可以领略地理空间的奇妙。反映不同地区人口年龄结构的人口年龄结构金字塔图，反映不同产业结构比例的饼状图，这些地理统计图反映出地理事物数量变化和数量关系，带给我们理性的推理和思考。

二、教学中实施美育的方法

（一）教学语言中渗透美育

在地理课堂上，通过精心设计教学语言，使学生得到美的享受，地理课堂上专业的地理术语固然重要，但是一些趣味语言的运用，更能使课堂生动活泼。在水循环的学习中，"黄河之水天上来，奔流到海不复回"一句诗歌便可以引导学生运用水循环的原理解释其错误。"忽如一夜春风来，千树万树梨花开"，"羌笛何须怨杨柳，春风不度玉门关"，这样的诗句，则有助于学生了解天气和气候的区别。在对地理现象或规律进行总结时，一般用比较形象好记的词语来引导学生更好地记住和理解这一规律，从而促进其更好地应用。在总结大陆西部气候类型时，用简洁的语言来概括，即"1、2、3、4、6，雨、草、沙、地、海"，在等高线地形图判读时，用"凸高为谷、凸低为脊"来帮助学生更好地判读山脊和山谷。各种有趣的谚语、优美的诗句，抑或学生和教师共同总结的简练好用的语句，均能激发学生的学习兴趣，起到良好的效果。

（二）地理素材中渗透美育

各种教学素材的精选和设计，也能在地理课堂上使学生获得美的享受。在山地的形成一节的学习时，展示各种山地的图片，喜马拉雅山、阿尔卑斯山、庐山、华山、富士山等，使学生在观赏图片获得美的享受的同时，能观察其形态的差异，并思索其成因的不同。用一些有趣的故事，增强教学内容的趣味性，提高学生的学习兴趣，使学生获得美的享受的同时力求探索其背后的原理。如在讲"洋流"时，用美国西海岸的小女孩捡到写着中文的漂流瓶的故事，来激发学生对洋流的探索兴趣。

（三）板书中渗透美育

在地理教学中，结构式板书和黑板图用得较多。结构式板书能将复杂的知识简单化，同时能清楚地展现知识间的联系，结构式板书有时具有对称性，能在学生掌握主干知识的同时给学生以美的享受。一些将复杂的图简单化，是静态的地图动态化的板图，能帮助学生抓住主要内容，给予学生简化后的形象美。同时，一些板书或板图用不同的颜色来进行搭配，使学生获得色彩美。

（四）地理活动中渗透美育

地理现象及原理需要通过实践才能很好地理解。实践活动也是美育的一部分。例如在学习地图时，可以采用定向越野的形式，引导学生在定向越野寻宝的过程中，读懂地图上的方向、比例尺和图例，在活动中收获知识、快乐，并且在地理活动中更增强审美能力。在各种野外的活动中，可以观察各种各样的岩石形态、地形起伏、植被变化、水文情势、土壤色彩和因地、因时而异的生产生活景观，在获取知识的同时，能欣赏到地理之美，启迪学生对自然的敬畏，对人类发展方式的思索。

地理的美不仅在于涓流的小溪，不仅在于叠翠的梯田，还在于形成这一切的过程及其蕴含的自然演变之美；不仅仅是花开花落的情愫，抑或山高水长的游徙，更在时空交错中惊鸿一瞥；不仅在于家乡异乡的距离、易位赏析的风情，更在于那一道无法抹去的乡愁。地理之于美育不仅仅是对地球表层自然与人文现象的解读，而更在于研究时空变迁中传递出对人性的认知、对人文的关怀和对价值观的反思。

心中有爱　美育得法

——浅谈地理教学中的美育

孔芙蓉

　　地理作为高中的一门必修课程，无论教学目标、教学内容、教学方法还是教学手段，无不渗透着美育，正如著名教育家蔡元培先生说过："凡是学校的课程，没有与美育无关的。"

　　几年来的教育教学工作使我深深地体验到：我们在塑造学生灵魂的时候，我们的灵魂也被塑造；我们在传授知识给学生的同时，自己也获得提高；我们在奉献自己的一片爱心时，也获得了学生们纯真的爱。这种幸福是从事其他职业的人可望而不可即的。为了这种幸福，我用心浇灌，用爱哺育，让每一朵鲜花都能发出浓郁的芳香，让每一个灵魂都闪烁出圣洁的光彩。

一、树立师表美，发挥教学的示范性

　　"学高为师，身正为范"身教重于言教。思想觉悟、知识才干、情感意志、道德人品、行为作风等人格的、形象的力量，通过示范的方式直接影响学生。因此，在将课程知识内容传授给学生的同时，更应该注意道德生活的"知易行难"的特点，以身作则，身体力行，严于律己，为人师表，展示师德美。

　　首先，要追求一个美的教学形态。为师者，仪态要美。课堂教学要有艺术感染力，给学生以美的陶冶和享受，使学生感到真诚可敬，从而"亲其师、信其道"。记得鲁迅笔下的藤野先生，他之所以给鲁迅先生留下如此之深的印象，就是因为他那严谨的治学态度和一丝不苟的工作作风。叶圣陶也曾对教师提出这样的要求：要学生做的事，教职员躬亲共做；要学生学的知识，教职员躬亲共学；要学生守的规则，教职员躬亲共守。这三个"躬亲"一直在鞭策着我。作为老师应该尽最大努力亲自批阅学生写的每一道题、每一个字，这样才能掌握第一手资料，有的放矢地做好教学和个别辅导工作。教师的精神内涵要与教学形态相互融通。孔子说："其身正，不令则行；其身不正，虽令不从。"时间久了，"认真"两字自然而然地刻在了每个学生的心里。

总之，教师要慎言、慎行、多加检点，注意在学生心目中树立起美的形象、美的榜样。

二、挖掘教材形象美，提高教学的实效性

地理学科的自身特点决定其内容抽象性强，形象性不足。为此，教师在教学过程中，一定要依据学生认知特点和审美心理的需要，善于挖掘教材中美的内容，努力将抽象的理论进行审美意义上的形象化，从而达到理性思维和形象美的统一。

首先，要努为突破教材抽象内容的局限，使学生的思维在生动的、形象的基础上进行。法国著名艺术家罗丹说过："美是到处都有的，对于我们的眼睛，不是缺少美，而是缺少发现。"在地理教学中，教师必须充分挖掘教材中各种美的因素，并把这些美提示出来。因为学生接受知识往往是从具体形象开始的，他们容易对具体可感的生动形象产生美感。所以教师应注意挖掘和选用教材和现在生活中美的内容，从而达到教书育人的目的。

其次，根据学生认知规律和教材特点，从实际出发，采用灵活多样的教学方法，让学生在丰富多彩的形式美的感受中，激发兴致，诱出美感，提高教育教学的实效性。教学方法要灵活多样、不断变化，及时为学生提供新鲜感觉。融美育于教学全过程之中，以美导真、以美促学，从而增强教学的吸引力、感染力和说服力。

地理教材中丰富多彩的地理事象和千姿百态的地理景观，为我们展现了一幅巨大的美丽画卷，这幅画卷为我们感受美、欣赏美、陶冶美感提供了丰富的素材和广阔的空间。

（一）旅游地理中千姿百态的图像美

"大自然恩赐给我们美感的欢悦时刻，就连艺术也欲施而不能。"（彼得·伊里奇·柴可夫斯基）自然景观之美能使学生形成不同形态的美感，地理

教师要善于利用具有美感的地理景观去感染学生、熏陶学生，使学生在学习地理知识的过程中得到美的陶冶；而凝结着人类智慧结晶的人文景观使学生在享受美的同时也是人生价值的一种体验。

（二）自然地理中和谐统一的地理规律美

地理事物不是静止不变，而是发展变化并有规律可循，有原因可找的。既知"地"，又了解这些反映地理事物本质的"理"，会使人不仅感受到自然美的欢悦，还会使人得到一种更为满足的理性美的享受，感受到大自然和谐统一的地理规律的韵律美。

（三）崇高的思想美、坚强的意志美、高尚的情操美

古今中外，曾有无数仁人志士、先贤圣哲，不仅创造了巨大的物质财富并连同他们丰硕的精神财富留给了后人。在他们身上体现了一种崇高的思想美、坚强的意志美和高尚的情操美。

三、把握介入时机，巧用媒介，体现教学过程的美

（一）利用直观教具的美

在地理教学过程中，利用地球仪、地理挂图、地理模型、地理图片、地理标本等各种色彩鲜明、直观形象、制作精美的直观教具既可提高教学效果，又可使学生在学习知识的过程中得到美的熏陶。因此，地理教师不可忽视直观教具的美育渗透功能。

（二）借助多媒体电化教学的美

多媒体电化教学手段运用于地理课堂教学的最大优越性是：通过多媒体的视频播放，可以提供世界各地的、学生无法直接感知的地理事象，可将缓慢发生的地理过程在短时间内呈现；这些更增加了真实、新颖、趣味特色，使教学环境和气氛更加生动优美，使学生在愉悦的情境中掌握地理科学知识，并从绚丽多姿的画面上获得美的感受、美的陶冶、美的向往。

（三）营造课堂情境的美

课堂教学情境的好与否，直接影响课堂教学效果和学习效果。而课堂情境的好坏，主要取决于教师在课堂上的精神状态、仪表、教态、声音、语言、板书等。世界上众多的地理事象、地理景观，绝大部分不能被学生直接感知，更多的还要靠教师倾注感情的语言。地理教师用清晰、明快、生动、通俗易懂的

地理语言，绘声绘色地讲授，使学生犹如身临其境，不仅能紧紧抓住学生求知的心灵，提高学习兴趣，调动学习积极性，学到丰富的地理知识，而且也是很好的艺术美的享受。因此，教师在课堂上一定要有良好的精神状态、整洁的仪表、优美的教态、清晰的声音、生动的语言、明了的板书，努力营造一个美的情境，使学生在学习知识中得到美的享受。

四、创设师生情感美，增强教学的感染性

（一）爱满天下，乐育英才

成功的教育离不开爱，没有爱就没有教育。早在两千多年前教育家孔子就明确提出了"泛爱众，而亲仁"、"有教无类"等教育思想。美国著名教育家爱默生说："教育的真谛就是爱。"中外教育家的论述，让我坚信：教育就是心与心的沟通，就是爱的传递。"感人心者，莫先于情"。情是打开心扉的钥匙，是沟通心灵的桥梁。当学生被教学内容和教师丰富的思想感情的美吸引时，就会情不自禁地进入美的境界中去，体验着美的情趣。不知不觉地受到高尚的、健康的思想情感的熏陶和感染。因此教学中应创设一个情感氛围，使师生在情感交融的基础上达到思想交流和心灵沟通，让学生产生强烈的情感体验，从而主动地乐于接受教育。托尔斯泰曾经写过一篇文章《老师的手》，文章中的小道格拉斯在感恩节的时候在画上画了一只手——老师的手。这是因为老师常去握小道格拉斯的手，他感受到了老师的爱，所以他最感恩的就是这只手了。由此可知，学生要求我们的并不高：一个真诚的微笑，一个赞赏的眼神，一句由衷的赞美，一次温柔的抚摸……这些都足以铭记于学生的心中，成为他们前进的力量！

美育不是以理服人，而是以情感人。把地理课作为一个情感问题来对待，教师上课要富有强烈的感情色彩，通过美好情感的感染和熏陶，愉悦学生心情，拨动学生心弦，纯正学生感情，陶冶学生性情，净化学生心灵，从而使学生达到人性完美、人格修养、人生境界的提升。

（二）播种行为，可以收获习惯；播种习惯，可以收获性格；播种性格，可以收获命运

在全面实施素质教育的今天，教师要充分发挥美育"以美促德，以美陶情，以美益智，以美德体"的独特功能，把品德教育、理想教育、知识教育寓

于美育之中。以美导真，充分调动学生学习、钻研文化科学知识的积极性；以美激志，努力培养学生坚忍不拔的毅力；以美引善，树立学生良好的思想品德；以美塑人，让学生在学习榜样的潜移默化中成长。总之，地理课所具有的"真"的内涵和"善"的因素，只有通过美来增强感染力和征服力，使知识在学生的记忆中，留下不可磨灭的印象，最终实现地理课教育教学的宗旨。爱美之心，人皆有之，融美育于地理教学之中，是地理教师值得探索的一个重要课题。

数学教学中美育渗透途径初探

吴　倩

美育，即审美教育，它是通过一定的方式、设施，培养人正确、健康的审美观点、审美情趣，提高人的欣赏和创造美的能力的教育。数学美育也是一种文化教育形式，它把数学教学和数学审美结合起来，通过数学中美的事物来培养学生的审美感知力、审美理解力、审美评价力及审美创造力，培养良好的人格品质及启迪思维的一种教育教学过程，即提供了一个平台让学生养成数学文化素养。

基于我们对数学美的理解，我们知道数学的美不仅是一种从感官上感觉到的外在形态美，更多的是一种内在的、在解决数学问题中、在数学思考中的思维美。下面从以下两方面谈一谈在数学教学中渗透数学美育的几种途径。

一、挖掘数学中的美学因素，感受数学外在形态美

从数学美感的形式上看，它是一个由表及里、由感性认识向审美关系升华的过程。如对称的几何图形、整齐的行列式、统一的方程式、奇异的数学式子、抽象的数学符号等都会给人以美的享受，教材中的数学概念、公式、定理是数学规律的集中体现，它们之中具有内在的逻辑性，具有形式上的简洁以及内涵上的深广。另外，对知识不同的呈现方式，也可以帮助学生感受到其中的数学之美。

（一）创设情境，体会数学意境美

在教学过程中，通过创设情境，引导学生体会数学美的特征，如我们在学习的不同角度观察立体图形时，会引用"横看成岭侧成峰，远近高低各不

同"这一诗句，仿佛学生自己就处在大自然之中，体会当我们看事物的角度不同时，我们的感受也是不一样的；"大漠孤烟直，长河落日圆"又给人以线面垂直、直线与圆的位置关系的意境；在进行数系的扩充时，我们又引用了"道生一，一生二，二生三，三生万物"这种无限之美……它们言简义丰，让学生直观形象地理解数学概念，也表现出了数学概念的意境之美。

（二）融入历史，感受数学文化美

数学作为一门有组织、独立的理性学科，其历史源远流长。在初中数学的学习过程中，适当穿插一些数学历史知识，引导学生感受数学文化之美。

我们在学习整式的乘法中，可结合教材中的阅读内容，了解杨辉三角，在我国南宋数学家杨辉所著的《详解九章算术》一书中用下图所示的三角形解释二项和的乘方规律。

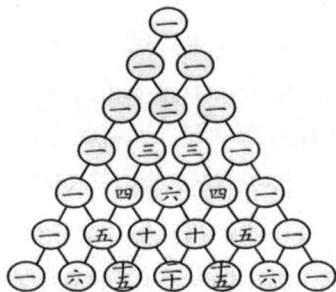

在此，除了用它解释二项和的乘方规律外，还可引导学生继续探究：你还能发现三角中的数有哪些有趣的性质？例如：第 n 行有 n 个数，从第 3 行开始，每个数都是上一行与其相邻的两个数之和，如：10 等于上一行其相邻的两个数 4 和 6 的和；第 n 行（$n>1$）所有数之和等于 2^{n-1} 等。由此可见，贾宪三角形的结构奇妙，它呈等腰三角形的形状，两腰上的数都是 1，由于在表中进行数字排列，使得这些数据进行简单的逻辑运算，这种纵横图，结构优美，性质奇妙，体现了整齐、对称，协调，给人们以强烈的美感的同时也感受到了在数学发展的进程中人类智慧的结晶。

（三）借助信息技术，体验数学动态美

在日常的教学实践中，借助现代信息技术手段，可以将数学美直观展现出来，让静止的图形动起来，从而使课堂更加高效。利用几何画板等软件，具有画图及追踪功能，可以直观感受数学图形的美。如在学习二次函数时，可以通

过改变参数的值，来观察二次函数图像的性质，对二次函数 $y=ax^2+bx+c$ 中 a、b、c 对抛物线有何影响；又如在学习勾股定理时，通过几何画板画出魅力无限的勾股树；在解几何综合问题时，通过几何画板对图形进行动态变化，从而帮助我们解决问题；等等。

二、在解决问题的过程中，感悟数学的内在思维美

数学离不开解题，问题是数学的心脏，数学解题也是一种审美活动，通过思考，成功求解数学题，进而找到更完美的解法，这就是一个享受美的过程。因此，我们要通过精选典型题目，在探究解题方法的过程中，感受思维之美。

（一）关注数学思想，感受数学的思维美

数学思想是数学知识与方法的精髓，初中数学常用的思想有数形结合思想、转化与化归思想、分类讨论思想等，在解决问题过程中或解决问题之后，我们要引导学生去反思和总结，感悟数学思想，从数学思想的角度来体会数学的思维之美。

案例 1：最短路径问题

问题：相传古希腊亚历山大里亚城里有一位久负盛名的学者，名叫海伦。有一天，一位将军专程拜访海伦，求教一个百思不得其解的问题：

从图中的 A 地出发，到一条笔直的河边 l 饮马，然后到 B 地，到河边什么地方饮马可使他所走的路线全程最短？

图 1

这是一个非常有趣的问题，孩子们会非常有兴趣地猜测这个地方在哪儿。首先引导学生将这个实际问题抽象为数学问题，如图 2 所示：点 A、B 在直线 l 的同侧，点 C 是直线上的一个动点，当点 C 在 l 的什么位置时，AC 与 CB 的和最小？对于这一问题，学生如有问题，可进行追问：若点 A、B 在分别是直线 l 的异侧的两点，如何在 l 上找到点 C 呢？此时，学生利用已经学过的知识，很容易解决这个问题：连接 AB，与直线 l 交于一点，根据"两点之间，线段最短"，可知这个交点即为所求；此时继续追问：这

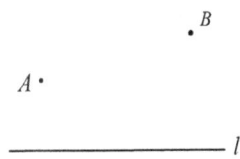

图 2

一问题的解决，如图 3 所示，我们只要想办法将 B"移"到直线 l 的另一侧 B′处，满足直线 l 上的任意一点 C，都保持 CB 与 CB′ 的长度相等即可，那我们如何操作呢？此时我们只要作出点 B 关于直线 l 的对称点 B′，就可以满足 CB=CB′，就可以按照上面的方法连接 AB′，则 AB′ 与直线 l 的交点即为所求，此处借助轴对称为桥梁，将复杂的、未知的问题转化为简单的、已知的问题，方法实在精妙。在解决此问题后，可再提出造桥选址问题，引导学生进一步体会这种解题思想。

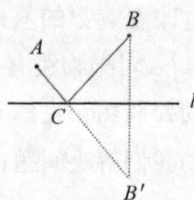

图 3

在以上问题的解决中，将军饮马的最短路径问题，通过轴对称变化转化为两点之间，线段最短问题，将造桥选址的问题利用轴对称和平移等变化把复杂问题转化为容易解决的问题，从而做出最短路径的选择，解决问题。在这一系列的美妙问题串中，我们提到最多的词语就是"转化"，在多次的转化过程中，渗透转化和划归的数学思想，培养学生的逻辑推理等核心素养，也让学生深刻感受到转化与化归的数学思想方法之美，感悟到数学的实用价值之美。

（二）关注美学因素，创造数学之美

用数学美的思想指导解题，不仅可以提高学生的解题能力，也有助于提高学生的审美能力，从数学的创造实践培养数学的审美能力是非常有效的方法。

案例 2：以 2012 年北京中考为例

在 ∠ABC 中，BA=BC，∠ABC=a，M 是 AC 的中点，P 是线段 BM 上的动点，将线段 PA 绕点 P 顺时针旋转 2a 得到线段 PQ。

（1）若 a=60° 且点 P 与点 M 重合（见图 1），线段 CQ 的延长线交射线于点 D，请补全图形，并写出 ∠CDB 度数；

（2）在图 2 中，点 P 不与点 B、M 重合，线段 CQ 的延长线与射线 BM 交于点，猜想的 ∠CDB 大小（用含 a 的代数式表示），并加以证明。

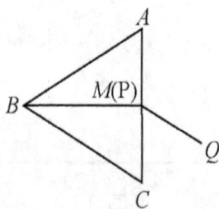

图 1

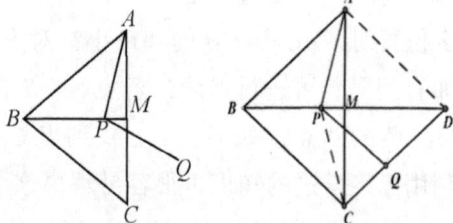

图 2

题目中补全图形后，如图所示，我们看到这个图形的第一感觉可能是：它似乎是残缺不全的，看着很不舒服，由图形的对称性此时我们可以添加辅助线，这样我们的图形就变得美观了。与此同时，也为我们解决这一问题打开了新的思路，在教学中，教师要把握住机会，用美来启迪学生，当学生对数学的美感受较为深刻的时候，他们的思维也能得到充分的发挥，在这个过程中，他们感受到创造数学美的喜悦，以及成功的乐趣，通过对美的强烈追求，开拓了自己的思维。

当然，在解题过程中的数学美远不止以上两方面，如我们在解题过程中经常用到的一题多解、一题多变、一图多变等数学的奇异美，在体会这种美的过程中，鼓励学生多角度思考问题，通过综合对比，寻求最优的解法，追求数学的简洁美；又例如，当人们研究了一元一次方程有一个根，一元二次方程有两个根，一元三次方程有三个根，一元四次方程有四个根之后，就会提出一元 n 次方程有 n 个根的猜想。人们为什么会提出这一猜想呢？就是因为人们对整齐美的追求，把对特殊问题的研究推广到一般问题上来。

数学的世界本不缺少美，缺少的是发现美的眼睛。学生从数学中获得美感的桥梁就是教师，《普通高中数学课程标准（2017 年版）》中提道："教师应结合有关内容有意识地强调数学的科学价值、文化价值、美学价值，激发学生对数学创造力的认识，沐浴优秀数学文化，领会数学的美学内涵，从而提高自身的文化素养和创新意识。"这就需要作为教师的我们也要不断提高自身的美学素养，学习美学的基本知识，用美的眼光审视教学内容，与学生一起去挖掘教学过程中的美学因素，精心设计学习情境，在解决问题的过程中发现美、感悟美、应用美、创造美，让学生感到数学王国是充满美的魅力的，从而激发起学生强烈的求知欲以及在数学方面的潜能。

别样源头活水来
——美术特色高中语文课堂教学设计刍议

张保华

美术是以物质材料为媒介，塑造静止的、可观的、以平面或立体空间呈现的作品。文学作品是用文字创造出来的，是高度浓缩的、典型的流动空间，因此很适合被画家进行再创造。而画家理解文学和生活的程度，也影响着绘画作品的表达。美术创作对文字表达有独特的外化作用，因此二者具有互补的可能。在语文与美术相通的交点上探索两学科互补的教学方法，对语文教学而言，可以增强形象性、直观性，优化课堂教学结构，提升美术生在语文学习上的获得感，甚至是自信感。

在教育目的上，二者存在许多共同点。语文课程是学生通过学习文学作品，不断培养自己阅读、理解、写作等方面的能力，提高文学作品的欣赏能力，表达对美的感受。在内容上，美术教育是通过对艺术作品的欣赏、学习，甚至是独立创作，培养学生欣赏艺术美的能力。二者本质上都是通过某种形象来表达自己的情感，描绘美，表达美，媒介形式不同，目的是相近的。如果我们在语文学习活动中，利用本校特色办学的独特优势，利用色彩、线条、图像等要素，设计一定的教学情境，恰当的学习反馈形式，调动学生的"视觉"感受，把美术专业课的要素恰当地运用在语文教学中，既激发学生学习语文的兴趣，培养学生的想象与联想能力，创造深度思考、深度品味文本的机会，又是实现普通高中美术生跨越专业课与文化课、跨学科的任务群学习活动的积极尝试。

一、调整语文教学各个设计环节，创设真正的学习情境

教学情境设计大多停留在交流已有经验、巩固知识的层面上，常利用音乐、图片这两种形式创设情境，这样的活动设计常常在简单的重复中失去生命力。只有撬动学习内容与学生这两个方面的活水，课堂活动才是鲜活的，设计才是高效的。因此在教学设计的起点、过程、小结等各个环节运用美术教学的素材、原理等资源辅助语文教学，不断探索更优化的环节设计，语文老师会有更广阔的施展空间，学生也会有更丰富的学习体验。

（一）教学导入环节可利用连环画、插画等作品，激发学生的学习热情

利用连环画的叙事特点导入《林教头风雪山神庙》的学习活动，用连环画检验学生阅读水平，可以用来排列情节顺序，概括画面故事，区分人物关系，评价人物绘制的风格与文字原作的差异，甚至提出自己的修改建议。这样的活动设计，让课堂节奏明显加快。也可以利用与课文有关的插图，倒推主人公的身份境遇；利用画面色彩、景物选择、构图特点等实现对作品的初步感知。例如散文《故都的秋》，可以利用教材的插图进行合理化想象，描述对故都的秋天的感性认知，结合文本分析，对课本插图的色彩等进行评价，谈对画面的感受，这样代入情感，再进行课文的深度分析。导入环节简捷恰当，可以迅速带起课堂节奏，综合绘画文字等综合要素，学生更容易对文本达成深度理解，扩大想象空间，改善思维习惯，用形象辅助语言和逻辑，积极投入阅读思考活动，提升课堂学习效率。

（二）教学反馈环节利用绘制插画、点评相关艺术作品等形式，巩固教学成果

跨学科设计在课堂反馈环节中，可以让学习成果更丰富、更多元。依据课程标准，跨学科的设计既是营造语言文字运用的情境，又是生成新资源的过程。《普通高中课程标准》里表述："课程资源建设和学生的学习活动关联密切，既是师生动态运用资源的过程，也是不断生成资源的过程。应通过学习活动的设计，营造语言文字运用的情境，引导学生结合资源进行自主、合作、探究式学习。语文学习过程中随时生成的各种话题、问题、拓展材料以及学生成果等，也是非常有意义的课程资源。"学习活动的文字成果是有意义的课程资源，

学生创作的其他形式的作品当然是有力的补充。例如在分析掌握文章主题和写作技巧的基础上，在结课时让学生尝试创作插图等绘画作品。完成这个设计，学生需要认真研读文字，深入理解文学作品，拓展阅读相关解析文章，进入更高的美的理想境界，然后调动专业知识，选取恰当的素材，合理构图，确定相应的风格，最终绘制插画等形式的作品。同时，学生需要写下自己插画作品的文字说明，这是跨学科的任务群活动设计的有效尝试。例如，利用色彩知识、构图知识进行现代散文、古诗词等写景语段的想象还原，进而评价语言文字的表达效果。还有，在小说教学活动中，小说的人物形象、主题就是最好的招贴画的题材，让学生在反馈阶段完成插画，学生描画出来就是自己深度学习的过程。学生积极阅读表达感受，自主创作，实现对小说主题以及艺术特点的深层次认识。在戏曲话剧学习活动的最后，学生自主进行的服装、道具、场景等简单的舞美设计，也是基于对戏剧的立体理解的，需要深度理解作品、时代、情感主题，这也是学生喜爱的跨学科的综合学习形式。

二、语文教学设计中借鉴中国画等艺术理论，提升语文审美高度，强化对传统文化的自信感

绘画是固定可视的形象，诗歌是由文字造成的流动空间，二者对照，相辅相成。就画意表达的手段而言，中国画与西洋画的差别是巨大的，西洋画的传统更讲究写实，中国画，尤其是文人画，讲求写意，古诗词课可以尝试借鉴中国画有关的知识。例如白描手法，它近似于速写的勾勒概括手段，对理解古诗词言简意丰的艺术特色是很有帮助的。把中国画等图片资源穿插在教学环节里，教学效果更直接、更丰富。例如《春江花月夜》《李凭箜篌引》等篇目的教学，分析它们语言特征，可以结合国画的评价进行。宋代马远的《踏歌图》，绘制丰年农民踏歌的欢乐情境，线条简洁，而清代郎世宁的《八骏图》借鉴了西画写实手法，画面明显更丰富立体。通过比对，能够直观地感受到写意与写实的区别，白描与工笔的差别。通过学习，学生可以很轻松地比对出《归园田居》与李商隐的《无题》，前者的语言如白描写意画，干净晓畅，后者如工笔重彩画，繁复艳丽。用语言文字表达这种差别，用画面还原的方式，学生可以表达得更轻松。

在形式上，文学和美术往往是对应的，美术讲究"空白"，文学讲究虚实

相生。美术作品的构图和文学写作的谋篇布局，也有异曲同工之妙。《琵琶行》等古诗词教学活动中，可以特别讲明其留白的特征与国画气质的相近之处。另外，艺术表达与文学审美融合的意识培养，对学生大有益处，利用艺术思维促进语文素养上，可以做的事情更多。例如《红楼梦》的教学，对文本中叙写的服装、装饰的语段的研读，通过查阅资料，完成对相关服装风格的评价，学生能够区分贵族服装与平民服装的差别。进而深入理解《红楼梦》反封建的主题，实现对《红楼梦》文化特征的初步感知。

此外，从关注个体生命成长，传递人生价值观的角度看，深化学生对语文学科内容的思考与体验，更可以借力中国画。李白《寄东鲁二稚子》一诗，诗人借"桃树"这一形象，构造了优美的意境，洋溢着一个慈父对儿女的怜爱、思念之情。中国画常画桃树、桃子、桃花。在《山海经》中，记载夸父追日因长途跋涉死后，他的手杖吸附他的神力，变为桃林，所以桃就象征着人们对力量的渴望，能够迁徙的部落才有生存的能力，桃寄托了长寿之意，最终走进普通人的生活。画面中桃树的形态、色彩、构图位置的探讨，能帮助学生更好地理解桃树的象征意义，不止了解桃树的经济价值，更是了解桃树的文化含义，进而能更深入理解中国的传统文化精神。

三、对美术生学习情况的现实考量，借鉴美术要素进行语文教学设计是必然的选择

美术生由于专业课学习时长，文化课学习时间相对不足。文化课教师应该尝试通过精讲精练提高效率，增强资料的利用效率，尽力实现一料多用，多料按类处理，实现深度学习。

许多资源是可以整合起来利用的。书画艺术渗透着人们的社会意识，具有"千载寂寥，披图可鉴"的认识功能，又起到"恶以诫世，善以示后"的教育作用。它们天然就是极好的教学素材。尤其是纯自然的客观物象进入画作，自然地与人的社会意识和审美情趣相联系，借景抒情，或者托物言志，体现了中国人"天人合一"的观念。这些观念天然地建立了语文与艺术的桥梁。西画在概念、色彩、主题等方面，也是很好的学习媒介。在美术生的语文课上尝试跨专业的任务群学习活动，实现同要素，同题目，在不同的科目分角度学习的教学实践，学生的获得感会更强。例如设计课老师布置任务《时间》，学生要确

定主题思想、材料、构图、物象、色彩等，而学生同时完成写作任务《时间》，把构思的过程记录下来，梳理自己的认知过程，完成拓展阅读，合作交流后，最终完成文章，形成独立认知。

在网络等数字技术革新的冲击下，文学与美术在这个"机械复制"盛行的特殊时代里都是艰难的，保持沉静的心态更是奢侈的。借鉴了美术的语文课，会更有活力，文字表达更富有表现力，语文课堂教学也会因为生动活泼，促进学生的可持续进步，文学艺术会有更强的生命力。

巧借古诗词教学进行美育渗透的研究

闫静文

一、背景分析

综观近年来的中考语文试卷，我们不难发现，语文考试在不断地调整与改进。在命题上更加重视发挥考试的育人功能，在考试内容中融入了社会主义核心价值观和中华优秀传统文化，让学生在作答中受到潜移默化的熏陶，考试在考查能力的同时也在对学生进行美育渗透。

反观我们的课堂教学，大部分教师只关注学生的能力与成绩，往往忽视了对学生的审美教育。老师们存在着一个错误的观念，认为美育只是美术、音乐等学科的任务，并未结合本学科的内容和特点进行深入的研读与发掘，在课堂中将教学内容与美育巧妙结合起来。在此背景之下，迫切需要我们转变观念，提高对美育的重视。古诗词是中华民族文化艺术宝库中的一颗璀璨的明珠，它以其凝练的语言、广泛的内容、优美的意境及深邃的内涵影响着一代又一代华夏儿女，古诗词有着无限的美等待我们探究。因此，我们可以借助古诗词教学对学生进行美育渗透，让学生感受古诗词的魅力，从中感受到古人的胸怀与志向，从而培养自身积极向上的进取精神，提高审美能力及对传统文化的认同感与自豪感。

二、研究意义

古诗词不仅是语文教学和考试考查的重点，更是对学生进行美育渗透的重要素材。巧借古诗词教学进行美育渗透有以下意义。

对于许多学生来说，古诗词的背诵与考查尚且无法应付，对于诗词的热爱与兴趣更无从谈起。通过我们对古诗词语言美、意境美及内涵美的挖掘与讲解，引导学生发现诗词之美，能够培养学生对古诗词的热爱与兴趣及对优秀传统文化的认同感与自豪感，提高审美能力。

初中生正处于世界观、人生观、价值观逐步形成的阶段，迫切需要正确健康的精神予以引导。借助古诗词教学进行美育渗透能够让学生感受诗词中蕴含的丰富而深刻的精神内涵，学习古人的志向抱负、人生哲理、处世智慧等，从而培养自己积极向上的进取精神。

三、方法初探

（一）多形式诵读，品味古诗词的语言美

古诗词是极具特色的一种文学体裁，语言简练但极富美感。节奏整齐，讲究格律押韵，读起来朗朗上口，抑扬顿挫，韵味无穷。我们经常会有这样的一种感觉，即使不理解古诗词的内容，但是通过朗读我们却能发自内心地感受到古诗词无法用语言描述的美。诵读是进入古诗词的第一扇门，自古以来就是古人们学习古诗词最基本也是最重要的方法。因此，我们也可以尝试运用多种形式的诵读，带领学生走进古诗词的世界，在诵读吟咏中品味古诗词的语言之美。

首先在古诗词课堂中，我们要给予充足的诵读时间。精心设计诵读活动，充分调动学生的积极性，让学生反复诵读，沉浸于诗词的平仄押韵之中，例如自由诵读、单独诵读、小组诵读比赛、齐读等方式。当然，这也要求我们教授给学生一些朗读的方法，例如重音、节奏、语速、感情基调等，对学生进行适当的朗读训练，帮助学生更好地品味古诗词的语言之美。其次我们还可以尝试吟诵这种传统的诵读方式，依字行腔，依义行调，能够将古诗词的语言之美淋漓尽致地体现出来，无须过多的讲解，学生就能感受到古诗词的魅力。毕业于首都师范大学文学院的我，曾经有幸参与吟诵师资班的培训，第一次听到吟诵的声音便无法自拔，沉浸其中。吟诵作为诗人创作的一部分，与古诗词相依相生，如果能有效地运用吟诵的方法进行古诗词教学，不仅能促进学生对古诗词语言的理解，更能培养学生对传统文化的兴趣，在涵养性情、陶冶品格方面更

能起到有益的促进作用。

（二）理解内容，感悟古诗词的意境美

王国维在《人间词话》中评论道："词以境界为最上。有境界则自成高格，自有名句。"王国维所说的境界便是古诗词的意境。古人创作诗词，讲究意境为上，对于诗词的评价也据此而定。因此感悟古诗词的意境也是诗歌学习的重点，更是对学生进行美育渗透的重要途径。但借助诗词对学生进行美育的渗透，绝不代表理论讲解或是生搬硬套，而是要借助具体的内容，引导学生进入意象营造出的意境。不同意象构建出不同的意境，能够让我们产生不同的美感。比如在《天净沙·秋思》一诗中，作者通过枯藤、老树、昏鸦、古道、西风、瘦马等意象，营造出萧条凄凉的意境，让我们感受到作者浓厚的羁旅之愁与思乡之情。而在陶渊明的《饮酒》中，诗人则通过"采菊东篱下，悠然见南山"的千古佳句，为我们描绘出诗人辞官隐居后悠然自得、闲适惬意的画面，让我们心驰神往。

反复诵读和理解诗词内容是感悟意境的基础，否则意境对于学生而言便只是教师口中的文字，而不是头脑中生成的画面。这就要求我们带领学生读懂古诗词的内容，教会学生理解诗歌内容的常用方法。比如抓住诗词题目、结合书下注释、合理补充和想象以及综合分析等方法，再辅之以教师对较难内容进行分析，让学生走进文字构建出的画面，感受只可意会不可言传的古诗词意境美。这样既为描绘画面和诗句赏析打好基础，更有助于学生在意境中理解诗人的情感。

有些古诗词内容学生理解起来会有难度，无法快速地进入诗歌的意境之中，这时候我们可以选择一些恰当的音频资料来辅助教学。比如近几年比较火爆的《经典咏流传》的电视节目，通过流行音乐来演绎经典诗词，赋予诗词新的活力，能够吸引学生，营造浓厚的课堂氛围，更直观地带领学生走进古诗词的意境去品味古诗词的魅力。

最后，我们还可以开展形式多样的活动，通过成果的方式将学生对意境的理解和感受呈现出来。如果说前面的方法更侧重于知识的输入，那么这些形式多样的活动便是学生能力的输出。比如通过为诗歌画插图、改写诗词、自主创作诗词等小活动，既可以化作业为活动，调动学生积极性，又可以检测学生的掌握程度，将抽象的意境美通过文字和图画表现出来。

（三）解读情感，领悟古诗词的内涵美

古诗词之所以流传至今，重要的原因便是古诗词中蕴含着深刻的内涵。古诗词中流露出的志向抱负、人生哲理、处世智慧等内涵，直至今日仍对我们的生活和人生有重要的教育和引导作用，尤其对于世界观、人生观、价值观正逐步形成的初中生来说，更需要这些优秀的精神来引导。

通过"山重水复疑无路，柳暗花明又一村"学生能够领悟到事物发展变化的哲理，从而乐观面对坎坷；通过"人生自古谁无死？留取丹心照汗青"学生能够感受到文天祥慷慨激昂的爱国热情以及视死如归、舍生取义的气节，培养爱国情怀；通过"长风破浪会有时，直挂云帆济沧海"学生能够认识到李白实现人生抱负的坚定与自信，继而为自己的理想不断奋斗……古诗词中这些深刻的精神内涵，无不有助于学生的成长，能够培养学生积极向上的进取精神，提高学生的审美能力。

要让学生领悟古诗词深刻的内涵美，首先需要学生理解古诗词中的哲理与情感。而回顾我们课堂中对于古诗词情感的处理方式，许多时候我们会因为教学时间的紧张直接告诉学生，缺少引导学生自主分析古诗词情感的过程，而学生便也死记硬背，实则一知半解，无法真正理解古诗词的内涵美。这种教学现状迫切需要我们在古诗词教学中教会学生分析和理解诗词情感的方法，同时关注学生的个性化体验和认识，培养学生的审美能力。除了反复诵读与理解内容之外，我们还可以教会学生抓住主旨句、抓住带有情感倾向的关键词、结合创作背景、把握意象及特点等方法，深入理解古诗词中蕴含的哲理与情感，领悟古诗词的内涵美。

艺
术
教
育
篇

如何成为一个创造者

——美术学科中"创造力培养"的思考与实践

李　锐

作为一个教育者经常会思考这样的问题：如何在未来的时代中让我们的学生拥有更多发展的可能性？怎样形成一个比较高效且全面的符合社会发展方向的教育方式？要回答这个问题首先就要了解教育乃至整个世界的样子，现在和原来有什么不同，未来又会怎样。如今互联网、大数据、人工智能正引领着新的科技革命，数据和机器包揽了知识领域的全部，人类的生活和学习体现在智慧、体验和创造力上。关于此，教育家们很早就觉察到艺术的作用，其对于培养孩子观察力、想象力、创造力、发散性思维尤其重要。同时，艺术从来不只是艺术本身，也是人生观、世界观、价值观的塑造，它是对人类灵魂真善美的培养，包含了一个人的自信、诚实、耐心、友善、尊重、勇敢、责任、合作……

在当今世界，艺术已然无处不在。我们身边的美术馆越来越多，各个类型的展览也越来越多，不但有欧洲文艺复兴时期的油画展，还有现代派与无数的国内外当代艺术展。并且在广告业、IT 业、第三产业、工业、农业等社会性的行业中都有艺术的参与。故而我们都在倡导"生活艺术化""艺术生活化"，有人的地方就有艺术。

同时，不单在生活中，教育界也在进行着艺术性的革新，美国的零点计划、STEAM 教育、芬兰教育、风靡全球的"设计思维"创造力训练法、创客课程，还有蒙氏幼儿园等。艺术在其中的作用越来越凸显。

既然我们都认为艺术对于培养学生创造力有举足轻重的作用，那在基础教育中的美术课程方面，如何使艺术的作用真正发挥出来，而不是沦为一种形式。

首先，美术是什么呢？我是从艺术的角度理解的，关于艺术很明显的一个特点就是它的新奇和特别，它拥有更多的可能性，它是不确定的，甚至还带着一些神秘色彩。人们往往对艺术是在理解与不理解之间，在审美的边界上让人着迷。美术教育也是如此，从"双基"到现在的美术核心素养，我们都是在寻找一种变化，寻找一种新的东西，让我们以前死板的教学变得鲜活起来，变得有趣起来，变得更贴近于学生的需求，更贴近于学生和老师及整个社会的实际情况。对于学生来说，美术也可以是他们平时的谈话聊天，他们喜欢的动漫角色，他们看的一本小说，他们昨天晚上做的一个梦，同学之间的友谊和误解，父母和老师的爱……

美术是将艺术的因子渗透在我们日常的教学活动当中，带来更多的道路，让我们去探索和思考。它不是死的知识，不只是知道艺术家和其表现手法，也不仅仅是知道美丑，不是工具也不是媒介，而是想象力、创造力、洞察力、世界观、真善美本身。它更接近于艺术的本质。我们应该从这些观念形成对美术的深刻理解。从这个意义上讲，美术基本知识（内容）包括了整体观、洞察力、想象力、发散思维、创造力、探究力、世界观、人生观、价值观。其中创造力贯穿美术的各个层面。尹少淳教授说过一句话："美术教学的核心是解决问题。"你在解决不同的问题中需要用到不同的知识和技能，所以是一些创造性的问题引领着知识和技能的学习。这就需要我们的学生有更强的觉察力、整体观，拥有一双善于发现的眼睛，有一定的敏感度、专注度，同时学会合作精神。这些都是形成创造力的重要因素。

其次，既然给学生们讲创造，教师自己就应该是一个创造者。因为创造过程中你能体会到最一手、最直接的创作感悟。你教给学生的，自然也就是最真实的，经过实践检验的最贴切的内容。我校的一位美术老师酷爱多肉植物，每天仔细观察，同时画了不少关于多肉的油画棒和水彩作品，有的是对植物的直接写生，有的则是把植物放在了其他的环境当中，让这些小小的多肉有了新的生命。我的作品则是对拆掉的水泥石块的描绘，我把它们处理成了漂浮的状态，有些像在太空中的小行星。所以对作品的命名都是来自天文学中的术语。

从当代一些艺术家的作品中也能得到一些启示。

2018年在尤伦斯艺术中心举行了当代艺术家徐冰的个人作品展，其中，《地书》《新英文书法》可以作为例子。《地书》是在作者不断的国际旅途中得到的灵感，他发现了航站楼、地铁站等公共场所总有一些图案标识来引领人们，比如公厕的标识、登机口的标识、站台的标识等。正因为有这些国际通用的标识，一个人就算不会任何语言也可以自由旅行。这些图案组合在一起就是一种国际通用的文字。他于是在全世界收集公共标识，并根据不同的意思编制了一本书——《地书》，一本任何人都可以看懂的书。《新英文书法》则是源于作者对汉语和英文两种语言的一种距离感。在他刚去纽约生活的时候，语言的障碍和文化的隔阂刺激着艺术家，渐渐地他有了要在两种语言中找到某种联系的想法，《新英文书法》由此诞生。这些文字乍看之下是汉字，但在任何字典中都没有出现过。它们只拥有汉字的结构，作者把 24 个英文字母都用汉字笔画的方式书写出来，有撇捺，有提勾，再用写汉字的方式写出一个英文单词。比如 man 这个单词则是用 m、a、n 加在一起组合成的英文汉字，只具有汉字的形状。这样一来，会英语的外国人也可以学习中国的书法了。他还编辑了一本《新英文书法》的教材，甚至很多国外的学校都开设了这门课程。

制作北京 2008 年奥运会开幕式"大脚印"的蔡国强，更是用火药作为创作的语言享誉国际。从大学时对着画布放一炮开始，就一发不可收的用火药进行创作。用火药当作画笔在画布上爆破出不同的图案。2014 年的个展"九级浪"上，蔡国强在黄浦江上进行了烟火表演，用焰火组成了植物、花卉等各种形状，在炫目与震撼的同时让人们对生命有了更深刻的思考。

以上这些艺术家的创造是怎么产生的？他们画面中的基本因素是什么？这些因素能否提示我们从中发现学习创造力的一个起点。这个起点就是："让生活当中的事物，甚至是看似无关的事物产生某种关联。在这种联系中，找到更多的、创造性的、新颖的、神秘的、独特的个人化的可能性。"这里可以回想刚才提到的一些艺术家的创作内容都包含了哪几种日常事物。这些艺术家是怎样让他们产生化学反应，并去重新建立联系的。当我们的学生接触到以上这些内容的时候，他们就真正地走入了创造的大门。那么，如何让学生也能从日常事物中找到不同事物间的联系呢？

首先，我们需要思考创造来自哪里？

创造，无疑是来自生活中。在日常生活中，我们需要去认真仔细地观察周围的事物，用心去感受它们的特点，感受它们的性格，从中发现独特的、感兴趣的内容，从而让自身的内心世界变得丰富起来。这是一个积累的过程。关于这一点，我让学生们每天最少画一张日记画。用绘画的方式去记录身边的事物，记录自己对世界的思考。我班上的一位同学在妈妈生日之前用一组联画表达了对妈妈的爱。从妈妈怀孕到自己出生，再到学走路和妈妈的温馨早餐，生活中和妈妈的一个个故事跃然纸上，平淡无奇却感人至深；还有一位同学则用毛笔表达了自己因考试不及格的郁闷心情，连用笔都透着不满；有一张作品描绘了一个瞬间："星期天同学们相约出去玩儿，打开衣柜却纠结该穿什么衣服呢？"；还有一位同学在六一儿童节时以自己的形象画了一个 CG 送给自己。还有许多这样的生活瞬间被同学们用自己的方式记录了下来。久而久之，大家都习惯了用绘画去描绘生活，在不知不觉中也积累了许多创作素材，自己的生活也变得丰富多彩了。

其次，我们用怎样的方式观察周围的事物和体验生活呢？有一种创作者都已习惯的方法，就是去掉你所认为事物的好与坏，和他们既有的一些定义和功用，努力使自己看到事物的本来面目，并能够洞察其他方面。比如一个苹果，你可以忘掉它食物的属性，只关注它的颜色和形状；还可以想象它在一棵果树上生长的过程。同样，一张白纸也可以给你带来许多思考："如果你是一个诗人，你会清楚地看到在这张纸上飘着一朵云。没有云，就没有雨，没有雨，树无法成长，没有树，我们无法造纸。如果看得更深入，可以看到太阳、伐树的工人、他的爸爸、妈妈、早餐和麦田。没有这一切，这张纸无法存在。事实上，我们没办法指出任何一件不在这里的东西——时间、空间、地球、雨水、土中的矿物质、阳光、云、河、温暖、人的心。一切在这一张纸中同时并存。所以说纸和云'互为彼此'，我们不能单独存在，必须和万物互为彼此。"

关于这个内容，我也设置了一堂课：《由接线板想到的》。为了突出"从我们身边的日常物品就可以找到创作灵感"这一概念。这一堂课开始的时候，我随意从教室的一角找来一个接线板，并说道"今天我们的课堂就从这个接线板开始"。看到这个接线板你可以想到什么，随意发散自己的思维，放飞你的思想，任何的想法都可以成立，最后形成一张自己的创作就可以了。同学们都很积极，都在认真地思考，最后呈现出来的作品也让我非常惊讶。有位同学把接线板拟人化了，给她戴上了帽子，一副很委屈的样子，原来是她的身上插了许多的插销，在超负荷运转；还有的同学直接把接线板画成了牛的样子，灵感来源于接线板的牌子是公牛牌的；还有两位同学都有触电的经历，一位同学把触电比喻成了吃垃圾食品，画面中一个女生正在吃着一碗方便面，但他碗中的面条变成了接线板的电线，接线板湿漉漉的被放在方便面的旁边。另外一位同学用连环画的方式描绘了触电的过程，画面中有小精灵也有彼岸花。我相信通过这次的创作，他们对触电经历的恐惧感应该减弱了许多。更有意思的是，一位同学把接线板整个画成了温泉，每一个插座的方块儿槽都被取了下来，并替换成了一个温泉池，电源开关则成了水温调节器，电线变为温泉的输送管道，两个卡通小人儿在温泉中嬉戏玩耍。学生们通过这样一课完全理解了创造在生活当中的样子，也从中找到了很多乐趣。原来看似不起眼和被忽视的东西竟然可以带给我们无限的遐想。很多同学从此爱上了绘画，每天书包里都带一个小本子，走到哪儿画到哪儿，随时用绘画的语言记录生活中的点点滴滴。

当然，创造的方式可以是多种多样的。可以从概念入手，寻找新的诠释方式；也可以从材料本身入手在实践中繁衍新的创造；可以来自一段故事，也可以出自某种情绪；可以解构经典，也可以虚拟现实，还可以什么都不想直面自然，直抒胸臆。但无论哪种方式，具有一颗"创造的心"是一切的前提和创造力的根本。这就是为什么美术新课标把创造力的培养作为学生重要核心素养的根本原因。

创造是人类发展的重要动力。艺术作为实现创造的思维方式和实践手段一直都是我们所追求的信念。在艺术与现实不再有隔阂的今天，人人都可以成为一个创造者，教师亦然。教育者们在追梦理想的道路上创造自我，成就他人，让创造力能够成为他们今后翱翔星际的翅膀。当然，本文仅是从艺术和美术学科的角度对创造力培养做了一个初步的探索，可以视为学习创造力的入门内容。然而，学无止境，创造无限。相信创造力的种子可以在学子的内心生根发芽，自然成长，使他们能够在未来的高维时代游刃有余。

探究"双减"背景下的小学书法教学

刘晓杰

"双减"工作是近期国家教育方针的重大变革，减轻学生课内负担，是关系到培养什么人，怎样培养人的问题，落实立德树人的问题。只有负担减轻了才能真正做到"五育"并举，促进学生德智体美劳全面发展。这既是对传统课堂的严峻挑战，也是重构课堂的难得机会。课堂是教育教学的主阵地，更是落实"双减"工作的落脚点。如何确保学生在校内学会、学足、学好，成为老师们的必修课题。本学期，在我校的书法教学中，依据市、区书法学科教学要求以及我校的实际情况，我初步探索了以下"双减"背景下的小学书法教学模式。

一、落实单元教学，打造实效课堂

结合市、区"一课一字"及单元式教学要求，在实际教学中可以创造性地使用教材，将每个年级的教学内容顺序打乱重组，使几节课的范字能组成一个积极向上的成语、一句话或具有特殊意义的单字"福"等，以"N+1"或"N+2"单元模式教学，带领学生每个单元呈现一幅完整的书法作品，增强学生的成就感。为更好地落实书法单元教学，打造智慧实效课堂，必须做到"四三二一"，即贯彻"四维教育"，熟记书法科学的原则、方法、目标、目的；落实"三降三提"，降成本、降速度、降任务、提标准、提质量、提获得；深究"两个必问"，写像了吗? 记住了吗? 打磨"一幅作品"，能写出一幅完整的作品，是体现书法教育教学是否成功的一个基本标准。同时，一个单元的设置还必须注重"三性"，即整体性、持续性、意义性。单元需是一个整体，相对不可再分，几字之间的结构形、笔画数等要有一定的和谐度；学生一旦学会，可渗透到其生活中持续书写形成记忆可终生受益；同时选词要传递正能量，具有独特的意义。

为更好地落实单元教学模式，打造智慧实效课堂，在实际教学中，我总结了以下几个小方法。

渗透字源。汉字从甲骨文、金文演变成为大篆、小篆、隶书，再到草书、楷书、行书诸体，经历了漫长的历史沉淀。2009年，联合国教科文组织将中国书法列入"人类非物质文化遗产代表作名录"。作为中华优秀传统文化的代表性符号，中国书法走向了世界。为更好地传承这一优秀的传统文化，课上在讲解范字书写要点前，教师可以适时讲解该字的造字本义、字形演变历程等，带领学生深入感受博大精深的古文字魅力，同时激发学生的学习兴趣，提高民族文化自信。但目前网络信息鱼龙混杂，教师在查找字源时一定要正统，可借助说文解字、字源网、汉典网等较为权威的解释综合判定。

口诀引领。在分析范字模块，教师可以将范字的书写重点、难点归纳为押韵的小口诀，朗朗上口。学生书写时边回忆口诀边书写，更易于学生掌握该字的书写要点。用口诀引领学生，可以帮助学生以诀带字，以字悟诀，以诀明法，以法正诀。

摹临复合。衡量一节书法好课的标准是学生通过一节课的学习，有没有将字写得与字帖非常像，甚至达到完全复合的状态。而衡量这一标准最好最直观的方法便是用模字卡进行检验。书写前，教师可以带领学生将同等大小的硫酸纸覆在范字上边，用勾线笔双钩出范字的外轮廓，制成模字卡。教师也可以提前印制。课上引导学生每书写完一遍，都用模字卡进行对照、检验，找出错位最明显的一两个地方进行改进。学生边书写边对照，边思考边改进，力争每写一遍都有进步，直至完全重合。

引领示范。书法学科属于抽象的线条艺术，很多知识和写法单靠一张嘴去讲是完全不够的。相对百千年前流传下来的黑底白字的古帖，教师的范写则是鲜活的。教研员经常说道"作为书法教师，字写好了，课就上好一半了"。因此，我特别注重投影示范。课前我会将范字练习的与字帖基本一致，然后再实物投影下书写示范，让学生近距离观察遇到不同笔画时笔锋是怎样起承转合，如何提按顿挫的，观察笔画的轻重缓急又是如何把握的，让抽象的技法学习变得更为直观。示范完成后，我会立即用硫酸纸模字卡进行对照，检验自己的书写情况，同时也是在为学生做好表率和引导。每次完全重合时，都会听到学生们热烈的掌声和钦佩的话语。看到孩子们崇拜的眼神，我都会觉得教师的范字示范是多么的重要。同时也激励着我自己课后一定多写多练，不断提升自己的书写水平，让这种无形的力量成为学生学习书法的强化剂，更大程度地提高学生学习的兴趣和动力。

分层教学。由于每个学生的学习基础不一样，再加上知识吸收的水平不同，所以学生的实际书写水平存在着阶梯差异。针对这种差异，我会结合"优生先达法"，根据学生书写的实际情况分层教学。每节课程在设计时我都会设计基本目标和高级目标。基本目标是为基础较为薄弱的学生设计，通过一节课的学习掌握某个字的书写要点，最终达到基本写像的目标。高级目标为优生准备。当学生写出的字形与字帖基本符合后，我会将他的作品张贴到黑板上，同时大声念出他的名字，并为他拍照留念。提高该生书写自信心的同时，为其他学生设立标杆榜样，激发其他学生书写的斗志。下一轮书写时，为该生加大作业难度，比如在同等大小的无格纸上进行书写，或在放大的米字格纸上放大书写看还能否重合，真正提高其书写能力。针对总也写不像、写不好的同学，我会引导其采用单钩法帮助控制字形，将书写难度适当降低，增强其书写信心。

巧用纸张。虽然学生的书写水平和教师的讲解传授以及学生自身的吸收能力有很大关系，但不得不说练习纸张的运用，对学生能否快速掌握书写要点也非常重要。巧妙运用练习纸张，甚至可以达到事半功倍的效果。课前，教师可以针对不同范字的不同特点，为学生准备不同的书写纸张。常见的比如黄金格、回宫格、九宫格等，格中的数字、辅助线等都能较快速地帮助学生控制字眼部分的笔画关系。

作业创新。在"双减"的大背景下，如何让学生在校期间就能学会学足学好，不得不谈到的就是作业创新。尤其针对书法学科书写基础差别较大的学生，课堂上更离不开作业创新。因此，书法课堂上，我会进行分层作业。除了引导学生在米字格纸中原大书写范字外，对书写能力稍强的同学还可以增加难度采用同字大小法，在无格纸上原大写、有格纸上放大写甚至是在无格纸上放大写。或在不同颜色、不同外形的纸上书写，激发学生的书写兴趣，同时提高控笔能力。

形式多样。单元教学的落脚点就是带领学生打磨一幅完整的书法作品。为了提高学生的书写兴趣，同时带领学生了解常见的作品幅式，因此，每单元的集字创作一课可以根据书写内容的结构形和笔画数特点带领学生选择合适的呈现形式。书写的过程渗透章法意识，提高学生的学科素养及审美能力。同时，还可以引导学生留意书法在社会生活中的应用，在学习和生活中运用自己的书写技能，珍视中华优秀传统文化，增强文化自信与爱国情感。

精讲多练。学习书法不是一朝一夕的事情，也不是听懂就可以的，它必须要有一个持之以恒的训练过程，需要量的积累。然而学生每周只有一节书法课，而课下认真书写的学生又少之又少，所以课下备课时我尽量做到精、简。课上少说话，充分发挥学生的能动性，确保学生不少于二十分钟的书写练习时间。我利用书法的规律性将范字归类，并总结同类字形的书写规律，然后挑取适合学情且最具有代表性的例字，有重点地去练习，不贪多，争取做到"一课一字，一字多得"的效果。每学期的前一两个月，我会重点将精力放在每节课笔画、偏旁部首或字形结构的分析方法上，带领学生总结读帖的思路和方法，让学生能够在学期末时可以自主学习，挤出更多的时间用于练习。遇到较难的内容，我会分两个课时或几个课时去完成，确保学生的书写是踏踏实实、一步一个脚印地向前走。如果一味地追求进度，会无形地将孩子变得浮躁，不仅不利于学生的书写质量，而且非常影响学生后期的长远发展和教师的正常教学。

二、构建课堂策略，提高书写兴趣

教育学家夸美纽斯指出："兴趣是创造一个欢乐和光明的教学环境的主要途径之一。"学生书写兴趣的培养与提高比漫灌式的枯燥教学更为重要，它也是学生养成良好书写习惯的前提。但由于书法基础教育的必要性与训练方法的枯燥性之间的矛盾，使得刚刚接触书法的孩子容易对其产生厌倦心理。要想有效实现"双减"，教师就要研究教学策略，充分调动学生的书写积极性，让学生内在的学习潜能被激发出来，努力做最好的自己。在教学中，我总结了以下方法。

包袱激趣。书法课的导入环节，我们经常会出与示范字相关的甲骨文写法，让学生根据其象形特点猜测这是什么字。为了增强猜测时的趣味性，我会在准备学案、PPT时注意遮挡隐藏，保持学案的神秘性，避免包袱的泄露，层层递进。提前我会将学案扣起来压在毛毡下或将PPT标题隐藏好只显示甲骨文图片等。在新授环节，我也会利用简单的言语或小形式，增强课堂的神秘性，激发学生一步步探秘的兴趣，提高学生的书写热情。

故事激趣。由于年龄特点，小学阶段的学生都非常喜欢听老师讲故事，故事中一些夸张、鲜活的人物形象，也更能触动学生的好奇心和求知欲。因此，我在课下搜索了大量著名书法家鲜为人知的生平事迹或趣闻逸事。如有关书法史论的：颜真卿在下雨时看到水珠从墙上往下流的痕迹，提出"屋漏痕"的颜氏线条；张旭看到孙二娘舞剑而得出的书法感悟剑法就是笔法。再或者是较为有趣的故事：比如王羲之的"东床快婿"、"以书换鹅"、"入木三分"等。这样的"寓教于乐"，既增加了学生对书法史论的了解，提高了学书的专业性，同时还能潜移默化地影响学生向这些伟大的书法家学习自强不息、持之以恒的精神品质。

闯关激趣。结合前面所提到的分层教学、作业创新和学生生活中最喜欢的闯关游戏，课程设置时可以根据教学内容设成几个难度层层递进的任务。比如原大米字格写像—原大无格写像—放大米字格写像—放大无格写像，阶梯递进。根据学生的书写情况，每完成一个任务即可进入下一关，一节课后看谁闯关最高，证明哪位同学收货最大。闯关设置时，每一关的作业纸要有颜色、大小、形式的差异，应使其看起来越来越高端，提高学生闯关的幸福指数。学生们都有着不服输的性格特点，每次闯关都会你追我赶，兴趣十足。

电教激趣。随着科技的不断发展，电教设备越来越多地融入我们的日常教学中，正确合理地运用电教手段，不仅可以把抽象的、静态的起、行、收笔等方法更加直观化、动态化，还会增加课堂的趣味性，使容易枯燥的课程变得生动有趣。

身份激趣。也许是对教师这个职业的敬畏和崇拜，也许是对自身价值感体现的自豪，在教学中我发现几乎每个学生都爱争做"小老师"。于是在教师投影示范环节，我充分发挥学生的能动性，让学生作为"小老师"指导我书写。每个笔画该在什么位置入笔，该如何运笔，学生们利用刚学的知识指挥得头头是道。这一环节的设置，既检验了学生的听课效果，又提高了学生的注意力，还激发了学习兴趣，一举三得。

奖励激趣。由于学生非常喜欢我做示范的字头，于是我将这一环节的毛边纸示范改成了在彩色洒金宣纸上书写，并将字头作为奖品当场赠送给本节课表现较好的学生。我还会准备小彩金彩宣纸，同样作为奖品奖励给课堂上进步非常大的同学。

竞赛激趣。比赛活动最容易吸引天真活泼好动学生的兴趣。我将教室的桌椅分成四组进行摆设，每组设置一名组长进行日常管理及活动的组织工作。在教师讲解、示范完毕后，我会不定时在课堂上穿插书写比赛环节。由各小组自行练习、互相讲评、完善修改。由于学生的团体意识较强，学生总能在组内互相帮助、组外你争我赶的竞争中获得不同的进步。

水墨激趣。书画本同源。书法课上，我也会设置一些绘画环节，带领学生用毛笔绘制梅兰竹菊、卡通画或其他有意思的笔墨游戏。如在三年级《综合练习——辛丑大吉》一课中，我带领学生寻找新年元素，对书写的"辛丑大吉"作品以绘制贺卡的形式进行装饰。既提高了学生的学习兴趣，又锻炼了学生的控笔能力和对笔墨的敏感度。

材料激趣。书法的传统书写材料就是宣纸，学生长期书写难免会枯燥无味。课堂上，我会不断带领学生尝试新材料，比如瓦楞纸、废旧木板、用细沙、毛线等组字，软泥土刻字等，在不同的材质上，寻找不同的感觉。

评价激趣。每节课我都会制定本节相应的评价要素，在学生书写前提供给学生，学生书写时会有意识地按照评价要素去临写，帮助学生抓住重点，提高学生的注意力。课中或课后，我会采用自评、互评或师评的方法，随机抽取学生作品进行评价。评价机制既提高了学生的书写能力，又提高了他们的欣赏和评价能力。

氛围激趣。我会定期在教室或校园橱窗内布置、更换优秀的书法作品，营造书香氛围。利用节日契机，举办相关主题的优秀书法作品展，结合本班班训、班风，带领学生书写相关作品等，布置在教室中，使学生在浓郁的书香环境中茁壮成长。

三、夯实书写基础，培养良好习惯

越深入研究教学，越贴近接触孩子，越能切身感触到好习惯的培养对孩子今后一生的发展是多么的重要，也越能深刻地体会到心理学巨匠威廉·詹姆士的那句话"播下一个行动，收获一种习惯；播下一种习惯，收获一种性格；播下一种性格，收获一种命运"。目前，书法学科在小学阶段广泛普及，这一阶段的孩子最具有可塑性。对于刚入门的孩子来说，书法课上的一切全是陌生的、新奇的。在我看来，这是培养孩子良好书写习惯的最佳时机，它甚至比教会学生如何写好一个笔画、写好一个字形更为重要，也更为紧迫。

精选学具。俗话说"工欲善其事，必先利其器"，只有选择好用的笔墨纸砚，才能在书写练习时达到较好的效果。但是对于刚刚接触软笔书写的同学来说，选择一支适合自己的毛笔最为重要。于是在每个学年的第一节课我都会不厌其烦地对刚接触书法学科的班级详细讲解毛笔的分类、如何挑选毛笔以及毛笔的清洗与存放方法，带领学生为这一学年的书法学习做好充分准备的同时，渗透书法常识，增强学科素养。

规范"双姿"。要想写好字，先得会执笔。没有正确、规范的坐姿与执笔姿势，是不可能写好字的，也不利于身体的健康发展。在日常教学中我经常发现，学生在书写时有的头特别低、上半身趴在桌上写，有的高翘二郎腿，有的"抱"着笔，有的斜着身子斜着纸……针对这种情况，课堂上我会展示写字姿势图，反复引导学生仔细观察，边讲解边示范正确、规范的"双姿"是怎样的，逐一纠正。

但学生刚刚接触软笔书法时间不久，尤其是低年级的同学，还没有形成良好的书写习惯，因此教师在每节课中都要时时提醒学生的"双姿"。在我的课堂中，一把长长的直尺是必备的。巡视学生书写时，我总会拿它在学生背后轻轻划过，被直尺触碰到的同学总是会自觉直起腰版、垂直毛笔。现在已养成一种定式，只要看到直尺，不用等我开口他们都会自觉调整坐姿和执笔姿势。

精读字帖。书法学习必须学习古人名帖。正如《易经》所著，"取法乎上，仅得其中；取法乎中，仅得其下。"既然学习，就要追根溯源学习最正宗、经典的碑帖。书法是一门以点画的轻重、结构的疏密、运笔的徐疾等来抒发情感的。我们可以通过读帖来观察其用笔及结字等特点。在日常教学中，我沿用区教研员郭勇老师提出的书法临习"三步曲"，带领学生按照一定的规律，从字形·结构、笔画·关系、占格·位置三个方面分析范字，落笔前先进行细致的分析。找准范字各个笔画、偏旁在米字格中的具体位置，分析这些笔画之间有着怎样的位置关系、粗细关系等，心中有数之后再动笔去写，始终养成"意在笔先"的书写习惯。针对读帖习惯不好的同学，我会采用"点点式"书写，即在每写一个笔画前先观察其起收笔在米字格中的位置，在毛边纸上先点点，然后连接的方法，逐步培养学生的读帖习惯。

重视结构。结合市书法教研员李祥魁老师提出的"九三一"理念，在我的书法教学中始终坚持"先重结构，后重用笔"原则。在要求还并不是非常专业的小学阶段，书法其实算是纯粹的造型艺术，即由各种长短、曲直、粗细、向背等各种线条组合而构建出的空间造型。因此在小学书法教学中"结构"重于"用笔"。就像建筑工人盖房屋时，首先要搭建一个架子，有了房屋的整体外形，再往上面添砖加瓦，最终才能建成一栋漂亮的房子。或者我们在写横幅标语时用的规范字，书写中并没有什么用笔的变化，但结构好了一样好看。所以，在日常的书法课堂教学中，我会非常强调汉字的占格位置，重视字的整体结构把控，强调各笔画的具体位置及关系。当学生能够掌握字的基本结构后，再提高学生的笔法技能练习。为了让学生更好地把握字形结构，除了精确投影示范，我还会根据本节的学习内容在字帖中下载单字图片，利用绘图软件，将字帖中的黑底白字反转成学生更熟悉易懂的白纸黑字，并把字套放在米字格中，课前打印给学生，人手一份。学生可以对照字头，在老师示范之前精细分析每个笔画在米字格中的具体位置。对于高年级学生，我会尽量让学生采用参照物法分析字形，也就是把写过的笔画作为后边未写笔画的参照物，找出各个笔画之间的位置关系，更好地帮助学生摆脱米字格控制字形，进而向书写作品过渡。

解剖笔法。在学生初步掌握字形结构的基础上，我会根据学情，强调每个基本笔画的书写方法。每一个笔画因所处每个字的位置不同，前后笔画不同，都会有走向、姿态、起收笔等细微的差异，正是有了这些细微差异，每个字才能更加生动活泼。因此我在教学过程中，除了注重字形结构外，对于高年级的学生也非常注重基本笔画的练习。比如横画，我会带领学生将它的基本轮廓用几何图形平行四边形、三角形去概括，利用找点法，将笔画书写完成。并对笔画的书写方法用简单易懂的口诀去概括，每节课带领学生边背诵口诀边书写练习。这样既集中了学生注意力，又夯实了书写基础。

四、丰富课后服务，促进"五育"并举

依托课后延时服务，可以根据学校的实际情况开展形式多样的社团活动。如一系列书法主题活动，活动中赋予汉字更多的语言环境和文化内涵，既可以营造文化氛围，还可以浸润学生身心。我校本学期还构建了独具特色的书法课程体系，进一步继承和发扬中华民族优秀的传统文化。还可以以书法为基础，融合其他相关学科元素，促进学生德智体美劳全面发展。

新时代 教育文库 北京卷

　　"双减"既是一项政治任务，又是一项提质任务，既是一项系统任务，又是一项长期任务。在任务的驱动下，以问题为导向，切实在校内艺术学科的授课中提质增效、扎实落地，从根本上满足学生多样化教育需求，确保学生在学校内学会、学好、学足。目前我总结得还不够全面，今后，我会继续发扬现阶段优点，弥补不足，真正让"双减"工作落地生根，努力做到在改革中谋新，于砥砺中前行！

新版艺术课程标准背景下美术教育评价的变化

孙逸楠

2022 年版《义务教育艺术课程标准》正式发布，新版艺术课程标准涵盖五个学科，在原有的音乐、美术课程基础上，开设了新三科——舞蹈、戏剧（含戏曲）、影视（含数字媒体艺术）。教育评价是根据教育价值观或教育目标运用科学手段系统地收集和分析信息，对教育的过程和结果进行价值判断的活动，是检验、提升教学质量的重要方式和手段。只有充分发挥评价的诊断、激励和改善功能，才能有效促进学生发展。新版艺术课程标准增强了指导性，细化了评价与考试命题建议，注重实现教—学—评一致性。从教学评价和学业水平考试两个方面详细地给出了指导意见，要了解新旧课标的变化，首先要了解教学评价和学业水平考试两方面的内涵。

一、教学评价

旧版美术课程标准中评价建议是当前艺术课程标准教学评价的撰写基础，旧版标准美术课程评价建议："以学生在美术学习中的客观事实为基础，注重评价与教学的协调统一，尤其要加强形成性评价和自我评价。既要关注学生掌握美术知识、技能的情况，更要重视美术学习能力、学习态度、情感和价值观等方面的评价。"并给出几个具体建议，即依据美术课程标准进行评价、重视美术学习表现评价、采取多个评价方法评价美术作业、激励利用美术学习档案袋、展示和课堂讨论等质性评价方法。

《艺术课程标准》在新时代育人目标的革新中结合原标准评价建议给出了新的教学评价，包含基本原则、主要环节的评价、评价结果的呈现和运用三部分。其中基本原则是根据新课标培养目标对旧课标的几个建议深化改革，凸显了学生主体地位，增强了同育人目标的联系。

（一）由"知识"转向"素养"

基本原则中坚持素质导向取代了旧课标对三维目标的要求，表明教育正在从"以知识和技能为本位"转向"以能力和素养为本位"。即关注学生掌握艺术知识、技能的情况，更要重视对价值观、必备品格、关键能力的考查。不管是教的环节还是评的环节，培养素养能力已经成为最核心的出发点。

（二）由"教评统一"转向"以评促学"

新课标"以评促学"的理念体现了义务教育教—学—评一致性的要求，"学"字的增加体现了学生在评价环节地位的提高，关注学生真实发生的进步，以学习中的评价鼓励加深学生的艺术体验，引导学生能力的生发成长，解决实际问题，发挥潜力，形成性评价和表现性评价的兼顾能有效提高评价的全面性、准确性。

（三）更加具体的评价环节

新课标相比旧课标具有清晰的指导性，对课堂评价、作业评价、期末评价进行了详细的评价方法指引。建议在课堂评价中结合教学内容，在课堂教学外使用作业评价促进学生学习发展，同时作业设计上注重素养立意，难度合理，在整体的设置上协调好过程和结果。为教师的具体教学给出实质的指导。

教学评价变化的核心在于评价贯穿艺术教育的全过程，围绕核心素养对学生要有更加真实全面的评价。新的教学评价对提高艺术教育的育人质量，促使人才质量标准更加全面，提高学生的核心素养，促进学生全面健康成长意义重大。

二、学业水平考试

学业水平考试是以学业质量标准、课程内容为依据，对学生学习质量及过程进行的全面监测，是教育评价的重要部分。

早在 20 世纪 90 年代，美国就进行了"国家教育进步评价"，旨在根据国家教育规划框架的内容，衡量全国学生在既定年级和年龄的教育成就和进步，也为了解美国 K-12 年级的学生成就提供参照。分别在 1997 年、2008 年、2016 年完成了三次自上而下式的视觉艺术教育评价，对当时教育情况进行了全面的监测，测试题目包括"回应"和"创造"两方面内容。"回应"要求学生分析、描述或判断艺术和设计作品，以显示对形式、美学以及文化或历史背景的理解。"创造"要求学生使用形式、媒体或技术来创作艺术和设计作品以传达想法。由于三次测试题目的变化较大，并未形成统一连贯的命题标准，造成三次监测缺少一定连贯性，难以看出监测结果与实际教学成效之间的联系。

在我国，教育部在 2015 年左右就针对中国各地美术教育水平进行了深入的考察测量，在科学指导方法的指导下，以当时美术课程标准为构建依据，经过全国美术教育专家共同研制，建设了美术学业质量监测工具的题库。每三年对四年级、八年级两个年级进行全国性普测，以标准化评价的纸笔测试及针对学校、教师、学生等角色的问卷调查，尽可能了解学生的真实学情，以此得到全国各地方美术教育质量水平。《2019 年国家义务教育质量监测艺术学习质量检测结果报告》公布，报告从事实描述和观察视角提供了我国美术教育或课堂美术教学现实状况，在依托国家标准的同时，也结合核心素养本位的美术学习理念，对学生参与美术活动的情况、美术学习兴趣、素养和能力等多个方面进行了评测，还包括学校艺术资源、艺术教师参与培训等状况，关注各地各校美术课程的实施状况以及国家政策的响应和执行情况。

相比较美国国家教育进步评价，我国的国测项目规模更大，难度更高，覆盖面广，持续性强，保证了数据的稳定和真实。各级教育部门通过学业质量水平监测结果有针对性地改进当前教育中暴露的问题，从国家层面上来看，教育质量监测是国家对教育政策的检验和革新依据，从地方层面来看教育质量监测是地方审视本地教育水平的标尺，是学校和教师改进教育质量的前进方向，对实际教学有较好的指导作用。

三、新课标带给教师的建议

（一）兼顾形成性评价及表现性评价

表现性评价需要了解学生学习状况，观察记录典型行为和态度特征，进行质性分析。形成性评价需要教师在教学前依据学习目标，确定清晰的评价标准，为学生的深度学习活动持续提供清晰的反馈，帮助学生改进学习。形成性评价要贯穿学习的始终，随着教学进程的推进，通过评价唤起学生的元认知，让学生始终记得学习的目标是什么，并自主监控学习的目标是否达成，主动反思和调控学习的进程，使学习不断深入。教师通过多样的评价方式、多元的评价主体，不仅能掌握学生对美术知识与技能的掌握程度，还能了解学生将所学美术知识与技能运用于情境中解决问题时体现出的美术学科核心素养发展水平。

（二）运用电子学生档案袋

档案袋可以衡量学生参与有意义任务的程度，能体现具有个人意义的反思和实验，实物性质的档案袋占用大量资源，不同地区与学校实施起来差别较大，在如今线上教育蓬勃发展的后疫情时期，建议使用电子档案袋。学生对使用电子设备记录、保存自己的作品非常积极，不仅可以观看自己及同学的作品，还能直观看到自身的进步。电子档案袋是一个替代传统测试的可行的、可推广的方案，视觉艺术表现性学习可以被量化，同时学生能参与整个评价过程。在后疫情时代，电子档案袋无疑是最易实现的，通过教师的创新开发，相信线上教学也会带给人们更多元的档案袋使用体验。

（三）培养教师的评价思维

美术教师的评价素养是教育评价良好发挥作用的基础，教师作为促进形成综合评价系统中的重要角色，提高教师评价思维迫在眉睫，让教师关注评价与学习过程和结果的关系，认识到教、学、评的统一，不断提高自己的评价能力。

（四）加强对学业质量监测题目的构建学习

学业质量监测题目的构建需要从题目构建、评分标准、知识点分布等方面深入学习。题目建构应与本阶段儿童心理发育水平相适应，难度系数、区分系数将影响标准量化评价的正常进行。要求教师有针对性地练习建构出题，了解科学监测的基本出题规律。在新课标育人目标的要求下，题目的设置应更具情境性，在真实的任务环境中测试学生的能力和水平，不同于以往以测试教学内容的知识性题目，新的题目将更加有趣生动，更易于测试出学生间的能力差异，为了更好地研制出具有测试核心素养的优秀问题，钻研艺术课程标准，整合教学目标及知识。最后要加深对学生的了解，根据学生的心理发展水平预设问题答案，结合题目预试结果调整问题结构及标准答案，好的评分标准能更好地发掘学生真实水平和学业差异。

艺术课程标准的发布意味着中国美术教育进入变革的新时代，给教师带来新的挑战和机遇，学习研究新课标是当下教研的首要任务，构建具有中国特色的评价体系是当今美育工作者的重要使命，需要美育工作者共同探寻中国美术教育评价的规律，以推进本土化的评价改革与发展。

北京市小学美术社团课程建设浅思

纪淑芳

随着社会的发展与我国素质教育的提出，小学美术教育日益受到重视。小学美育具有学科特殊性，在促进学生发展中具有不可替代的作用。随着素质教育的提出，以及国家对美术教育的重视，北京市小学开始给予美术学科相应的重视。多数小学拥有专业美术教室，教学设施齐全，师资力量充足，校园艺术氛围浓厚。为了促进小学学生艺术个性的成长，丰富小学学生的艺术生活，促进学生全面发展，北京市各小学开始创设具有本校特色的社团课程，学生可以按照自身的个性与兴趣选择学习相关美术课程。然而，大多数学校社团课程按照美术教师的特长与专业进行设置，课程凌乱不成体系，且内容结构、设计、开展、评价等方面仍存在相应问题。本文将针对小学美术社团课程存在的问题进行相关讨论与思考。

一、小学美术社团课程存在的问题

（一）社团课程内容涵盖领域待拓展，忽视学生审美鉴赏能力与人文素养

1. 课程内容涵盖领域待拓展

人美版国家标准课程分为造型·表现、设计·应用、欣赏·评述、综合·探索等版块，涵盖了基本造型知识、国画、版画、民间艺术、综合手工、美术鉴赏等多种艺术门类。然而美术社团课程，虽不以人美版教材为蓝本，由教师根据自身特点自主设计课程，但多数实际开展的社团课程属于绘画门类，例如国画、水粉、色彩、漫画等课程。社团课程局限于绘画，限制了学生接触

的艺术形式，无法最大限度地拓宽学生艺术视野，展现学校艺术特色。

2. 忽视学生审美鉴赏能力与人文素养

社团课程中，由于教师教育理念传统，更注重学生造型能力的培养，因而开设的课程多为绘画创作课程，很少开设艺术鉴赏课程，忽视了学生审美鉴赏能力的培养。而美术教育不仅仅是一种技法教育，更是审美教育与人文教育，是学生成长过程中人格修养的重要课程。学生审美鉴赏能力与人文素养的缺失，导致学生艺术视野窄小、流于匠气。

（二）社团课程设计创意缺乏、形式化、脱离学生学情

1. 课程设计缺乏创意，忽视学生高阶思维发展

在具体社团课程设计中，容易出现两极分化现象，第一种现象为因循守旧，课程设计被国标课程教参束缚，教师缺乏自我思考，课程设计缺少互动性与趣味性。美国教育家布鲁姆将人类的认知领域思维学习目标分为六个层次，从低到高依次为：记忆、理解、应用、分析、评价、创新。记忆、理解、应用为低阶思维，分析、评价、创新为高阶思维。而在大多数教师课程设计中，为了更好掌控课堂，更多采取教授的方式进行课堂教学，局限于学生记忆、理解、应用等低阶思维的培养，忽视了学生分析、评价、创新等高阶思维的发展。

2. 形式化现象冲淡课程目标

在社团课程设计中，第二种极端现象为形式化现象，教师片面追求学生个性和课堂的积极活跃，导致学生自由有余而约束不足，教学秩序混乱。教师过度追求追求新颖教学环节的设计，导致教学环节逻辑思路混乱，掩盖了实质教学内容，导致教学低效。

3. 未充分了解学生学情

在1—6年级的学生美术学习中，存在越高年级学生对于美术学习的兴趣越低的现象，追根溯源为未充分了解学生学情。首先，1—6年级美术社团课程内容难度越来越大，对学生的造型能力要求越来越高，教师未能第一时间掌握学生学情，课堂设计偏重于知识性，缺少趣味性，知识讲解过于深奥，学生理解掌握困难。其次，教师未能及时了解学生的心理动态，树立正确的美术学习观念。越高年级的学生受身边教师、家长应试观念的影响，忽视美术课堂的重要性，将美术课堂作为放松、娱乐而非学习课堂，从而使得课堂教学实效性低。

（三）社团课程美术资源利用不够、课程实效性差

1. 美术资源利用不够

在美术社团课程中，教师仍局限于室内开展课程且多采用课件图片与范画的教学方式展开课堂教学，缺少对其他美术教学资源与场地的利用，例如互联网＋资源的运用、教学实物的运用、公共文化场地资源的运用、校园环境资源的运用等，从而导致美术课程形式单一，久而久之，学生学习兴趣降低。

2. 美术社团课程评价单一、实效性差

在美术教学过程中，教师多注重课程的新授与时间创作环节，而评价环节作为后置环节，教师往往根据课堂时间进行相应调节，或简要评价或一带而过。而在课堂评价中，教师多根据学生最后创作的画面效果进行评价而忽略了学生的学习过程性评价。对于课程评价的忽视与评价方式的单一，不能及时让学生受到鼓励与肯定，影响了学生在美术学习中的获得感，从而影响学生的学习兴趣。此外，由于教师课程的考核与展示重点在于国家标准课程，因而教师更加注重国家标准课程的设计与开展，忽视了美术社团课程，导致美术活动课程教学设计不够严谨，目标不清晰，教学实效性差，学生获得感低。

二、促进小学美术社团课程完善的建议

（一）不断丰富课程内容，建设开放性美术课堂

1. 不断丰富课程内容

美术不仅仅是绘画创作，而是全方位、多层次的视觉审美艺术，包括多种艺术形式与门类，因而，美术社团课程应开展多种形式的艺术课程，例如，民间艺术、立体陶艺、土著艺术、创意摄影、纸艺等。由于学校资源有限，学校可与校外成熟艺术机构进行合作，为学生提供更多的艺术学习资源，促进课程的发展。此外，由于受小学生身心发展接受能力的影响，小学美术课程深度有限，但可不断拓展课程的宽度，不断增加课程设计领域，丰富课程内容。未来是不断更新发展的，因而课程内容也需要不断创新，学校可创设实验艺术社团课程，鼓励教师、学生自主研发课程，不断探索创新艺术形式，保证美术课堂的活力，激发学生的学习兴趣。

2. 建设开放性美术课堂

美术社团课程教学场所仍多局限于美术教室，然而，现阶段随着国家社会

公共资源的不断完善发展,互联网技术在教育领域的不断运用以及新课改的不断变革,为美术课程的开展提供了全新的路径,学生获取资源的方式已不仅仅局限于传统获取资源的方式。此外,社会的不断发展对美术教育提出了更高的要求,教育方式需更加创新,学生学习空间需更加开放。教师可带领学生走出课堂,感悟校园美景,获取绘画灵感;或走进自然公园等感悟自然美景,走进现实生活,理解美术与自然、美术与生活的关系,加深对美的理解。此外,教师可充分利用美术馆、博物馆等公共资源,带领学生走进美术馆、博物馆感受真实艺术品的魅力,激发学生艺术学习潜能。

(二)教育思路多元化,重视学生主体地位

1.教育思路多元化,鼓励教师创新设计

现阶段的教育注重培养学生的核心素养。教师应以包容的心态,加强自身学习能力,学习新的教育理念,实现教育思路与时俱进。在课程设计中,学校可鼓励教师不断探索创新教学方法与教学手段,丰富课堂教学过程,从而激发学生的学习积极性,使学生能够主动参与到课堂学习中。

2.重视学生课堂主体地位,学趣兼得

在进行教学设计时,教师首先应充分了解学生学情,为学生树立正确的美术学习观念。在课堂教学中,需要重视学生的自主学习能力,采用多种教学手段和方法来激发学生的学习兴趣,通过学生自主分析、归纳总结、创新等培养学生的高阶思维。但在多种教学手段和方法的选择中,需以学生学情与教学目标为基础,防止流于形式化反而降低课堂效果。

(三)完善课堂展示与评价,增加学生获得感

课堂展示与评价是美术课程中的重要环节,良好的课堂展示与评价,能够对学生起到重要的激励作用,增加学生的课堂学习获得感。课堂展示可结合互联网技术,进行情境创设展示;也可线上、线下相结合,为学生作品提供多种展示渠道,实现学生作品尽展应展,增加学生作品展示获得感。课堂评价中,首先,教师不仅仅对学生创作结果进行师评、自评、互评相结合的方法进行评价,更应该对学生的学习过程进行相应评价,在课堂评价中鼓励学生学习创作,促进学生进步;其次,教师可结合网络拓宽评价渠道,例如家长评价、社会评价等。

三、小结

　　美术社团课程作为国家标准美术课程的重要补充，丰富了学校美术教育的内容，拓展了学生美术视野，在促进学生美育的全面发展中起着重要的作用。小学生年龄段主要为6—12岁，记忆特点仍以无意识、具体形象和机械记忆为主，但是可以比较明确地感受到事物之间的相互联系；可以正确完整地感知客观世界，但是思维想象具有明显的具体形象性特征。此外，小学生面临升学压力较小，因而小学阶段社团美术课程设置不宜过于注重技法学习，应较多注重学生美术学习习惯、美术兴趣以及艺术视野与艺术领域的拓展，为后期美术学习奠定基础。小学社团美术课程设置在注重纵向系统知识体系之余还需注意横向美术领域拓展，不断拓展美术课程的内容与形式，拓展学生艺术视野，丰富学生美术学习生活，提高学生的学习兴趣。此外，美术社团课程设置应注重开放性，综合利用校内外各种资源，与时俱进，打造全方位、多层次艺术特色课程。

从"有教无类"到"因材施教"

陈 笛

一、研究背景

2014年，教育部印发《关于全面深化课程改革落实立德树人根本任务的意见》中，"核心素养"被置于深化课程改革、落实立德树人目标的基础地位。核心素养的达成，依赖各个学科独特育人功能的发挥、学科本质魅力的发掘。在这一背景下，美术学科作为培养学生个性发展的特殊学科，更应该发挥好自身的特色。

2021年7月，中共中央办公厅、国务院办公厅印发《关于进一步减轻义务教育阶段学生作业负担和校外培训负担的意见》，明确提出"大力提升教育教学质量，确保学生在校内学足学好"。"双减"政策一方面指向学生作业负担，另一方面指向校外培训负担。这一政策的推行，各基层学校应积极面对"双减"政策进行有效整改，确保政策的落地实施。小学阶段美术学科的教学如何体现自身特色，发挥学科特色与灵活性的优势，促进义务教育阶段学生的健康全面成长？这一问题值得美术教学一线的教育工作者们深思。

结合"核心素养"与"双减"的政策理念，教师需要重新思考美术教学的根本目标以及对教师身份的自我认识。如何在课堂中落实立德树人的根本任务，如何在降低学业难度、降低教学内容密度的同时，提高教育教学质量，保障学生的实际获得？两千多年前，孔子提出"有教无类"与"因材施教"，前者旨在促进教育的公平问题，而后者则关注教育的个性化与差异化。在当下社会，教育公平已经不再是教育发展的主要矛盾，我们的教育也应在保证"有教无类"的基础上，更加关注"因材施教"，力趋完善一个适应新的社会发展方向的、能够让每个学生获得更好教育的体系。对于美术学科而言，分层教学不失为一个行之有效的方法。

二、当前小学美术教学问题分析

（一）教学目标笼统

义务教育阶段的小学美术课程，将学习领域划分为四个方面："造型·表现"、"设计·应用"、"欣赏·评述"和"综合·探索"。在课程标准中，每个领域又分别对应不同角度的教学目标。每一课题中，又提出了针对不同课题范畴的更有指向性的具体目标。因此教师在教学时，往往很容易做到针对不同领域与课题，设定具体的多维度教育教学目标，有一部分教师关注到不同学生的特点，会根据学情将教学目标具体化，但只有极少一部分教师在课堂上能做到根据本班学生的不同层次水平，制定细化的层级教学目标。《义务教育美术课程标准》要求，教师要面向全体学生，帮助每一位学生发展。教学目标是教师课堂教学的指南，也是教师教学的出发点和归宿，笼统的教学目标往往让教师在教学时忽略学生个体的差异性，主要满足了中间层次学生的普遍需要，而无法照顾到两端学生的学习需求。

（二）教学策略单一

义务教育是一种面向全体适龄学生的普适性教育，具有普遍性。受传统应试教育的影响，当前美术教学中，以大班制为依托的课堂模式，往往以统一标准要求不同层次和能力水平的学生，在讲授阶段，"一刀切"的教学方式往往忽略了不同层次学生的接受能力和认知水平。而在实践环节，课堂作业也往往针对全体学生，布置同一层次和水平的任务。这些具有普适性的标准一定程度上代表了某一特定年龄段学生的平均水平，却与艺术学科中所蕴含的个性化相悖。美术是一门特殊学科，带有学生的个人审美情趣及年龄特点，对于能力较高的学生，普适性的教学方式和实践要求无法保障他们在课堂上的实际获得，也不能有效提高他们的美术水平。而对于能力稍弱的学生而言，有些要求则像是他们永远无法企及的高山，容易挫伤他们学习的积极性，打击对美术学习的兴趣。

（三）教学评价体系不完善

教学评价是依据教学目标对教学过程及教学结果进行价值判断，并为教学决策服务的活动。完善有效的教学评价是促进学生全面成长的重要手段，也是提高教师教学水平的重要方式。受应试教育影响，现阶段的小学美术课堂教学，多关注结果导向的评价，而忽视过程性评价。评价环节多设置在课堂结尾处，教师对学生的作业最终效果进行评价，而忽略了学生在学习活动中的表现。评价角度与标准单一，无法与多元的学科特点和课堂情境相适应。教师常会用"很好"、"不错"等笼统的语言进行评价，缺少针对性，并不能起到良好的激励促进作用。多数教师对学习效果的评价仍局限于知识与技能评价，较少关注学习态度和情感、价值观方面的评价，而这部分评价往往影响到学生对美术课的持久兴趣。在核心素养教育观的指导下，教育不仅仅是对知识和技能的简单传授，而应以培养全面发展的人才为目标，培养学生自信、乐观的心态，使学生具备博爱、创新、有担当等优秀品质。小学美术课作为一门需要想象力、创造力、动手等多方面能力综合锻炼的学科，旨在全方位地提升学生的综合素质，单一的评价方式不具有科学性与开放性，容易挫伤部分对美术学习有兴趣但没天分的学生的积极性，无法使这部分学生获得持续发展的内部动力，也无法使绘画功底较好的学生获得更全面的艺术素养。

三、小学美术教学中分层教学的必要性

英国著名教育学家怀特海在其著作《教育的目的》中说："学生是有血有肉的个体，教育的目的是激发和引导他们的自我发展"；"人类在天性上就各不相同，存在差异。就同一门学科而言，有的人可以做到融会贯通，而有的人则只是穿凿附会。"无论是我国孔子提出的"因材施教"，还是外国教育领域倡导的"多元智能理论"，都明确提出了学生存在个体的差异性。素养时代对美术教育的新要求实际上涵盖于一个更大的命题之下，即教育如何培养有个性化的人。

我国传统的教育教学模式，一方面依循了孔子所言的"有教无类"的教育教学思想，即每个学生都有接受教育的权利。这在物质建设文明建设不发达的社会，为部分学生提供了保障。而随着时代的发展及社会的进步，教育公平问题已经不再是教育发展所关注的主要矛盾，在此基础上，如何能尽最大可能让大部分人得到更好的、更适合的教育，应该是每一个一线教育工作者应该思考

的问题。这呼吁我们更应该在课堂教学中落实其另一方面，即"因材施教"的教育教学理念。

不同于高等教育，义务教育阶段属于普遍性教学阶段，而美术又属于特色化学科，美术教育的一个重要特点是：其不仅是技能技巧的训练，而且是一种文化学习。通过美术学习，学生除了技法外还可以了解不同的历史、文化、经济、地理等相关知识，认识美术的特征、美术表现的多样性以及美术对社会生活的独特贡献。《义务教育美术课程标准》要求，要消除统一教学模式与学生个体差异之间的矛盾，满足全体学生的需要。对于美术学科而言，如何在为培养广义的文化修养而特别设计的课程中，允许专业化存在的同时保障教育的普适性，分层教学的方法或许为二者提供了衔接，也为义务教育阶段美术课堂的专业化提供了一定可能。

因此，教师应尝试在新的政策要求和教学环境支持下，将递进式分层教学策略应用到教学活动中。为了在不增加学生压力的同时提升美术教学质量，教师要肯定学生之间的差异，在实际的教学环节中，精准分层学习个体。在课堂中多维开展教学，在作业的布置上，教师要基于学生的个体差异设置分层作业，通过具有弹性的作业结构，增强美术教学的实效性，让各个层次的学生都可以在完成作业的过程中得到发展与提升。小学美术分层教学具体实施的途径主要包括合理制定分层目标、有效实施教学策略、开展多元教学评价等。

四、小学美术教学中的分层教学的实施

（一）精准分析学情
1. 课前、课下学情分析

由于学生受到社会因素、家庭因素、学校因素影响，小学生往往存在着个体艺术素养和发展需求差异较大的现象，学习能力也大不相同。而美术学科又是一个差异化较大的学科，不同年龄阶段的学生所体现出的美术学习兴趣与潜质也大不相同。在课前，教师可以通过学生自我介绍、知识回顾、课前测试等方式了解学生掌握美术知识的情况。在课下，教师有条件要走近学生，甚至走进学生的家庭，从而全面了解学生的具体情况。面对不同的教学内容，学情分析不仅要有针对性，而且要具体落实到每个学生身上，了解学生的知识起点、技能起点，从而"因材施教"，面对不同的学生采用不同的教学策略。在经过

多轮课程教学后，可以通过记分册、随堂作品等方式进行总结，为下一阶段的教学做好准备。

2.课中学情分析

学情分析除了要在课前、课下进行，课堂过程中的学情分析也极其重要，它往往决定了本节课的教学内容能否得到有效传达与接收，是否实现有效教学。学生是一个个鲜活的个体，课中的学情分析比课前的学情分析要难得多。课中的学情分析，需要教师仔细地观察、快速地判断，及时根据学生的学情对预设的教学设计进行调整，不能只想着让学生跟着预设的教案走。教师应该随着课堂上学生的思维变化而改变教学策略，善于发现学生身上的闪光点，时刻体现出"以学生为主体，教师为主导"的教育理念，这样才能有效达成教学目标。

通过学情分析，在普遍情况下可以根据学习情况与已有的美术素养，将学生的水平与学习状况划分为三个阶段——初级阶段的学生美术基础较差，对美术学习兴趣较弱，难以长时间保持积极性；中级阶段的学生有一定美术基础，学习兴趣较好，学习能力一般，需要教师的指导与督促；高级阶段的学生有较好的美术基础，学习兴趣浓厚，自主学习能力强，需要教师的适当引导与启发。

（二）合理制定目标

在充分分析学情后，教师在备课时要以学生的差异性为前提，设置有梯度的分层教学目标，满足学生差异性需求，推动学生发展。在设计教学目标时，应遵循保底原则，让初级阶段的学生能有参与动力，同时要融入发展理念，让中高级阶段的学生能够有提高拓展的空间。既要设置激发学生兴趣的目标，又要设置促进学生能力的目标。在设计目标时要明确，并具有适当性与灵活性，目标之间的难易程度不应跨度太大，而维度可以多元，应与学生现有水平相对应的同时，从不同角度促进学生的发展。

如在一年级下册《画蘑菇》一课中，对于初级阶段的学生应更多着眼于培养他们的美术兴趣，积极参与创作，以鼓励的方式要求学生能够融入课堂，本节课针对他们的目标可以以激发想象力为主，设定为：在教师的帮助下了解蘑菇的外形特点，能够对蘑菇的外形展开联想。对于大部分中间段学生而言，在此基础上，教学目标中还应包括课本中设置的相应绘画知识与技能的了解与尝试，即对于遮挡关系的理解和表现，培养他们表现遮挡关系的意识。而对于能力水平较高的学生而言，应在此基础上进一步提高要求，更多考查将所学知识进行运用的能力，需要他们利用遮挡关系表现出有层次的画面环境。

以学生学习的三个阶段为依据，在设置分层目标的基础上，教师还应进一步结合学生差异，精准把握教材，以满足学生不同需求，避免高级阶段的学生"吃不饱"、初级阶段的学生"吃不到"的现象。只有对不同阶段学生都设置有激励性的目标，才能够使全体学生大步迈进，推动学生学习效率的提升。

（三）有效实施教学策略

1. 依据内容难度进行分层教学

教师在备课及课堂教学环节中，要根据各课程间教学内容难度的不同，进行层级划分，教学内容的设置要有梯度。在多次的课堂实践中笔者发现，通过大单元教学的方法，可以有效地将一个知识单元进行切割，由简入难，逐次讲授，从而构建出资源相对集中的专题单元整体教学模式。

如一年级的第3课《汽车的联想》、第4课《漂亮的童话城堡》、第5课《画蘑菇》，就同属于造型·表现领域的创新单元。其中，《漂亮的童话城堡》是在认识各种基本形的基础上，运用各种基本形组合的造型表现活动，启发学生大胆、自由地表达感受和想象，培养创新思维，为今后的造型表现打下基础。虽然其在教材中位于第4课，但通过对其教学目标、教学重难点进行分析，可以将其放在这一单元教学中的第1课进行讲授，从认识巩固基本形入手，为接下来的组合和联想作铺垫。《汽车的联想》一课是要引导学生利用形状的组合表现汽车，或依据汽车的外形把生活中的物品变成汽车的形象，这对于一年级学生来说有一定难度，可以以本课作为过渡教学，需要教师引导学生对汽车进行回忆、观察并启发联想，鼓励学生敢于创新、大胆想象，创造性地表现汽车。《画蘑菇》则在前两课的基本形表现、随形联想的基础上，又提出了表现前后遮挡关系的要求，同时要利用蘑菇形象进行联想，创造出有趣的事物，产生对美术学习的持久兴趣，因此适合放于本单元的最后，用以对单元教学进行绘画知识性的提升和总结。逐次渐进的教学契合了学生的接受规律，打消了初级阶段学生的畏难情绪，同时也能够让高级阶段的学生有实际获得。

除了将同一册书中的教学课题进行重组，不同课本中不同领域的课程，教师也可依据其知识内容和教学目标，灵活地将其选择应用，组合成一个教学单元。如一年级上册《美丽的大自然》《多彩的秋天》和三年级上册《四季如画》，虽然时间跨度较大，也不属于同一个学习领域，但从学习内容上看都属于表现自然风光、季节景象，涉及对色彩的感受和表现，在进行《四季如画》的教学时，教师可以用一年级两课时的知识进行回顾与铺垫，从而更好地进入新一课的教学。

单元教学的方法是教师根据对教学内容的分析，将教学内容进行的重新组合与应用，依循了不同阶段学生的接受水平与学生整体的接受规律，具有一定的科学性与开放性。

2. 依据学生水平进行分层教学

教师在授课过程中，要根据各个阶段学生能力水平的差异，采取不同的教学策略。传统教学过程中，大部分教师面对全体学生教学，无法兼顾学生整体学习能力和过程。分层教学则要求教师尊重学生个体差异，依据学生个性发展需求进行课堂教学。初级阶段的学生，在学习美术知识的过程中，往往会出现很多的困难，为了解决这一问题，教师要适当降低学生的学习难度，通过提问环节中的开放性、感受性问题，缓解学生学习压力，提高信心。此外，教师可以为他们多提供一些学习技巧的指导和基础性练习，以激发他们的学习兴趣，找到正确的学习方法。在作业设计中，进行难度分层可以使能力较弱的同学也能更好地参与美术学习，并收获成功的喜悦。而中、高级阶段的学生通常接受知识能力较好，教材内容无法满足学生个体发展需求，教师应加深知识点的难度，开拓学生学习视野。

如一年级下册的《画蘑菇》一课，在作业设计时，考虑到学生年纪较小，美术基础不一，两极分化较严重，行为习惯差异较大，部分学生在课堂上总是难以在规定时间内完成作品，而绘画能力较弱的学生里往往有动手能力比较强的，因此我在作业创作的环节为学生提供了两种方式可供选择：学生可以在一张新的画纸上重新进行创作，也可以运用拼摆环节的基本形，在拼摆出的蘑菇基础上进行直接创作。第二个选择即是为那些创作速度没那么快的学生提供的，一方面可以将前期实践中的成果继续利用，另一方面辅助他们画出较为准确的形状和合适的大小，从客观上节省了构图起形以及上色的时间。而从创作表现的难易程度层面，对基础较好，对于学习基础相对较好的学生，可以提供更多自主表现的机会，提出的创作要求是：表现出蘑菇变装舞会的场景，需要学生增加舞会的背景环境，以及参加舞会的其他人。

再如二年级下册第 10 课的《公交车站》，属于命题创作画，需要学生表现较为复杂的前后遮挡关系，展现层次丰富的画面。其中，人物的向背关系是比较难的，人物的表现也一直是部分学生难以掌握的难点，在设计分层作业时，可以让中、高阶段的学生表现有人物的公交车站，而允许初级阶段的学生表现没有人物，如深夜的公交车站，以此鼓励其表现的意愿。

在教学组织上，由于教师在课堂上无法兼顾每个学生，还可以适当采用小组合作的形式进行教学，按照"组间同质、组内异质"的原则进行分组，让学习基础相对较好的学生担任组里的"小导师"，组内互帮互助。

（四）多元教学评价

美术学科具有人文性特点，对知识的掌握没有绝对的对错标准，可以说，美术学科中不存在学优生和学困生，只有在不同层面的差异性。不同的学生间具有极强的差异性，而同一学生在不同领域的发展也具有差异性，这也正是分层教学的意义所在。有些学生想象力丰富，但对美术技法的掌握较弱；有些学生能按部就班地学习，模仿力极强，但缺乏创新意识；有的学生思维活跃、动作利索、动手能力强；有的学生想法缜密，做事周到而速度不佳……如何协调学生的各种能力，让每位学生都能发挥特长、弥补不足，合理的教学评价就显得尤为重要。

美国认知心理学家加德纳提出"多元智能"理论，认为每个人都具备多元智能，多元智能的不同组合形成了个体智能的差异，教师应用"多元智能"的眼光去看待学生，发掘学生在不同领域的潜能，并促进其优秀潜能领域的品质向其他智能领域转移。《义务教育美术课程标准》提出："美术课程评价既要关注学生掌握美术知识、技能的情况，更要重视美术学习能力、学习态度、情感和价值观等方面的评价，突出评价的整体性和综合性。"因此，教师在评价时应充分考虑学生的个体差异，对不同层级的学生采用相应的评价标准，结合不同阶段学生的具体需求，完善激励机制，在不同学生达到相对应的要求时给予及时鼓励和肯定，从而激发学生的美术学习兴趣，集中学生的注意力，提高学生的学习效率，助力学生的差异化发展。

在以往对知识与技能目标评价的基础上，教师还应将关注点更多放在课堂中的过程性评价上，如学生的学习态度、课堂发言回答问题的热情、是否养成了良好的学习习惯，以及与自己相比是否有所进步等。总之，只要学生认真好学，敢于表达自我、状态积极饱满、乐于挖掘内在潜能，教师都应给予肯定。

可以说，分层教学后的多元教学评价，更加契合美术学科的特征，保障了美术学习的多元性和美术评价的开放性，缓解了部分学生的学习压力，也进一步向培养全面发展的人、有个性化的人的方向靠拢。

五、结语

两千多年前，孔子建构的"因材施教"思想，所遵循的是正确认识和尊重人的差异性。"因材施教"的教育理念之所以能够在几千年的文明发展中被传承，正是因为其符合人的认识规律和教育发展规律。将因材施教思想运用到小学美术教学的全过程，分层教学为我们提供了具体有效的施行手段。分层教学一方面兼顾了学生整体学习能力，将更多的注意力放在了学生个体发展上，符合以学生为主体，全面提升核心素养的要求；另一方面也更加契合美术学科的教学特点，在义务教育阶段以普适性为目的的教学中，为专业性开辟了一条道路。

在核心素养不断被强化、减负提质的诉求逐渐深入人心的时代背景下，在小学美术课堂中应用分层教学大大提高了学生的课堂学习有效性。分层教育的实施是每个学生前进的阶梯，可以让学生在自己原来的基础上取得进一步的提高和发展。对于美术基础较好的学生，可以尝试拓展他们的思路，开拓视野，进一步提升美术素养。对于美术基础较差的学生，要让他们循序渐进地理解知识并能运用知识，逐渐培养美术素养和对美术的兴趣。

在传统教学环境中，教师以权威、教导者的身份出现，学生对于教师传授的知识属于无条件的接受状态，不可否认，这种教学方式具有重要的价值，但回到美术学科的特殊性，其所涉及的想象力、创造力、动手能力、表现能力等多方面综合素养的训练，并不是印在书本上的一个固定答案，或每个人都需向之无限趋近的标准，更多的是需要教师循循善诱，激发每个学生在不同领域、不同层面的潜能。因此，在以因材施教为指导理念的美术课堂分层教学中，教师更需明确自己的角色。教师是一个引领者、专业者和示范者，同时也是学生的知心人和好伙伴，他既能以宏观视野统筹全局，明晰同一班集体中不同阶段学生的整体状况，又能深入洞察，针对不同学生的需求提出有针对性的指导意见。

教育的目的是培养德智体美劳全面发展的社会主义事业的建设者和接班人，减负则是以关心人的健康成长，促进身心的全面发展为目标。以因材施教为思想，以分层教学为方法，关注到了学生个体的差异与需求，响应了对核心素养的重视，促进了教师角色的转变，同时也能在不增加学生负担的基础上有效确保课堂质量的提升。如何在新时代的教育教学中，从思想到行动上，继续发扬因材施教的教育理念，有效并合理地开展分层教学，还需要社会、教育主管部门、学校和一线教师们的不懈努力与探索。

小学舞蹈教学中微课的应用策略探讨

马欣钰

随着科学技术的发展，特别是信息技术与教学的有机结合，舞蹈教学越来越多地应用了现代化的信息手段，我国的个例规划纲要中也明确地指出，在教学中要融入更多的教育信息化手段，充分体现现代信息手段。因此，在舞蹈教学中，应将微课作为一种积极的教育手段，丰富课程理论。

微课的特点及教学应用的必要性

（一）微课时时长，适合小学生的学习模式

小学生正处于身体和成长阶段，但是由于自身的特征，小学生的精力非常的充沛，性格活泼，很难长时间保持注意力，因此在课程设置的环节中，应该保持在5—10分钟，可以符合小学生的学习习惯，将零散的知识点整合到一个知识体系中，使小学生在最短的时间内学习最多的知识。微课结合了多媒体技术，允许教师选择学生感兴趣的教学内容，激发学生学习的主观能动性。

（二）微课重点突出，便于小学生理解

常规的教学内容有很多的知识点，学生在一定的时间内很难逐一突破这些知识点，而且概念之间具有相关性，很容易混淆，学生在学完一个知识点后会忘记另一个知识点，当学生没有教师的指导后，他们无法总结和归纳所学的舞蹈动作和理论知识，而微课采用的是专项的教学方式，将舞蹈理论知识点和动作要领集中地讲解，学生通过微课的学习，很容易理解课程讲解的内容，借助微课这种简单而直接的方式，提升了学生的学习效率。

（三）微课合理运用，可以事半功倍地提高教学效果

微课取代录音机、组合音响等电化手段，课中代替钢琴与乐队，使学生通过听觉获得对舞蹈节律、情绪等因素的认识，以加快他们对舞蹈风格特点的认识促进学习，提高教学效果。通过微课播放优秀的舞蹈录像教材，使学生在教师面授教学的基础上，通过观摩获得全面准确的认识，提高学生舞蹈的掌握水平和自主学习能力，拓展学生的视野，使之感受舞蹈作品的艺术魅力，提高舞蹈鉴赏、分析及创造能力。微课短小精悍，利用微课辅助教学，能有效提升学生的学习效率和促进教师专业化的发展，丰富教师的教学方法和教学手段，提高舞蹈教学质量，是教育与现代化技术完美结合的体现。

二、微课在小学舞蹈教学中的应用策略

（一）以微课形式进行课前准备，为学生后续学习奠定基础

在课前准备中学生通过微课可以了解课堂上要学习的内容，对复杂的舞蹈动作有清楚的认识和理解，专注于课堂学习，提升课堂学习的效率和针对性。小学生的自学能力有限，在准备工作中常常不能自主完成，在这一方面，小学舞蹈教师可以将微课应用于其中，让学生观看视频中的舞蹈动作，提升学生课前准备的效果。在每节课开展之前，教师应该针对课程内容创建讲解的微课，将学生不容易理解的内容，通过有趣的视频、动画等方式向学生展示，吸引学生的注意力。面对新颖的微课形式，学生在课前预习中的主动性会非常高，为课堂学习打下坚实的基础。例如，在小学舞蹈教学环节中、组合练习环节中、准备活动中就应该以关节为主，目的在于预防和减少关节的损害，加强各关节、肌肉、韧带的弹性和灵巧性，促进大脑中枢神经的灵活性，振奋精神。在练习中，教师要通过制作微课的方式展示各类动作，确保学生在做各种动作时具有规范性，通过面对面的模仿，即刻改掉腰部无力向下的缺点，强化躯干的力量，增加腿部肌肉的力度、开度和灵巧度，教师在课前准备活动中就可以采用微课录制视频的方式，让学生掌握相关的动作要领，使学生在学习的过程中增加学习的踊跃性和动作的协调性。在课程准备中，教师应该将各类动作通过动画的方式展示给学生，在地面练习中，教师逐一地录制各类视频，进行韧带和肌肉的练习。在扶把练习中，通过动画制作的方式，让小学生掌握擦地、小踢腿等各类动作要领。教师在微课制作的环节中，可以与舞姿组合共识为例，

让学生领会呼吸对舞蹈动作的修饰作用，通过微课导入新课，让学生感受到舞蹈动作的艺术性、规范性和重要性，舞蹈的呼吸频率不同于生活中的呼吸，后者安稳而平均，而前者具有弹性，有韵律，有节奏。那么，怎样才能有效地把握呼吸呢？教师可以以微课的形式向学生展示出来，在压腿动作的环节中，教师可以借助微课通过动画动作展示的方式，让学生加以模仿。在舞蹈动作中通过呼吸，身体的线条更容易拉长，动作更富有弹性，防止了动作僵硬和肌肉拉伤的问题，提升了动作的质量。呼吸在舞蹈表演中发挥的作用也非常大，使动作更加具有延长感和韵律感，丰富了动作的表现力，因此教师应该通过微课的方式展示。例如舞蹈组合《声声慢》，让学生感受到身体的呼吸、头的呼吸、手臂的呼吸以及造型时的呼吸，教师结合动画和自身示范的方式，让学生进行课前预习，使自己的舞蹈动作更加有韵律感。

（二）将微课整合到课堂教育中，使课堂内容更加生动有趣

1. 以微课形式创建教育环境，以有趣的方式介绍课程内容

课程导入是课堂教学的首要环节，成功的课堂导入可以帮助教师平稳地进行课堂教学，激发学生的主观能动性，传统的课堂导入无法激发学生的热情。因此，教师应该采用微课介绍相关课程内容，创建良好的教育环境，活跃课堂气氛，激发学生的学习兴趣，从而将学生的发展理论与舞蹈动作的教学有机结合。

歌舞的形式可以表达人们的喜悦之情，因此在小学舞蹈教学环节中，教师就可以采用微课导入的方式，让学生感受到各类舞蹈中展示的热情，一边歌唱，一边舞蹈。例如在聆听《草原就是我的家》欢快情绪的基础上，让学生通过微课的观看进行即兴表演，初步体会民族舞蹈的风格特点。在组织教学环节中，教师应该通过微课的方式向学生展示什么是良好的坐姿，明确课堂纪律，课程导入时，可以借助微课向学生展示一段在草原上舞动蒙古舞的场景，展示蒙古族人民热情豪放的性格，欣赏音乐并观看课本中的歌词和插图，在演唱歌曲的基础上进行舞蹈动作的练习。又例如在聆听《数鸭子》歌曲的基础上，教师可以带领学生示范演唱，有感情地朗读歌词，然后进行舞蹈的编创活动，为歌曲创设不同的人物形象，为了提升课堂的律动感，通过舞蹈表演的方式，可以让学生感受到喜悦之情。

2. 通过应用微课强化学生对教学内容的掌握

在小学舞蹈课程中，课程教学包含两个主要内容，一是对理论知识的理

解，二是对舞蹈动作的领悟，在教育理论中，其内容非常的枯燥，学生在理论学习中很难长时间地集中注意力，因此在理论教学环节，教师就可以采用微课视频的方式进行专业性的讲解，结合视频和动画等进行辅助性教学，让学生了解整个动作要领，化抽象为具体，可以提升教学的实效性。学生的舞蹈基本功训练、技能训练、技术技巧的练习、教学的队列、变换、方位调度都可以制成教学微课，并辅加必要的技术要领讲解与图文，将这些清晰、完整地展示出来，学生学习起来就可以一目了然，轻松有趣。例如在《我的舞台》教学设计环节中，教师就可以通过微课让学生掌握教学的内容，通过自己的表演感受舞蹈的神奇魅力，教学中，教师应该结合微课向学生展示教学重点，让学生感受到舞蹈中的欢乐。由于每个人的身体都具有一定的不均匀性、不对称性，在舞蹈环节中应该通过大量的训练加以弥补，所以练习多样性决定了其对身体影响的全面性，因此在小学舞蹈教学环节中，教师应该采用微课的方式提升小学生的审美意识。通过形体实践的方式，改变和调整身体的原始姿态，培养小学生审美的意识。在舞蹈教学中融入中华民族优秀的传统礼仪文化，增强小学生的道德、礼仪、规范仪表美的意识，强化小学生自信和勇敢的精神，发挥小学生在舞蹈中的潜能，使其特长得到充分的发挥。因此，将微课应用其中，让小学生更好地理解舞蹈课程教学的目的，通过训练等手段改善小学生的形体状态，提升人体良好形态控制能力和表现能力。形体训练可以提升中枢神经系统的功能和控制身体姿势的能力，而且可以发展学生的柔韧和灵敏度，塑造优美的形体和正确的身体姿势。在教学目标的设计中，教师也应该充分地应用微课，通过舞蹈教学活动培养学生的节奏感和韵律感，在感受音乐的基础上有感情地进行舞蹈的表演。在舞蹈中融入不同的情绪，节奏和节拍的变化，有表情地进行各类动作的表演，寓教于乐，使学生潜移默化地受到集体主义行为规范的教育。在舞蹈教学中，尤其是小学一年级的学生，他们的身体协调能力非常差，教师通过微课教学的模式，借助动画的展示，使小学生的动作更加协调，简化舞蹈教学的内容。在芭蕾舞训练中使小学生的形体姿态、软度、力度更有效地控制，通过形体的训练，提升身体的支撑能力和柔韧度，为今后的舞蹈练习打下坚实的基础。

通过舞蹈练习，可以激发小学生的学习兴趣，可以提高学生身体各部分的协调性和灵活性，促进儿童的骨骼发育，增强孩子们的体质机能，有利于提高身体素质，美化形体与气质。舞蹈练习也有利于促进学生智力发展，培养了孩子们的形象思维，使他们的想象力和创造力得到充分的开发和发挥。舞蹈练习还有利于培养学生良好的团体意识和坚强的意志，有利于培养开朗活泼的个性，使每个学生在形体塑造中，心理和生理都得到发展。

三、微课在小学舞蹈教学中应用的注意事项

首先，微课内容的制定要与教学目标和内容相一致。在进行微课教学时，教师应以教学目标为抓手，有效地把资源与内容结合起来，确保满足其教学需求。其次，微课的内容要与学生的兴趣和爱好保持一致。微课的形式新颖，可以为学生带来生动的学习体验，但如果其内容仍然是枯燥乏味的知识，并不是学生喜欢的形式，就不能激发学生对学习的兴趣。

综上所述，将微课应用在小学舞蹈教学中，从学生方面来讲：首先，学习资源广阔、学习渠道便捷、移动性强，知识理论性强，学习内容、学习目标的重点与难点理论概念清楚。其次，有利于学生自主探究、自主学习、自主反思，提高了学生自我身体认知能力和自我解决问题的能力，有利于学生形成良好的学习习惯。最后，通过微课赏析提高学生的品鉴能力与审美水平，这种赏析也可以作为舞蹈知识积累，对学生正确认知舞蹈作品有深远的影响。从教师方面来讲，可以提升教师的教学效率和教学能力，在面对面教学环节中，教师可以采用微课做好课前准备工作，丰富课堂教学的内容，达到理想化的教学目标。

音乐教学中各种音乐能力与多学科之间融合的探索

沈 洋

音乐是人类文化传承的一种重要形式和载体，蕴含着丰富的民族文化和历史内涵，同时也以其独特的艺术魅力伴随人类历史的发展。我们决不能将其孤立，应充分利用音乐学科与其他学科的内在联系与融合性来丰富充实我们的课堂教学内容，提高学生的综合素养。音乐课程的融合，是以音乐为本的融合，音乐作为一门美育学科，不仅主体内涵之间、主体与个体之间都有着千丝万缕的联系，而且与人文、社会学科乃至自然学科也都不乏一些关联。

一、音乐学科知识的内部融合

目前音乐教学主要包括唱歌、欣赏、器乐、音乐基础知识、音乐基本技能等几个方面。教学中要不断发现这几个方面的有机联系，将它们巧妙地融合。在实践中，我发现器乐教学可以同唱歌、欣赏、知识、技能等多方面融合。下面，我以乐理知识"DO"的流动性为例，谈谈如何让学生借助器乐解决难点。C、G、F三种调，这部分知识比较难，例如：C大调与F大调相比，前者比较简单，学生能很快地掌握C大调"全全半全全全半"的调性关系，可当进入F大调学习时，学生往往容易糊涂，不明白"DO"为什么可以到F上去，即使明白了也不能建立良好的听觉认识。针对这一点，我以蒙古族短调《天鹅》为突破点，设计了一堂口风琴与音乐知识相融合的课，由浅入深，使学生很快地认识到了"DO"的流动性，掌握了F大调。教学中，学生是以首调唱名法来视唱旋律的，当学生唱会了旋律后，我请学生根据自己唱的谱子在口风琴上进行演奏，学生很自然地会按C调进行演奏，在学生能完整吹奏歌曲后，我提醒他们这首歌曲是要以 F 这个音为 DO 的，与此同时，我将大指上移四度为学生示范，学生们也纷纷上移四度模仿。而后，我又出示了几首学生曾经学过的歌曲，请学生进行移调练习，学生都能够很快找到 F 调上的演奏位置。经过多次移调练习后，学生可以很清楚地感受到 "DO" 位置的流动与变化，较好地掌握了 F 大调的演唱和演奏。

二、音乐与相关艺术学科的融合

音乐与美术、舞蹈、戏剧等姊妹艺术具有十分密切的关系，从艺术的本质上讲，一切艺术都是心灵的艺术，只是各自所有的感性材料不同而已。不同的艺术或同一艺术形式的不同方面在审美意蕴、表现手法等方面本来就有许多相通之处，也正因如此，使得艺术之间的相互融合成为必要和可能。

（一）融美术于音乐教学之中，丰富课堂教学内容

在音乐教学中，可通过美术表现手法将歌曲的内容或情景变得更加直观与具体。例如：在学唱歌曲《唱脸谱》时，课前让学生预习相关京剧脸谱文化，了解并绘制歌曲中出现的人物脸谱，然后在课上进行动作表演时戴上自制的脸谱，通过介入美术表现的手段，无疑丰富了学生的体验，使学生产生浓厚的兴趣，从内心愿意学唱这首歌曲，对这首歌曲抱有很高的学唱和模仿热情，同时对京剧艺术的感受更是直观、具体。

（二）音乐与舞蹈相融合，发展学生的运动智能

古人云："言之不足咏之歌之，咏歌不足舞之蹈之。"在遇到内容有趣，节奏感较强的歌曲时，学生们会自然而然地随着音乐做出即兴的表演动作，尽管这些动作不标准也很稚嫩，却很好地表现了歌曲情感。例如：学唱歌曲《桑塔·露琪亚》后，学生们说真的如歌中所唱，好像在小船上微微荡漾，我借机就说：那你们能不能分小组表演一下边划船边唱歌的样子呢？教室里立刻活跃了起来，小组里争着看谁的姿势最正确、谁的姿势最美、谁能边唱边划……练习的场面很热闹。学生兴趣很高，不同艺术的融合贯通使得课堂更加生动、丰富，教学效果可想而知。

（三）音乐与戏剧相融合，丰富学生的情绪体验

音乐剧属于戏剧的一种，它是涉及音乐、文学、戏剧、舞蹈、表演、演唱等多个领域、多个艺术学科的综合艺术表演形式。八年级的欣赏课程《保卫黄

河》是冼星海和光未然创作的《黄河大合唱》中的一首，歌曲通过齐唱和轮唱的演唱形式表达了中国人民抗击日本侵略者的坚定信心。学生对这首歌曲非常喜爱，课间的时候也能听到他们在教室里演唱，有的还模仿抗日英雄，基于此种情况，我将音乐剧引入课堂。首先，我为全年级学生提供了一个表演框架，包括角色分配和剧情梗概两个部分（第一幕：英雄牺牲；第二幕：军民抗敌；第三幕：参军卫国）。在此之后，我请学生们分班分组进行角色创编和剧本创作，为音乐剧创作表演歌曲、台词和舞蹈动作，给学生提供想象和创造的空间。各班小组创作时，可谓是各显其能，大家运用自己的语言设计出了精彩的台词和表演动作。为了配合剧情发展的需要、激发学生的创作欲望，我特意为每个角色选配了特色鲜明的音乐和演唱歌曲（"太湖东村"的民乐合奏《江南春》；渔家女的独唱《渔光曲》；政工干部的独唱《松花江上》；日伪军的《鬼子进村》；村民游击队和新四军的合唱及舞蹈《大刀进行曲》、《游击队之歌》、《中国军魂》；尾声的民乐合奏《欢送锣鼓》以及各种枪声、爆炸声、汽油艇等音效）起到了很好的烘托气氛的作用。当新参军的战士们迈着整齐的步伐下场后，全班掌声四起。从创作剧本到参与表演达到了寓思想教育于音乐教学之中的目的，而后我还将这部音乐剧推向全校范围，精选出优秀学生在校园文化节中表演，使学生对音乐课有了一个全新的认识。

三、音乐与非艺术学科的融合

作为人类反映自然和社会现实生活、表现思想情感的一种方式，音乐与非艺术学科之间并不存在一道天然的鸿沟。相反，建立音乐与非艺术学科之间的联系，使它们相互融合，不仅有利于扩大学生的视野，而且有利于改变传统教育单一的思维方式，有助于提高学生的综合知识水平，适应新时代的社会需求。

（一）音乐与自然学科的相互融合

教师要善于挖掘教材，打破学科间的界限，提高学生的综合知识水平。以九年级的欣赏课程评剧《花为媒》选段《报花名》为例，歌曲中出现了春、夏、秋、冬四季盛开的很多不同品种的花的名字，欣赏完这段评剧唱腔后，学生们一个劲儿地问问题，例如"玫瑰和月季是什么关系"、"梅花为什么不怕冻"、"杨花古代时就是任凭它吹毛毛吗"等一大串问题。面对这些问题，我发现学生们对自然学科的知识也很感兴趣。于是，我在课前做了充分的准备，收集了很多和课程有关的花卉知识，向学生简要介绍了几种花的知识，我又趁热打铁，问他们在水里的花还有什么？哪些花满身带刺？……这些涉及自然学科中的知识，既开阔了学生的视野，提高了学生综合知识水平，同时也激发了学生学习音乐的兴趣，可谓是相辅相成。

（二）音乐与民族知识相联系，丰富学生知识

民族音乐是一个民族文化的灵魂，是使一个民族能够最深层地感受自己的重要内容；也是使一个民族在世界文化日益广泛的交流中保持自己个性的重要方面。我们有责任也有义务将与音乐教学内容相关的民族优秀作品及民族文化知识介绍给我们的学生，使祖国的优秀文化遗产得以传承。例如：七年级在学习蒙古族音乐这一单元时，我便用网络视频为学生介绍了蒙古族的竞唱，它是蒙古族人民在放牧、欢庆时，经常要采用的一问一答的演唱形式，来增添节日气氛。在欣赏《苗岭的早晨》时，我用音配画为学生讲述了苗族的风俗。这些都引起了学生的浓厚兴趣，同时也为学生们理解作品内容、表现作品情绪打下了基础。

当前，由于班级人数的减少，课堂内学生活动的空间和时间相对增多，在时间与空间上为音乐与其他学科之间的相互融合提供了可能。这种融合式的音乐教学，不仅突出了音乐文化这条主线，有利于学生音乐文化素养的提升，而且拓宽学生的文化视野，丰富了他们所学的知识内容，同时也以艺术化的方式促进了学生对其他相关学科的学习。

中央美術学院 附属实验学校

Experimental School Affiliated to Central Academy of Fine Arts

教学探索篇

以"质疑式"教学模式为切入点培养学生的思辨能力

李 茜

《普通高中语文课程标准》明确提出在语文教学过程中培养学生的思维能力，使学生在学习过程中通过联想想象、分析比较、归纳判断等活动，培养其直觉思维、形象思维、逻辑思维、辩证思维和创造思维的能力。使学生的思维具有一定的敏捷性、灵活性、深刻性、独创性、批判性，从而激发学生的好奇心、求知欲，使学生崇尚真知，勇于探索创新，最终养成积极思考的习惯。

多年来，很多一线老师在很多时候为了应对高考，更习惯于机械地传授，而学生也更习惯于被动地接受，似乎这样更省时、更高效。但是这样做的结果却抹杀了学生的学习兴趣，更无法很好地培养学生质疑和探索的思维习惯，也许既不省时也不高效。而"质疑式"教学模式最大的优势是解决学生学习的"痛点"，能很好地提高学生的学习兴趣，变被动接受为主动探讨，真正起到培养学生质疑探讨和独立思考的能力。

一、什么是"质疑式"教学模式

"质疑式"教学模式是根据学生的实际情况和目前的教学现状提出的一种课堂教学模式，之所以命名为"质疑式"教学模式，是因为这种教学模式是在课堂上以探讨学生提出的问题作为推动掌握知识和理解课文的核心，完全打破以教师设计问题为主的课堂教学模式，以此来充分调动学生的学习积极性，充分体现学生为课堂主体的教学理念，立足于培养学生质疑、探讨和解决问题的思维习惯，培养学生独立思考的能力。

二、为什么要进行"质疑式"教学模式

提出质疑进行探究和解决问题是人必须具备的能力，也是新时代对教育的要求，我们要培养的是有思维能力和创新能力的人才。而《语文课程标准》也明确提出语文的课程理念：立足学生核心素养发展，充分发挥语文课程育人功能，义务教育语文课程围绕立德树人根本任务，充分发挥其独特的育人功能和奠基作用，以促进学生核心素养发展为目的，以识字与写字、阅读与鉴赏、表达与交流、梳理与探究等语文实践活动为主线，综合构建素养型课程目标体系；面向全体学生，突出基础性，使学生学会运用国家通用语言文字进行交流沟通，吸收古今中外优秀文化成果，提升思想文化修养，建立文化自信，德智体美劳得到全面发展。

然而在以往的教学中，很多教师习惯预设问题，预设答案，一步步让学生走进自己的预设，若偶尔有学生给出不同答案时，很多教师会通过"诱导式启发"的方式把学生带到自己预设好的答案中去，久而久之，不仅学生失去了学习的兴趣，而且慢慢养成在课堂上揣摩教师心意的习惯，从而失去了自己的独立思考能力，缺乏质疑和探讨的能力。

三、"质疑式"教学模式对教师的要求

1. 教师必须在课前备课时做充分准备，详细、充分、多角度地解读文本，了解学生，才能在课堂上很好地起到主导作用，才能够以开放的心态让课堂成为学生和教师真正平等交流的平台，使课堂有序、有效、有趣，让师生充分体会到自己的存在、思维的跳动，让学生真正从课堂得到思维的碰撞，感受到交流的快乐。我从2014年9月开始尝试这种教学模式，现如今已经尝试8年，感觉深有收获。不仅高考成绩有大幅提升，而且学生也非常享受这样的课堂模式。用学生的话说，"我很期待语文课。"

2. 构建语文学习任务群，注重课程的阶段性与发展性。语文课程结构要遵循学生身心发展规律和核心素养形成的内在逻辑，以生活为基础，以语文实践活动为主线，以学习主题为引领，以学习任务为载体，整合学习内容、情境、方法和资源等要素，设计语文学习任务群。学习任务群的安排注重整体规划，

根据学段特征，突出不同学段学生核心素养发展的需求，体现连贯性和适应性。关注语文课程内容的时代性，充分吸收语言、文学研究新成果，关注数字时代语言生活的新发展，体现学习资源的新变化。

四、作为语文学科"质疑式"教学模式的核心任务

回归语文学科本质，语文课堂的核心任务是以品味赏析语言来提高表达能力，以探讨感受文章的主旨来提高学生的思辨能力，从而吸收古今中外优秀文化成果，提升思想文化修养，建立文化自信。我个人认为，高考语文无论如何变化，其实语文无外乎读懂和表达，提高学生的修养，培养学生的家国情怀，既然如此，那么我们的课堂就更应该回到语文学科的本质上去，注重语言的品读、鉴赏和表达。

以文言文为例，我着重通过让学生品读语言来理解文本，鉴赏文本，体会文章的主旨和作者的情感。在课堂上以"质疑式"教学模式来推进，让学生自己去文中找喜欢的语句，去品味语言，大家交流，体会文章的妙处，以学生为主体，教师只是作为跟学生一起探讨的个体存在。如在讲李白的《梦游天姥吟留别》一文时，有一句话"列缺霹雳"，有学生就问"列缺"为什么翻译成闪电？全班一起探讨了，有的同学就给出了很好的解答，说"当闪电划过的时候，天空一片黑暗，一道闪电而过，像把天空划成了两半，所以叫列缺，很形象。"多么好的解答，通过这个解答我们可以看出学生的确是细细地体会了文本，能够切实感受到李白文章的美。

五、具体实施形式

高一是"质疑式"课堂模式养成的关键阶段，作为语文教师必须从高一开始就引导学生学会提出问题和品读语言。因为我们的学生其实已经习惯了被动地接受，所以想改变这种情况必须有强制性的要求，让学生慢慢养成思考和质疑的习惯。

高一语文课我要求学生在阅读文本时必须做到两点：（1）最少提出一个问题；（2）找一两处你喜欢的语句或段落赏析或者说明喜欢的原因。学生对于所有的文本都是裸读，教师事先不要给学生任何背景资料，防止学生有任何对文

本的预设或固定的没有经过思考的认知，坚持让学生裸读，思考，提问。（学生面对高考文本其实也是裸读。）因为只有这样才能让学生真正地去发现问题，去探讨问题，去解决问题，从而培养学生的质疑探讨和独立思考的能力。

当然，在尝试这种教学法之前，我也有过担心，怕学生提出来的问题都是可笑的、无意义的、没有探讨价值的，但事实恰恰相反，学生的问题往往比我自己设计出来的问题更能切中要害。如在讲《祝福》时，学生提出"为什么祥林嫂在嫁给贺老六后不叫贺嫂却还叫祥林嫂呢？"这是一个多么好的问题，解决了这个问题，鲁迅这篇文章的主旨就一下子清楚了。再如：在学生探讨《堂吉诃德》的时候提出这样的问题——桑丘既然也觉得堂吉诃德的行为很荒诞，那他为什么还要跟着堂吉诃德呢？这样一个问题探讨下来，桑丘和堂吉诃德的人物形象就很清楚了，同时这部小说的主旨也一目了然了。当然也要求教师必须充分地解读文本，能够做到条条大路通罗马，而不是固化地限制在自己的教学设计中，不停地引导学生进入教师的设计中，而是反过来，教师走进学生的问题中，跟学生一起探讨，最终一起走到终点。

当遇到课堂上没办法解决完的问题时，教师不要急于给出结论，让学生课下通过查找资料继续解决思考，等到下一节课大家再继续交流碰撞。这样经过半个学期的坚持，学生就习惯了在课堂上自己找寻问题，共同研讨交流探讨问题，变被动接受为主动探讨。这样高二、高三的课堂自然就水到渠成了。

日本教育家佐藤学先生曾说过，何谓学习？学习是相遇与对话，是与客观世界对话，与他人对话，与自我对话的三位一体的活动。学习是从已知世界出发，探索未知世界之旅；是超越既有的经验与能力，形成新的经验与能力的一种挑战。如果仅把教育作为人类已有知识的机械传递，我想能够带给学生真正有价值的东西应该很少了，因为知识本身就在不断地变化，连我们一直公认的"九大行星"都变成了"八大行星"，如果我们不能培养学生具备一种优秀的思维模式，引导学生去探索这个世界，那么教育在很多时候是徒劳的，所以保持质疑和探索才是推动社会发展的真正动力，培养学生质疑和探索的思维习惯也才是教育的根本所在。

"双减"背景下初中语文作业优化设计的策略探究

张 莉

"双减"政策的实施给教育带来了生机与活力，给教师带来了更多的思考，也给教学教研带来了新的课题。作业是对课堂知识巩固的有效手段，也是对学生学习的检测与促进，对教师教学能力的检阅和反馈，因此，语文作业的优化设计显得尤为可贵，是探究减负增效的"小切口"。

一、语文作业的设计应挖掘趣味性

"兴趣是最好的老师。"如果一个学生对某一学科失去兴趣，他便失去了学习的动力，作业也是如此，每天重复枯燥的抄写、背诵等传统的作业形式，学生自然没有兴趣，或者对学生没有挑战的简单作业同样也会使学生做起来索然无味。作业是教学活动的延续和补充，教师可以在作业内容和作业形式上优化设计，培养学生的学习兴趣、挖掘学生的潜力，提升学生分析解决问题的能力，同时也在潜移默化中提升了学生的学科素养。

（一）挖掘学科魅力，更新作业内容

语文学科不同于其他学科，它是一门语言类的学科，所以，语文学科的内容注定是丰富多彩的。语文的学习也不是一蹴而就的事情，它必然是长期的浸润与熏陶，感受文字的优雅、语言的魅力，因此，对于语言文字的学习，只是简单的字词句的强化记忆，必然丧失语文学科的魅力，使学生失去学习的兴趣。对于一堂课的学习，学生的学习必然是肤浅的，也可能是不解的，教师可以结合课堂所学内容，给学生更多的进一步深入体会的课后作业，来帮助学生消化课堂所学，巩固课堂内容，延展课堂教学。部编版八上《昆明的雨》是汪

曾祺先生的一篇散文，汪老借用昆明的人、事、景、物寄予了深厚的昆明情结。教师带领学生品味昆明的雨中景、雨中事、雨中人、雨中情，品味汪老平淡质朴的语言之美。相信很多学生课下仍是没有太多的体会，如果我们课后只是让学生积累了一些词句，完成了几道练习题，学生的语文素养也许没有太大的提升。邓凤秀老师在带领学生学习了本文后，布置了这样的作业：

　　1. 读一读文章。课外阅读汪曾祺的其他散文，推荐《端午的鸭蛋》《翠湖心影》。

　　2. 看一部电影：《无问西东》，感知西南联大的风采。

　　3. 听一首歌：赵雷的《成都》，感知小酒馆的风情。

邓老师根据学生个性差异，根据文本特质，设计了读、看、听三项特色作业，让学生根据喜好选择，让每一个学生都能有最适合自己的作业。语文课程标准指出："教师要精心设计作业，要有启发性，分量要适当，不要让学生机械抄写，以利于减轻学生负担，提高学生完成作业兴趣，提高语文学习效率。拓宽语文学习和运用的领域，并注重跨学科的学习和现代科技手段的运用，使学生在不同内容和方法的相互交叉、渗透和整合中开阔视野，提高学习效率。"群文阅读更能领悟作者的创作风格，也拓展了学生的阅读面；汪老在抗战年代将自己的青春留在了昆明，始终保持内心的纯净与乐观，与电影《无问西东》无独有偶，使学生更深刻体会其平淡的风格；《昆明的雨》和歌曲《成都》意境和主题上的异曲同工，让学生进一步感受诗意生活的温暖，感受汪老对昆明的深切怀念。

（二）变换训练方式，丰富作业形式

听、说、读、写是语文训练的能力点，但对于这些能力点的训练可以采取丰富多样的形式。

　　1. 欣赏模仿，唱一唱。学习了曹操的《观沧海》，可以布置学生欣赏《经典咏流传》，模仿唱一唱这首诗歌，感受诗歌所抒发的情感。

　　2. 对比想象，画一画。七上第一单元的一组写景散文，我们可以设计让学生画一画的作业，以增强学生对写景美文的感受。我们可以让学生以"印象XX"为主题，画一画自己印象中的济南、印象中的昆明、印象中的家乡等，最后让学生选出"最美的画"、"最契合课文的画"、"最有创意的画"、"最有设计感的画"等，学生画画的同时其实是对课文内容的理解，对课文语言美的领悟。

3.自编自导，演一演。对于一些故事性强的课文，也可以课后布置学生小组合作演一演的作业。比如《皇帝的新装》、《邹忌讽齐王纳谏》等，课下可以让学生小组合作进行分工，自己创编台词，自拟动作、表情，学生在合作中将所学内容巩固了，同时也增强了其他能力，让学生乐于学习和完成。

这样丰富多样的作业内容和形式，不但体现了语文学科的趣味性，同时也激发了学生的学习兴趣，提高了学生的学习效率，不同程度地提高了学生的语文素养。

二、语文作业的设计应突出实践性

《语文课程标准》指出，语文课程的实践性就是学生运用语言的过程。教师要把自然、社会、生活带入课堂，把学生喜闻乐见的事物引入课堂，给学生以最大的自主学习的空间，提升学生对语文学习的兴趣，使学生更好地理解和运用知识，最终实践走向社会生活。那么，课后作业是不是可以引导学生走出课本，通过参观、考察等多种形式，将所学到的各类语言知识和技能，运用到生活中去。

（一）将所学知识应用于生活

比如，学了《看云识天气》后，我们可以让学生记录一周的天气日记，根据所学知识，看看每天云的变化是否能预测天气变化，这样，学生不但巩固了课本所学，还将其应用于实践，做到了语文与生活的联系。学习了动物一组，我们可以让学生观察家里的宠物，仿照课文，写观察日记。这样，学生会明白，细致的描写和深入的了解，都是仔细观察的结果，因此，要想自己作文描写细致生动，就必须有亲身的观察和体验，如此才能有真实生动的描写和感情。

（二）在实践中丰富所学知识

比如学习了《故宫博物院》，"近水楼台先得月"，我利用地处京城的优势，设计了以"故宫寻宝"为主题的实践作业：

1.以游客的身份，带上相机，以"美篇"的形式记录故宫中的宝贝，可以是珍藏物品、建筑特色等。

2.查阅资料，了解故宫的前世今生、相关诗文，感受一个立体的故官。

3.访问专业人士或导游，了解故宫建筑的魅力，就其中一个神兽进行具体说明。

4.做一名故宫导游志愿者，撰写导游词，带着家人或朋友实现你的导游梦想吧。

在一系列的实践作业中，学生将课本知识应用于生活，又在实践中丰富和深化了课本知识，正所谓从实践中来，到实践中去，学习的是知识，培养的是能力，提升的是综合素养。

三、语文作业的设计应体现层次性

孔子提出因材施教，时至现在的教育也处处适用。教师在课堂上应该因材施教，根据学情确定教学目标，课后作业当然也要根据学生不同的层次，布置适合不同层次的学生需要，无论多么丰富的形式和内容，唯有合适的才是最好的。教师要根据本班学情，在作业设计中有针对性地做难易度的分层处理，打造"作业超市"，让学生有目标，有选择，有巩固，有提升。有位老师在执教八年级下册第一单元中的《安塞腰鼓》一课后，设计了以下七种形式的作业。

1.字词消化作业：学生自主选择觉得不好理解的生字难词，进行自主默写和选词造句。

2.整体感知作业：请用一句话概括《安塞腰鼓》一文的情感基调和语言风格，并进行分析说明。

3.自主诵读作业：这是一篇激情奔涌的散文，非常具有感染力，适合朗读。请选择你喜欢的段落，沉浸于作者语言的美感之中，声情并茂地朗读或背诵。

4.主问明晰作业：文中"好一个安塞腰鼓"反复出现了四次，这是我们要解决的主要问题，请从安塞腰鼓"外在形式的好"和"内在精神的好"两个方面来说说，它究竟好在哪里。

5.语段品析作业：请结合文中"骤雨一样，是急促的鼓点……斗虎一样，是强健的风姿"这一语段，联系文中修辞手法的运用来品味作者那"一字传神"的精妙描写。

6.主旨解读作业：学完了本课，请用"好一个安塞腰鼓，你打出了；

打出了_____；打出了_____；打出了_____……”的排比句式，来表达你对安塞腰鼓精神内涵的理解。

7.迁移拓展作业："一方水土一方人"，不同的地域孕育出不同的民俗风情和文化，请选择你家乡最有特色的民俗传统，自拟题目，写一篇300字以内的文章，表达你的关注、理解和喜爱。

以上作业体现了难易的梯度和分层设计，既有面对全体学生的基础性作业，也有面对大多数学生的提高性作业，同时还有面向能力较强学生的拓展性作业。这样丰富的作业设计，相信不同层次的学生一定能选到适合自己的，也一定能在丰富的"作业超市"中享受完成作业的快感和乐趣。当然，这样的作业设计也挑战教师的专业水平与创新能力。在繁忙的日常教学中，我们可以发挥备课组合作的力量，集多人智慧，设计出丰富而有层次的高效作业。

四、语文作业的设计应结合时代性

（一）结合时代的创新形式

《语文课程标准》指出："应当密切关注当代社会信息化的进程，推动语言课程的变革和发展。"随着互联网的发展和信息技术在课堂上的应用，"互联网 +"已经成为这个时代的一种生活方式，学生的学习也应该发生其中。因此，语文作业的设计可以充分利用信息技术，充分利用丰富的信息，分享个人资源，让学习快捷、高效。

1.让知识形式美起来

同样是学习，美的形式往往吸引人的眼球，也容易让人记住。每年寒假，我们都会给初一的学生布置有关春联学习的作业，之前往往是让学生抄写或编写对联，了解对联知识，也曾让学生将自己的名字嵌入对联，编写一副对联。今年春节，我们对这一项作业进行了改革：收集自己或邻居、商铺等地方的春联，选择自己最喜欢的一副春联，结合春联知识讲讲你对春联的认识，录制成小视频。开学后，我们开展了寒假作业展示活动，学生的能力不容小觑。利用信息技术，学生收集春联知识，讲解春联内容，交流自己对春联的感受。春联知识准确清晰，春联书写赏心悦目，视频画面丰富多彩，讲解语言巧妙精到，声音处理悦耳动听。学生评出了"最佳创意奖"、"最佳讲解员"、"最佳画面奖"、"对联小博士"。给学生一个方向，他会走得更顺。结合时代特点，设计有时代感、有创意的作业，让学生的学习不再枯燥。

2. 把学习过程存起来

如今的时代不再是一支笔、一张纸的时代，互联网的功能越来越强大。学习需要不断地重复和强化，在不断的重复和强化中循序渐进，能力得到提升。写在纸上的东西很容易遗失，对于一些需要反复巩固的知识，我们可以设计让学生利用信息技术存起来的作业。比如单元学习的知识点，我们可以让学生利用电脑技术，制作思维导图，电脑上不但有现成的思维导图的框架，便于学生利用，而且各种思维导图的形式也能激发学生的学习兴趣。看似存储了一个知识点，其实学生学习制作、知识整理、思考探究等过程也从中得到了存储，图像处理、文字处理、软件应用等多种能力也得到了提高，也正体现了作为基础学科的语文与现实生活，与其他学科的密切联系。语文作业的设计不但落实了学科知识，还提高了学生其他的能力，实现了作业设计内涵与外延的关联性。

3. 使学习资源活起来

利用互联网，人们的交流变得简单与快捷。我们利用网络设计作业，盘活学习资源。许多学生对作文写作感到困难，往往在网上找例文，有时候不是例文不够优秀，就是不太符合学生实际和要求。教师可以布置学生将作文分享在班级学习群，互相交流。也可以布置学生就上课的问题，在学习群中交流分享。毕竟课堂展示和交流的时间有限，我们可以充分利用网络，延伸课堂，也是一种形式的作业。

（二）结合时代的内容拓展

远离学生时代的知识往往无法引起学生的兴趣，学生体会不到，感悟不深，教学往往是低效甚至是无效的。作业内容远离学生实际，作业要达到的目标也会事倍功半。

1. 结合课堂内容拓展时代信息

开学第一课，是收心课，也是激发学生学习热情的激趣课。七年级下册第一单元是一组杰出人物，但这些人物有些鲜为人知，有些远离时代，于是，我设计了这样的开学第一课：我们的榜样。本节课共三个版块：我们的春节，聊聊春节的习俗；我的寒假，聊聊寒假感受；我们的榜样：聊聊冬奥健儿。课后，我设计了这样的作业："我的榜样"，写写你榜样，用颁奖词的形式呈现，让大家猜猜他是谁。第一课从听、说、读、写四个方面让学生进行了热身，第二节课，顺利过渡到了那些伟人，学习知识的同时，也为学生树立正确的价值观。

2. 结合单元文体拓展时代素材

叶圣陶先生说过，语文课的主要任务是训练思维，训练语言。语文课除了强化学生的言语思维外，还应建立其文体思维。比如学习新闻单元，我们就可以布置学生收集报纸或网络新闻，巩固新闻知识。学习演讲稿，教师可以布置学生观看《超级演说家》，体会演讲的针对性、感染力，有了感性的认识，再让学生学着撰写演讲稿，学生就有了一定的文体意识，写法就会有所不同。

3. 结合课文情感拓展时代故事

文学作品来源于生活又高于生活，很多作品虽然是名家佳作，但学生往往很难产生共鸣，教师可以设计切近学生生活的作业，使学生进一步体会和感悟。比如学习了《范进中举》和《孔乙己》，学生未必能理解科举对古代文人的影响。教师可以设计这样的作业：古代的科举考试和现在的升学考试有什么不同？采访一位你身边的高考者，听听他们的故事，然后写成一篇小故事。无论是高考中举者或者落榜者，都有他们的酸甜苦辣，学生从身边人身边事，可能对考试这一选拔人才的工具会有更深的感悟。

"双减"背景下的中学语文作业设计，无论形式还是内容，都应该着眼于有效规律，重视学生兴趣，把握知识层次，遵循认识规律，结合时代特点，撬动学生学习成长的每一根神经元，让学科素养在潜移默化中扎根学生的心田，助力学生生命拔节。

创新"协同合作，量化评价"的语文教学实践尝试

王雪川

新的《语文课程标准》指出，语文教学要为学生创设有利于自主、合作、探究学习的环境，尊重学生的个体差异，鼓励学生选择适合自己的学习方式。在以前的合作学习模式中，通常会出现"穿新鞋走老路"的教学现象。课堂中，只不过多了一些合作学习，多了一些热热闹闹的合作讨论，学生的合作学习仍然流于形式。在语文课堂上，我专注探讨并实践"协同学习，量化评价"的综合评价模式，切实让学生在"协同学习"的模式下，成为语文课堂的真正主人。首先逐步实现小组的科学组建，创新学习，让他们彼此间欣赏优势，寻找互补需求，以此取长补短来弥补彼此之间的不足，促进互助高效学习。经过两年对"协同合作，量化评价"的尝试，我将从"协同小组"的建设、在教学中的实施及量化考核的评价三个方面进行实践。

一、协同小组学习模式应用的背景

在我们的课堂中，这样的情景司空见惯："一人干，大家看，一人说了算，大家跟着干。"学生从平静的课堂瞬时变成热闹非凡的课堂，不管是四人一组，转身讨论的，还是左右结对侧身交流的，可是你仔细一听，就会发现通常会出现两种情况：一种是小组会为自己的观点争论得面红耳赤，最后竟然没有任何结论，有时还会不欢而散。一种是小组一直是由那些1号和2号的优秀同学在唱"独角戏"，而其他人仿佛习惯了做一个旁观者，若无其事地游离在空想中，有时甚至"面面相觑"，或者呆如木鸡不知所云。这就使更多的学生参与小组学习的兴趣大大降低，同样也使宝贵的课堂时间白白浪费。

二、协同学习的建设策略

为了探究学生合作的意识和精神，在教学的实践中，本人曾经尝试从三种的分组方式进行了实践。

第一种：组内异质，组间同质。小组以四人为一组，小组内学生与学生之间的综合素质不相同，而各小组之间总体素质是基本相同的。简单地说，也就是各个小组都由同等的不同学业水平的学生组成。

第二种：组内同质，组间异质。小组内学生与学生之间的综合素质基本相同，而各小组之间总体素质是有较大差异的。简单地说，也就是把学生按综合素质的高低分为若干个小组，第一组就是最优组，最后一组就是学习能力水平相对较低的组，组与组之间的差距极大。

第三种：类间异质，组间同质。把全班学生分成优、中、能力较低的三大类，类与类之间有明显的差距，每个类别内分成若干个小组，小组内学生与学生之间的综合素质有较小的差距，而类内小组之间的总体素质基本相同。

笔者在语文课堂教学中先后尝试了以上三种分组方式，都各有利弊，都不能让人称心如意，每种原则在不同的时期起着不同的作用。最主要的问题是分工不明确、小组分配没有针对性，因此在小组合作尝试学习中，我经过不断探究，不断学习，不断尝试，最终采取了"一对一捆绑式"协同互助学习。这样的学习模式，针对性强，课堂人人管，人人被管，大大地提高了学生的参与度。下面具体介绍协同小组的建设过程。

（一）协同小组的建设

1.师友组建

同桌两人为一组，两人有明确的角色分工，本学科学习优秀的是师傅，学习较弱的是学友，课堂上通过学生帮助学生、学生教学生，师友互助学习，最终实现师友互助共赢。

2.师友产生方式

（1）教师委派式：结合学生的知识基础、学习能力、学习习惯、性格品行等方面逐一进行了解，把学生划分成四大类：优秀、良好、一般、较弱，然后从这四类中，以指定的形式划分为两大类：组长、学友。这样做不利于调动其他学生的积极性，教师的任命也不容易被其他同学接受。

（2）自荐自选式：在学生自己经过思考的基础上自荐自选，自由进行师友搭档组合。然后教师调整指定产生，这一过程中学生热情很高，大家的积极性也得到空前的调动。弱点是随意性较大，缺乏民主的过程。

（3）民主式：由全班民主推选，民主产生人选的方式。学生热情比自荐式更为强烈，但缺乏计划性，很容易导致人员过分集中，不利于人人参与。

（4）综合式：最理想的方式是将以上三者结合，由班主任和任课教师内定出初步人选，然后经过学生自荐自选和民主推选的方式产生师友搭配，这样既避免了由老师的主观判断造成的学生的积极性下降。

（二）协同小组的策略

1.师友的划分标准

（1）根据学生的智力水平、学业成绩、认知基础、学习能力、学习习惯、心理素质、兴趣爱好、性格因素、性别搭配、交往能力等综合情况确定组长。每个学生都有适合自己的组长，只要做好用心搭配。

（2）优化组合、优势互补、相互促进，按照优秀——一般，良好——较弱的均衡标准，避免优质资源的重复利用。

2.师友划分的原则

（1）公平性原则。让每对师友从同一起跑线出发，师友互助才能真正调动学生的积极性，让他们真正开展起来。

（2）竞争性原则。这里既有师友小组之间的竞争，也有师傅与学友之间、师傅与师傅之间、学友与学友之间的竞争。竞争的范围不仅有学习，还包括纪律、思想、活动竞赛等各个层面，以竞争促发展，以竞争显活力。

（3）互补性原则。师友之间要注意取长补短弥补彼此之间的不足，划分时要体现出师友的差异性，让他们彼此间欣赏优势，寻找互补需求，促进互助小组高效学习。

（4）前后搭配平衡原则：考虑前后位个子高矮、学习水平高低等问题组建师友小组。

（5）学生自愿组建与教师指定相结合的原则。老师在充分尊重学生意愿的前提下也综合考量学生的兴趣爱好、学业水平等进行师友小组的组建。

（6）相对稳定与动态管理相结合的原则。师友尽可能稳定，这样能更好地提升两人的凝聚力和工作效率，但根据需要可以进行适当调整，实施动态管理。

3. 师友合作中的动态管理

在实践过程中，师友搭配并不是固定不变的，要实行动态管理。对于表现好、学习有进步的学友，可以调整让他当组长，而对于一些表现不积极胜任不了组长的学生，可以调整他成为学友。有的师友因为性格、脾气不合或产生摩擦，老师可以把他们分开，重新组合或做好他们的思想工作，继续互助合作。

三、协同小组在语文课堂的实施

（一）协同学习的实施

在语文教学中，根据语文学科的目标和要求，我常把部分知识点或教学内容分成若干个学习任务，放手让学生通过协同学习的模式来完成教学任务。我把学生根据学习成绩、能力水平差异分成小组，每两个人为一组，每组两个人中分师傅和学友，并且每个小组之间的力量相对均衡。这便于每个小组公平地比较和评价。例如，每篇文章的问题，都是以小组的协同性学习完成的。在组内，他们有各自的分工，主要由学友说解题思路，师傅协同学友学习，如果学友说错了，师傅要纠正，并告诉他方法、解题思路；如果学友回答正确，师傅要追问学友的解题思路、解题方法。可以概括为：一补充，二评价，三拓展。这样既提升了小组合作的效果，也避免了"师傅一言堂，学友心慌慌"的局面，既给了学友展示的机会，也提升了师傅拓展学习的能力。

记得在上《与朱元思书》这一课时，我要求师徒结队翻译文章，学友翻译的过程，师傅要用心倾听，并及时给学友纠正。在合作的过程中师徒合作十分默契，师傅静心聆听，学友虔诚请教。十分钟后，小组两个人同时举手，示意师徒已蓄势待发。其中一小组的学友在翻译"风烟俱净，天山共色"时，他说："烟雾都消散尽净，天空显出相同的颜色。"这时师傅立即纠正："我给我的学友纠正并补充，'天山共色'应该翻译成，天空和群山显出相同的颜色，而我的学友并没有翻译出'山'的释义。另外我还要对这句古文里的'色'进行拓展，在《送东阳马生序》一文里'未尝稍降辞色'的'色'是神情态度的意思，而'风烟俱净，天山共色'一文里的'色'是颜色的意思，这两个字是一词多义，希望同学可以辨别。"从这个协同小组的展示，我们可以发现师傅的职能，两个人的回答异中有同，同中有异，两个人各自都有自己的亮点，这一小小的问题让他们合作得有声有色，真切感动。这样，在合作中激发了学生学习语文的兴趣，也培养了学生创造性思维的能力。

（二）协同学习的评价

在语文课堂小测中，充分发挥"协同小组"的优势作用，采取分工循环措施，这样每个小组的学生都有均等的学习机会，得到各个方面的锻炼，学生也有赶超他人的意识。每次在语文课堂上，都会尽量挖掘他们各自的潜能，充分利用语文课堂的45分钟，让他们竭尽全力地展示自己，突破自己，超越自己。同时，由于组内每个成员在各个学科方面存在差异，协同小组可以有效开展互动合作，形成具有正面意义的相互依赖、相互融合、相互促进。每个学生的收获都是整个小组的收获，每个学生的进步都是对小组的贡献，以此培养学生的责任意识和参与意识，使他们真正成为语文学习的主体，能体验到成功的喜悦感和成就感。协同学习充分调动了学生学习语文的积极性、能动性。经过一段时间的摸索尝试，发现协同学习有其明显的优势：（1）他限制了优势学生的发言，限制强势学生独霸课堂，限制发言次数和时间，给弱势学生创造了发言的机会。（2）小组间学会倾听，适时插话。倾听是一种最基本的素质，是互助交流的基础。别人回答问题时，要虚心安静倾听，努力听懂别人的发言，不抢话，不插话。有意见举手说，并要拿出证据证明自己的观点。（3）捆绑式，荣辱与共。师友共同举手，才有资格回答问题，这就要求组长必须教会学友。我们的课堂上经常会看到组长举手的同时，并没有沾沾自喜，而是还在指导学友，直到学友也举起手，才如释重负。这种"连带"关系，在一定程度上促进了师友之间的交流，调动了组长的积极性。（4）增强了师生间的合作。因为在师徒的思维火花碰撞中，势必会出现一些分歧，这个时候教师的指导作用显得特别关键，教师的灵巧追问，智慧点拨，对整个协同学习显得格外重要。

这种人人参与、平等对话的师徒间合作性学习，不仅是一种认知活动的过程，更是一种人与人之间平等交流的过程。对师徒而言，这种捆绑式的合作，意味着主体凸显，个性的表现，创造性的解放；对教师而言，意味着上课不仅是传授知识，而且与学生一起分享、理解，促进学习。这种捆绑式的合作还意味着教师自身定位的转换，教师由教学中的主角转向平等中的"首席"，由传统知识的传授者转向现代学生发展的促进者。老师和学生在整个教学过程中贯穿了信任、平等、民主这一新型师生、生生关系上。

四、协同小组的量化考核

心理学家曾说过：人的需要是获取的前提，是获取的动力，能力是在长期的实践中积累形成的。那么，协同合作学习的课堂教学中，如何构建课堂学习小组量化评价机制，如何促进学生主动参与课堂教学，这是解决问题的关键。因此，班级协同小组量化措施，我也进行了尝试。为了公正公平，有效考核，我主要从三个角度进行量化：班级小组师傅与师傅之间的考核；学友与学友之间的考核；小组与小组之间的考核。把组与组之间的竞争变为学生个体的学习行为，反过来，个体的学习行为又成为组与组之间的竞争，从而产生比、学、赶、帮的效果。同时通过这种竞争，培养学生团结、协作、主动的精神。为更好地考量学生的表现状况，制定了如下协同小组加分细则：（1）课前预习时，学友和师傅都能完成导学案相应的问题，完成良好的给出评价等级。A层组，每位组员都完成得很好加组员5分；B层组，每位组员都完成了，但个别学生不完满的组员加3分；C层组，有两个组员以上没完成的组员扣2分。各小组组长交叉检查，每天在语文课上课前检查完，并交给学习委员登记在册。（2）课上讨论时，A层组：师友同时举手，学友积极主动，师傅有效引导，学友回答完整，语言通畅。师傅能做到：一点评，二补充，三拓展；并向其他师友组发出邀请"以上是我们师友组的回答，请问其他师友组还有问题要补充吗？"计5分。B层组：学友回答不够完整，不够通畅，师傅评价，补充，不够到位加3分。C层组：学友回答很不完整，很不通畅，师傅没有评价补充加0分；错误的不扣分。（3）课堂设疑时鼓励各小组师友积极提出问题，每提出一个问题。A层组：问题被老师采纳、有创建性的加2分。B层组：问题肤浅，没有探讨价值并未被采纳的不扣分。（4）上课时违反纪律的、睡觉、大声喧哗、打闹、吃零食、说脏话、上课无故迟到、早退等违反学生守则的行为，个人扣5分／一次，严重者扣个人5分／一次。（5）堂测天清，师友都能90分及以上加5分／人次，80—85分（含80分）加3分／人次，60—80分扣5分。（6）考核登记。班级黑板有"协同小组"量化考核的固定版块，本着公开、公平，共同监督，小组相互交叉登录，计分由学习委员和各个小组组长负责，每天、每节随时记录。每天晚自习"当天总结"由学习委员公布当天每个小组的总得分，由班长并登记在册。（7）总结表彰。各小组成员积分，每周五汇总一次，评选出得分最高的小组，得分最高的小组为优秀小组，奖励周末作业可以减免；评选出一周内得分最高的个人为优秀学生，给予通报家长表扬。每次分数是最后一名的小组或个人，自己反思感悟，争取在下周能有所突破。

班级量化考核旨在增强本班级协同小组合作学习意识，提高自我管理能力，培养与人协作能力。进而抓住对课堂学习小组学习过程的量化评价，是促进学生主动学习，提高课堂学习效率十分有效的办法。

通过几年的实践，"协同合作，量化评价"教学评价的模式，在我的语文教学实践中，收到了良好的效果。班级学习氛围有了极大的改善，教学质量有明显的提高。最令人鼓舞的是，协同小组在教学过程中培养了学生的参与、合作、竞争的意识和精神，并在合作的过程中学会了倾听、表达、交流、互助、信任，还学会了欣赏别人、建立了良好的人际关系和较强的个人责任感。学生真正体现一种民主、和谐、合作、交流的现代课堂，这就是我在新课标的指引下，创新小组"协同合作，量化评价"的教学实践尝试的启示。希望在新课标理念的引领下，在课堂教学改革的道路上努力探索更为成熟的教学评价模式。

初中语文教学中创新能力的培养

安　兵

一次对恩师的拜访竟然改变了我的教育观念。那次带孩子去拜访儿时教我书法的老师，老师无意中对我女儿的一句评价让我受益匪浅。孩子在一张纸上画了一条曲线，老师问画的是什么，孩子稚气地说："是小虫。"我捧腹大笑，老师却很认真地对孩子说，你画得真好。我很诧异，老师严肃地对我说："孩子画画不要求有多像，但要有自己的想法，敢于大胆想象，这对以后的成长尤为重要。"事后老师的这句话良久萦绕在我的脑海里。社会飞速发展，科技突飞猛进，学术日新月异，随着知识经济时代的步入，综合国力的竞争，将主要表现为科技和人才的竞争，表现为人的智慧、人的创新能力的竞争，这个前提决定了创新于一个民族的重要意义，学生是未来国家进步的推动者，他们是否具备创新能力直接关系到国家未来的发展，所以培养学生的创新精神，尤其是如何把创新精神和创新能力的培养渗透到语文教学的全过程中，是我们每个教育者责无旁贷的任务。

一、老师对教材创造性的运用影响着学生创新精神的形成

教师是一个指导者，只有先有了创新意识、创新基础，才能培养出具有创新精神和创新能力的学生来。教师的创新首先就表现在对教材要有创造性的处理。在教学过程中教师不应只是被动地按教材的内容进行教学，教师的工作是一个创造性的工作，叶圣陶老先生说过："教材无非是例子，凭这个例子要使学生能举一反三。"因此教师要充分利用语文学科的开放的空间，将课本与社会、人生的大语文课堂联系并整合起来，让课堂充满了时代气息，只有这样才能拓

展学生的视野，激发学生学习的热情，开放学生的思维空间，而不致使学生疲于应付考试，只把对语文理解局限在一张试卷上。

（一）将生活的活水注入课堂

在语文教学中，脱离生活的知识总是不能激发学生学习兴趣，如果能让每天的学习内容都有生活的活水注入并引导学生对其思考、交流，那学生的思维能力会得到很大的进步，对创新能力的形成会有极大帮助。我抓住课前三分钟给学生一个展示自我的空间，让同学们关注社会焦点，点击时尚前沿，品评生活资讯，让课堂与社会零距离碰撞，这就是我们每天课前的新闻播报。每天五人，每人一条，并对新闻进行一句话品评，可谓家事国事天下事无所不包，关注世界、关注人生、关注环境甚至奇闻逸事，它是每天语文课的亮点，同学们企盼听到来自全球的资讯，内容时而是政坛人物，时而是文学大师，时而是超女赛事，时而是校内见闻、班级趣事。一切与生活有关的话题，学生们大胆发表自己的观点，或写成评论，或口头交流。学生的思维方式发生了很大变化，不再人云亦云，有自己的独到见解。

（二）教学方式避免单一，让学生有新鲜感，有思维空间

一堂课要想上好而不使学生厌烦，老师首先是一个不断实现教学创新的劳动者，我们的课堂要永远对学生有一种魅力。在讲《白毛女》时，我可能会为学生唱一段歌剧，让学生切身体会歌剧如何刻画人物表达剧情。在讲《核舟记》时，我让学生把舟头三人的神态动作在全班面前展示出来，学生的参与热情被充分调动起来，而且能积极阅读并思考文本做好表演。在讲《风筝》时，我让学生想象弟弟的风筝被哥哥无情地摧毁时，他呆呆地站在那都想些什么？这样的练习让学生的创造思维得到了有效的锻炼。

（三）处理教材要抓重点，忌面面俱到

课改下的新教材，文章篇目较多，要实现对教材的合理取舍，不被教材牵制，不把教材、练习当死的任务，当负担来完成，而是从培养学生能力的实际需要出发，确定处理教材的力度、深度。尤其是新教材坚决摒弃任何一篇文章都从头讲到尾，要克服教学贪多、贪全的思想。教学中要求学生把课本的每一项知识、技能全部掌握是不可能的，实际上学生掌握知识或技能都要经历一个循环往复、螺旋上升的过程，不是在一篇课文的教学过程中可以完成的。如讲《中国石拱桥》时，我重点让学生体会如何抓住说明对象的特点按一定顺序进行说明，而把说明文的说明方法及说明文语言的准确性的讲解放到了《苏州园林》中，这样知识点都讲全了，也避免学生每篇说明文都要研究同样的问题。

二、创建课堂民主氛围对学生创新能力的培养不容忽视

陶行知先生曾说过："创造力最能发挥的条件是民主。"尤其是以班级形式存在的集体环境氛围的优劣，直接决定着创新人格和创新思维能否形成。霍尔曼列举的九项阻碍创造才能发展的因素中，有五项与之有关：（1）强迫依从，课程完全依从教师的决定；（2）权威，禁止自由学习，强制儿童只能依指导而行；（3）嘲笑的态度，教师对于学生的错误，予以讪笑；（4）教师的固执，使得学生不敢表示异议；（5）反对异常人格，学生不敢有不同风俗习惯的表现。在现实课堂教学中，许多学生还是习惯于让教师提出一个个问题，丝毫不敢越雷池一步，不敢说出自己的看法，即使有疑也不敢向教师提问。造成这种现象的原因，很大程度上是教师没有真正转变教育观念。一怕影响自己的权威，二怕打乱教学程序，学生只有接受再接受，于是课堂上便只剩下教师的声音了。久而久之，学生也就没有自己的思考了，师生间的心理距离也拉大了。首先要破除这种"习惯"营造宽松、自由的教学氛围，建立平等、民主的师生关系，鼓动学生大胆质疑、提问，鼓励学生求新求异，正确对待学生的提问，不讥讽、不嘲弄，挖掘其可贵之处。特别要鼓励学生自己发现问题、提出问题。在教学中"少一些不准，多一些允许"，让学生在课堂上能够"自由地呼吸"，敢想、敢说、敢做，充分发表自己的见解。

（一）改变评价方式，鼓励学生创造性思维

教育评价本质上是一种价值判断活动。传统的教学评价是静态的、单一的、机械的和功利性的。这种评价标准主要是以预定的知识和技能方面的目标作为唯一的参照标准。而在新课标中提道："评价是为学生服务的，而不是学生的发展为评价的需要服务。"教师在给学生讲解教材时往往会按部就班，老师成了教参的复读机，学生又成了老师的复读机，在批改作业时亦是如此，看着答案对学生的作业画钩画叉，虽然每个语文老师都肯定地说，一千个读者有一千个哈姆雷特，可在实际的教学中教师往往扼杀了学生自己对文本的理解，而把他们拽回到教参给予的"康庄大道"。

（二）课堂上切忌对学生回答问题的答案盲目地用对错去评判

有些老师总说自己的课堂沉闷，学生不能主动参与到课堂所讲内容中来，初一还好一些，到了初二就基本不回答老师的问题了。仔细想来初中阶段的学生多数表现欲是极强的，老师提出问题他们还是很愿意回答的，但如果他们的答案经常被老师否定的话，就不敢说出自己内心的真实想法，会丧失回答问题的热情，而且学生心理及容易受到伤害导致学生不在自信，没有勇气面对困难也就更不用说创新能力的培养了。所以在教学中，对学生的评价尤为重要，要适时鼓励，对学生那些虽然不是尽善尽美的但却有创新性的答案更应该以鼓励为主。如在上《风筝》一课时，我让同学们回答："文章越是把弟弟写得可爱、可怜，越反衬出'我'做法的残酷，也越让大家不喜欢哥哥，那么'我'在这部分里是怎样一个人呢？"有一位女同学回答说："鲁迅是个无知的人"当时我先是吃惊，没有学生敢评价鲁迅是个无知的人，我让学生就这个问题展开讨论，结果大家都同意这位女同学的看法。因为鲁迅在那时没有了解到游戏对儿童成长的重要性，对这方面可以算是无知，我肯定了这位女同学的答案，并让全班同学为她新颖大胆的分析鼓掌。从这以后这位学生更主动参与到课堂中来，而且回答出了很多让老师不得不佩服的答案。在上《芦花荡》时，为了让同学们理解老头子把敌人诱惑到自己设下的埋伏圈，致使敌人的腿都挂在有钩的木桩上这部分内容，我引导学生们，"荷花淀里有什么，为什么敌人都乱叫成一团？"有一位学差生也举了手，我很高兴他能举手就让他来回答，他说："水里有鱼"全班放声大笑。我没有立即否定他，说他乱说，而是肯定水里确实有鱼，因为就是水里的鱼才让隐藏在芦花荡里的我军能够安全躲过敌人的包围，如果不认真读书这一点也是不容易想到的，我的评价对他影响很大，在以后的语文课上我发现他对语文课有了兴趣，而且也愿意举手回答问题了。培养学生创造能力小处也不可忽略，也许这些不经意的小处更能激发学生的创造能力。

（三）尊重学生人格，充分体现学生是课堂的主人

全体学生都是课堂的主人，无论他们的智力水平与心力水平有何等差距，都可以享受到充分的人格尊重，都有进一步提高自己、完善自己的机会，都可以得到鼓励与赞许，而不是在分数所定的三六九等中备受压抑，失意落寞，不会因分数的暂时落后和学习的一时困难而遭受歧视和嘲笑。而且学生的个性可以得到充分的发现、培植、张扬和发展。一个扼杀个性、排斥多样性、压制标新立异、禁止自由想象的环境，一个只单纯鼓励统一、服从、规范和共性的环境，是极不利于创造思维存在和生长的。学校和社会衡量学生的标准不应是简单的量化分数，学校教育的目标也不应强求一律，而应该是每个学生的个性特长的充分显示与发展。在这样的"以人为本"的宽松环境中，学生身心愉悦，思维活跃，从而实现创造力的发展。

新课标中充分强调创新教育，创新教育是教育教学领域的一个焦点课题，各国、各地、各学校、各学科，都有许多研究思路、实践和成果，但我们除了借鉴之外还必须注重因地制宜，根据我们农村学校的实际，来培养学生的创新精神。我想只要我们顺应时代发展的潮流，把创造精神贯穿到教学中去，就一定能培养出具有创新精神的高素质人才。

关于新课标"语文学习任务群"的教学思考与实践

王素茜

《普通高中语文课程标准》（2017年版）把语文教学的内容划分为18个学习任务群。"学习任务群以自主、合作、探究性学习为主要学习方式，凸显学生学习语文的根本途径。这些学习任务群追求语言、知识、技能和思想感情、文化修养等多方面、多层次目标发展的综合效应，而不是学科知识逐"点"解析、学科技能逐项训练的简单线性排列和链接。学习任务群的设计，旨在引领高中语文教学的改革、力求改变教师大量讲解分析的教学模式。"是对多年以来，中学语文教材按文体单篇短章进行编排，以单篇教学为主，课文内在形式和内容方面联系松散等语文教学现状的纠偏，很有现实意义。而我近些年来一直进行的专题教学模式也与新课标的这一理念不谋而合，一个专题实际就是一个学习任务群。欣喜之余，我谈谈自己的一些思考和实践。

一、我对高中语文教学的思考

2005年北京版高中语文教材开始在中轴线以东的区县实施，新的高中语文教材如何使用，如何最大化地发挥教材的作用，很多老师从迷茫期到慢慢的过渡探索期，在摸索中教学。据我所知，一些学校就让学生订两套教材，人教版和北京版的教材同时用。有些学校干脆就用人教版的教材。北京版的教材处于很尴尬的境地，也给老师的教学带来了一定的困难。虽然一学期两本教材，但实际能精讲的经典篇目有限，也就是干货很少。而且按国家的要求，新课程一周语文只有四课时，一学期下来，很有限的课时，有限的几篇文章，学生严重"吃不饱"，"营养不良"，觉得学不到什么东西。老师也觉得干巴巴的没啥可讲的，更别说提高学生的语文素养和认识水平。我所在的学校是区级三类校，学生的语文积累和素养本身就很有限。如果课堂给不了学生很多营养，很多学生在课下是很少能主动去看书的，这就导致学生在高中阶段的语文水平是"吃老本"，止步不前甚至倒退。

在高中阶段，学科核心素养是学科育人价值的集中体现，是学生通过学科学习而逐步形成的正确价值观念、必备品格和关键能力。语文学科核心素养是学生在积极的语言实践活动中积累与建构起来的，且是真实的语言知识与语言能力，思维方法与思维品质，情感、态度与价值观方面的综合体现。如果我们不能在高中阶段达到学科核心素养的要求，那么学生失去了最宝贵的时间，对他们未来的人生和职业发展都有极大的影响。所以，语文学科是基础学科，它的地位和价值影响着一个学生将来能否走得远、发展得好。作为一个语文老师，也是承担着比别的学科的老师更为重要的育人任务。从考试的角度看，大家都说得语文者得天下。近几年的高考试卷，各学科都加大了文字阅读量，阅读速度慢、语言文字理解力差的，连卷子都做不完，语文学科的责任真的很大。

二、我在教学中的实践

种种教学中的困惑和问题，促使我思考采用什么样的语文教学方法，解决教与学的问题。慢慢地，我在教学课本中知名作家的经典篇目时，尝试通过增加一些内容相近和同一类题材的文章，增加篇目，增加阅读量，进行专题教学，来弥补容量及经典篇目不足等问题。我感觉也是在弥补前文提到的教学思考和困惑的不足。近几年又结合北京卷考试要求，进行整本书的阅读。都取得了一定的效果。下面我就介绍自己具体的做法。

（一）以老舍的《想北平》为引子，开展北京题材作品阅读专题，介绍我在文学名家名篇阅读方面的做法

第一步：精讲《想北平》，感受作者对北京的情感，引导学生了解思考北京的文化，写500字的思想感悟。

第二步：（1）发助读资料，如汪曾祺的《胡同文化》，季羡林的《我爱北京》《我爱北京的小胡同》，萧乾的《老北京的小胡同》，林海音的《在胡同里长大》，李国文的《胡同之死》，王开岭的《天上的那件事》（写北京的鸽哨和空竹），老舍的《北平的秋》，郁达夫的《古都的秋》，史铁生的《我与地坛》、

《合欢树》、《秋天的怀念》。（2）课下阅读，画出精彩语段，写批注，写点评。每人选一篇文章的某一段进行赏析，或整篇文章从手法到内容的鉴赏。交一篇300字的赏析文字，或者做成PPT。（3）用两节课时间每位同学讲自己的点评或赏析。

第三步：写作准备。用一节课的时间引导学生就《长在北京》这个作文题目，每人说说自己要写的内容。在听同学说的时候，也勾起了其他学生对童年的记忆，为写作造势和铺垫。

第四步：用一节课的时间，学生们不参考任何资料裸写800字的作文。

学生充分地阅读，体会北京的特色、胡同的生活，让学生欣赏点评其中好的语段。为什么喜欢？好在哪？启发学生去体会感悟文章的选材和表达。学生从选材、描写到手法的运用，分析得很好，为写作奠定了一个良好的基础。经过几节课的阅读、鉴赏和体会感悟，同学们已经在心里酝酿了好久，我也布置作业让学生课下查资料，构思自己的作文。有了前面的积淀和准备，绝大多数学生当堂写完了作文。

第五步：点评学生习作。用一节课时间对文章进行点评。课堂气氛非常活跃，同学们纷纷发言，谈感受，谈想法，也提出自己的修改建议。课下作者做了修改，其他同学的文章也选择写得好的段落进行点评。从精讲单篇文章到助读材料的阅读赏析，再落实到写作上，让学生们在一个相对集中的时间里，对北京题材的作家和作品有了一个集中的阅读和鉴赏，最后以写作做一个最后的总结和提升，有始有终。这些生长在北京的孩子通过这次读写北京及胡同的专题学习，多读写自己家乡的好文，也多写写自己的家乡。真正让孩子们了解家乡，书写家乡，热爱家乡，学生们也感觉收获很大。

（二）以《边城》阅读为例，介绍开展整本书阅读与研讨的做法

《普通高中语文课程标准》（2017年版）课程内容的第一个学习任务群就是"整本书阅读与研讨"，可见整本书阅读的重要性。的确，阅读在我们每个人的一生中起着重要的作用，也影响着一个民族的精神成长。为了激发学生阅读的兴趣，培养学生的语文素养，整本书阅读渐渐成为中学语文教育的一种补救措施。北京语文高考将整本书的阅读考查纳入了高考的范围，也是借高考来推进整本书阅读的深入开展。我在整本书的阅读方面也做了一些实践，下面以《边城》阅读为例介绍我的做法。

第一步：阅读原著。布置学生用一周的时间课下读书，按照小说情节发展的六个阶段（序幕、开端、发展、高潮、结局、尾声）梳理小说的故事情节，写成 500 字的短文。

第二步：每位同学提交一个问题。必须是自己在阅读过程中产生的真实问题，是你最感兴趣或最想探究的问题。

第三步：提供助读资料：汪曾祺的《又读〈边城〉》，李新荣的《品析沈从文的〈边城〉》，梁实秋的《忆沈从文》。自己也可以在网上找一些有关《边城》的解析评论资料进行阅读。学会整体赏析小说，用读书笔记摘抄你认为重要的内容，尤其是体现作者思想观点的语句，并记下自己的阅读感悟，给两节课时间进行整理。

以周记的形式，写一篇《边城》的读后感，包含小说的故事内容、你自己的阅读体会和对小说主题的理解，字数不少于 1000 字。

第四步：表达交流。根据自己提交的问题、阅读感悟和读后感，确定一个主题，准备 3 分钟演讲，演讲内容应主题鲜明，有真知灼见，条理清晰，逻辑严谨，有理有据，制作成 PPT。

第五步：用一节课的时间，以演讲的形式展示自己的 PPT。

上面是我进行专题教学过程中做过的其中两个较为典型的案例。这样的专题教学正好契合了新课标关于开展"学习任务群"的要求，取得了良好的效果。一个专题少则十天半个月，多则一个月，甚至更长的时间，在这样一个漫长的语文学习过程中，学生长时间地专注一本书、一个题材或一个人，而在这样一个专注的过程中，学生动笔、动脑、动口。使学生在自我的言语活动中，可以积累语言，培育思维，将生活体验与生命思考内化为自我生命的一部分，从而在发展言语能力的同时，也形成了自己独特的价值判断。在短时间内，学生可以渐进为一个有思想、有见地、会思考、有创意的人。

在语文情境教学中培养学生的创新思维

王远航

创新思维是人类思维的高级形式，是创造者在强烈的创新意识的支配下，将大脑中已有的感性和理性的知识信息借助想象和直觉，以突发性飞跃的形式进行的重建、组合、脱颖、升华所完成的思维活动过程。创新思维是整个创造活动的实质与核心，人类社会的任何一项创造发明，都是创新思维的结果。培养学生的创新意识和创新思维是新时代赋予全体教师的历史使命。新课程倡导构建旨在培养创新精神和实践能力的学习方式及对应的教学方式。由此，在中外教育史上源远流长的情境教学因其明显优于其他教学方式而独领风骚。

情境教学，指在教学过程中为了达到既定的教学目的，从教学需要出发，引入、制造或创设与教学内容相适应的具体场景或氛围，引起学生的情感体验，帮助学生迅速而准确地理解教学内容。它具有以美为突破口，以情为纽带，以思为核心，以学生活动为途径等鲜明的特色，对培养学生的创新意识、创新思维及创新人格有着独特的作用，已经成为中学语文教学中教学创新的主要手段。在教学实践中，我根据初中生的思维发展特点、教材的特点和具体的学情，结合课文内容创设特定情境，在提高学生学习兴趣的同时培养学生的创造力。下面，从四个方面阐述如何通过在初中语文教学中实施情境教学培养中学生创新思维。

一、定义探究性情境，激发创新动机

创新活动需要创新动机来激发和维持。创新动机将直接决定个体从事创新活动的期待，进而影响其从事创新活动的积极性和创新能力的发展。研究表明，初中生的阅读成绩与阅读动机呈正相关关系。情境教学十分重视在教学过程中创设探究性问题情境，这就为学生创新动机的激发提供了契机。

富有创新精神的人往往有着强烈的好奇心。爱因斯坦就曾说，他没有特别的天赋，只有强烈的好奇心。在创设问题情境时，我注意在情境中提出问题引发学生的好奇心。如在教学《旅鼠之谜》一文时，设计了这样的导语："一对北极旅鼠，一年竟能繁殖 967118 只！奇不奇？！还有更奇的，一旦旅鼠太多了，毛色竟会变化，灰黑色变成鲜艳的橘红色，莫非要招引天敌来吃掉自己？还有更奇的，要是死不成，数百万只旅鼠就汇集起来，直奔大海，跳将下去，这叫'旅鼠死亡大迁移'。所有这些行为究竟是为什么，科学家们研究好几个世纪了，至今还没有解开谜团。这篇《旅鼠之谜》就详细讲述了旅鼠的一个个奥秘。"这样的导语设计会激发学生强烈的好奇心和求知欲，并产生想解开科学家都未解开之谜团的愿望。

二、丰富情境，训练直觉思维

初中阶段的学生抽象思维日益占主导地位，但思维中的具体形象成分仍起着重要作用。他们的逻辑思维还是经验型的，思维活动在许多情况下，还需要具体、直观的感性经验的支持。

创造活动需要逻辑思维，但更多的是依靠直觉思维。直觉思维实质上是大脑的一种高级的理性感觉。它以极少量的本质现象为媒介，直接预感和洞察到事物的本质。它是创造力的起点，是创造思维的源泉。训练初中生的直觉思维还是中学语文课堂的重要任务。由于情境教学中的情境是人为优化了的环境，再加上教学过程中对情境的不断丰富，这就使得情境成为训练学生直觉思维的最好凭借。

例如在《山中访友》一课的教学中我设计了这样的教学情境："我看青山多妩媚，料青山见我应如是。在我们眼中，山中的朋友是如此真、善、美，让人忍不住想去亲近。在作者亲切的呼唤声中、热情的赞美声中，山中的景物会有怎样的感悟回应呢？试着猜想一下它们的内心世界，试着以某一种景物的语气给作者写一段回应的话吧。"这样的情境创设激发了学生的主动创作意识，训练了学生的直觉思维。又如在《罗布泊，消逝的仙湖》一课教学中设计了这样的教学情境："文章说'罗布泊还能重现往日的生机吗？'——罗布泊的明天将会怎样？假如你是一位研究罗布泊的科学家，请根据文中分析的原因，提出有效的治理方法，整理后发给同学，看看谁说的措施可以实行又有价值。"这就为提高学生敏锐的洞察力和迅速捕捉关键因素的能力提供了训练的机会。

三、创设争论情境，激发批评性

"初中学生思维的独立性和批判性有了显著发展，他们常常不满足于教师和教科书的解释，不喜欢现成的结论，要自己寻根究底，经常表示怀疑，进行推论，大胆提出个人意见。但由于初中生的知识经验毕竟有限，因此考虑问题容易产生片面性和表面性。"我对学生的质疑提倡、鼓励，使学生逐步做到敢说、爱说，精心创设问题情境，及时培养初中生大胆的探索和批评精神，同时做到弥补和纠正他们由于知识的缺乏所产生的看问题的片面性和表面性。

如讲《济南的冬天》这篇课文就要结束时，一位同学忽然举手提出一个问题。她说："我认为课文第四自然段最后一句话是多余的。"她的话立刻引起了全班同学的兴趣。"说'这（城外山庄）是张小水墨画'，读者就能想到那种景象了。为什么一定要加上'也许是唐代名手画的吧'这一句呢？"这是一个很有价值的问题。我立刻肯定了这位同学的细心和善于思考，更表扬了她敢于质疑名家的勇气。接着我问其他同学是怎么看这个问题的。班上的大半同学竟同意她的观点。我说："老舍是一位语言大师，在用语上十分讲究，这里应该也不是一处闲笔，同学们再想一想加与不加这句话在表达上有什么区别呢？""那他为什么一定说是'唐代名手画'的而不说其他的时代呢？"（新的问题又出现了）"唐朝是历史上的鼎盛时期，一提起唐朝，人们都知道，所以作者说是唐代名手画的。"一位同学举手说。立刻，又有几位同学同意了这位同学的说法。"唐朝经济繁荣，未必绘画成就最高，其他时代的画家难道比不上唐代的名手吗？比如郑板桥。"学生们的思维活跃起来。眼看要下课了，我说："'这是张小水墨画，也许是唐代名手画的吧。'又是思索，又是猜测，又是同读者的商讨。展现在作者眼前的这张水墨画是一张山水画，他指的唐代名手一定是山水画家，他们绘画的艺术风格也许与作者眼前的这幅画相似吧。"学生们看起来还是似懂非懂。当时已经下课，我马上给他们布置了一个问题：唐朝时期，是中国古代绘画全面发展的时期。唐朝时期的绘画成就，超过了以前各代，气势豪迈，影响波及当时的东方各国，成为中国绘画史上的一个高峰。唐代是山水画的成熟时期。请同学们课下查阅有关唐代水墨山水画特点的资料，就会明白作者为什么这么说了。

第二天上课，我正准备给同学们进一步解答这个问题时，他们说："昨天下午美术课上我们也请教了美术老师，我们已经明白了。水墨山水以渲染为法，用笔简练奔放，强调水墨效能的发挥，以之来表现景物的体和面。即便设色，也讲究自然清淡，追求含蓄、悠远、纯净的境界。"我一听非常高兴，在赞扬了他们的探索精神之后，我接着说："生动的语言，可以唤起读者的联想和想象，使读者头脑中产生具有光、色、态的具体形象，也就是语言的启示性。《济南的冬天》的作者正是最大限度地发挥了这种语言的启示性，不仅使我们联想到了这张水墨画的色调，还感受到了它的神韵，由此看来，老舍对绘画也有一定的研究，他真不愧是一位艺术大师。同学们知道吗？他的夫人胡絜青就是一位著名的国画大师呢。"

四、拓宽情境，鼓励发散思维

发散思维是创造性思维的一种常用形式，它以某些已知信息为思维起点，采取推测、想象等方式，让思维沿各种不同的方向任意发散，重组记忆中和眼前的信息，产生新的信息。情境教学十分重视通过拓宽情境打开学生的思路，寻求多种答案。

如在学了神话《女娲造人》之后，启发学生加以想象，对女娲造人的动机、方法作另一种推测。学生畅所欲言，非常有兴趣地进行了创造的尝试。这样通过拓宽思路，有效地培养了学生思维的广阔性。又如在教学《月》一文中设置了这样的情境："月亮在这里带给作者最突出的感觉是什么？你是通过文章中的哪些描写体会出来的？这里所表现的意境，能使你联想起古诗文中哪些诗句？"这样的设计调动了学生的情感体验，从零散的表述中抽绎出其情感脉络，由月联想古诗文，锻炼了学生的发散思维及整合已有知识、经验的能力。

在初中语文教学中，要根据中学生思维发展的特点，善于挖掘教材中的创新因素，在教学过程中用心营造一个良好的氛围，创设各种不同的情境。在情境教学中培养学生的创新思维、创新精神，使学习变成一种自在、愉快的情感交流活动。这样，知识、能力、智力、情感多方面的培养糅合在一起，才能得到全面发展的整体效应。

"四学"模式下小学低年级语文教学"互学"环节的策略研究

韩盈盈

一、创建背景

现代社会要求公民具备良好的人文素养和科学素养，具备创新精神、合作意识和开放的视野，具备包括合作、交流在内的多方面的基本能力，以及运用现代技术收集和处理信息的能力。《国家中长期教育改革和发展规划纲要（2010—2020年）》提出：创新人才培养模式、创新教育教学方法、注重学思结合。倡导启发式、探究式、讨论式、参与式教学，帮助学生学会学习。激发学生的好奇心，培养学生的兴趣爱好，营造独立思考、自由探索、勇于创新的良好环境。

《全日制义务教育语文课程标准（实验稿）》也指出："学生是学习和发展的主体，语文课程必须根据学生身心发展和语文学习的特点，关注学生的个体差异和不同的学习需求，爱护学生的好奇心、求知欲，充分激发学生的主动意识和进取精神，倡导自主、合作、探究的学习方式。教学内容的确定，教学方法的选择，评价方式的设计，都应有助于这种学习方式的形成。"以学生为主体，体现学生学习的自主性。动手实践、自主探索、合作交流是学生学习的重要方式。

关于"四学模式"的研究，"四学"是指自学、互学、助学、测学。但是，在现行的课堂教学中，师生互动被作为课堂教学的主要活动形式，学生的课堂交往对象主要是教师，课堂主要是由教师主导。课改实施以来，学生间互助学习的呼声很高，但互学程度还不够高。在小学低年级教学中，我们也应该将互学重视起来。综合目前教育的发展状况、社会对人才需要的方向、小学语文教学的特点、本班学生的个体差异及身心发展特点，我注重研究小学低年级语文课堂中"互学"有效实施方案。旨在通过合作学习，使学生获得基本的语文素养。帮助学生学会学习，达到授之以渔的目的。

二、总体目标

积极探索有效的途径，钻研出"互学"模式的具体实施方案，从而在低年级语文课堂中扎实有效地开展"互学"模式，促进低年级语文课堂教学的改革。

三、具体目标

1.通过广泛的合作实践活动，激发学生主动学习，独立思考，培养互学的能力，使学生真正成为学习的主人，促进学生整体素质的提高。

2.通过课堂中互学的学习活动的实施，使教师在教学水平和能力上、对教材的开发和使用上、对学生语文学习的指导上获得进一步发展和提升。

四、特色理念

20世纪90年代初，国内开始介绍西方合作学习理论，一些省市的个别学校也进行了一系列尝试性探索。其中较著名的有山东教科所的"合作教学研究与实验"，湖南师大教育系的"协同教育实验"，上海曹洋五中的"合作课堂教学改革实验"，浙大教育系副主任、基础教育课程研究中心副主任盛群力教授主持全国教育科学"十五"计划教育部重点课题"学与教的新方式及整合研究"等，取得一定成绩，但均未形成能推广的小学低年级语文课堂学生互学的学习模式。我在教育实践中，结合新课标新理念，对能增强学生学习实效的语文教学"互学"学习的模式、策略、原则、方法进行了一些探索。

五、操作体系

"互学"是课堂教学中一个重要的学习方式。只有注重细节，才能使互学有效合理地在课堂中实施。实践合作学习，培养学生合作意识、素养，指导合作技巧。通过"思、说、评"等方式，以课例为载体，以点带面，深化课堂教学实施，构建语文合作学习新模式和策略，研究其原则、步骤和方法。在互学学习活动中还有很多亟待提高和解决的问题，需要去探索、研究。

（一）注重细节，科学完成"互学"的准备工作

1. 根据需要，人数变换

年龄不同，人数不同；学习内容不同，人数不同。低年级学生，年龄小，能力弱，一年级时互学小组以2人为一组，经过一段时间的训练，进入二年级时，逐渐过渡到4人一组。学习内容简单又少时，为2人一组互学，学习内容多而复杂时，可以换为4人一组。

2. 科学分组，合理搭配

互学小组遵循"组内异质，组间同质"的原则。组内异质，优化组合：优异生、中等生和薄弱生融合编组，便于组内互相交流与合作；组间同质，则有利于开展组间公平竞争。还要尊重学生意愿，根据学生的知识基础、学习能力、兴趣爱好、心理素质进行综合考虑，然后搭配成若干学习小组。还可将班级行政小组和合作学习小组合二为一，使课内课外形成一体，让小组成员互相帮助、优势互补，我在班内实施的是动态分组。

具体的实施方法为：一是单排换座，这样就可以在换座时轻松地进行组员轮换。二是两周一换，时间不宜长，时间长容易懈怠、腻烦。时间也不宜短，短不利于组员之间的磨合，形成"互学"的实效。三是组长轮换、分工轮换，根据组员的位置，按照A、B、C、D给组员进行编号。

低年级学生年龄小，遇到问题时不知所措，不容易找到解决问题的方法。给组员编号以后，分成A、B、C、D，让他们的"互学"有了依托。在组内学习时，如果无人发言，可以按照编号，依次发言。汇报学习成果时，也可以按照编号依次汇报。甚至"自学"准备时，也可以按照编号进行分工。针对低年级的学生，组织能力不是很强的时候，编号给了他们一个帮手，避免了意见和分歧，从而促进"互学"的有效实施。

3．合理分工，明确职责

在"互学"的学习过程中，各成员应有明确的合作学习目标和具体的责任分工。实行组长责任制，我在班级里把组内学生分为学习组长、纪律组长、卫生组长、读书组长。学习组长负责小组课堂合作学习；纪律组长不但在课堂上管，平时也要负责管理；读书组长负责在读书课上和下午课余时间发图书角里的书，让大家自己阅读，督促大家多读书。分工明确，责任到人，才能使小组成员全员参与，并理解各自应该承担的角色，明确各自所分配的任务，使合作学习有序又有效地进行。

（二）互学学习的具体实施方案分为"思""说""评"

1．思

自学独立思考。有两种方法：一是课前布置学习内容，学生以预习的方式独立思考；二是课堂上进行独自思考。

2．说

在互学组内进行交流分享，具体有以下几种做法：一是协商法，先自己思考，再合议；二是打靶法，先一个人说，其他人发表意见，也可以以一个组为靶，全班发表意见；三是提问法，组内提问，组与组之间互相提问；四是切块拼接法，各组都学习同一个问题，各组的 B 同学都学习同一个问题，以此类推。在小组中进行组合，既减轻了学习负担，又进行了知识的整合。这些学习方法，根据学习时间、学习内容选用，可以单一使用，也可以组合使用。

3．评

"评"包括汇报、测考、补充。一是汇报：方法有纵向汇报法、横向汇报法、综合汇报法。纵向汇报法，在低年级语文课堂中，一年级时，可以采用，就是每个学生汇报一个知识点的所有内容。例如汇报生字时，一个人汇报一个生字的所有知识。一年级学生年龄小，此方法好掌握，但缺点是不利于培养学生间的相互合作。横向汇报法，在一年级向二年级过渡时可以采用，是把一个知识点，组内几个人，接力汇报。例如汇报生字时，四个人，分别汇报同一个生字的不同知识点。此种方法，初步培养了学生的互学意识，可以充分发挥互学的作用。综合汇报法，在学生有了一定的学习能力之后，进入二年级时可以采用。综合汇报法，就是把需要互学的所有知识点进行整合，融入互学之后的思考、理解和收获，找出重点、难点，组内人员以知识点的类别来进行分工、汇报。例如，汇报生字时，把本课的所有生字排列出来，每个组员根据能力，根据轮换原则，有的汇报读音、组词，有的汇报结构、部首，等等。这种方法能够引发学生的思考，能够提高课堂学习实效，也能促进学生互学能力的提高。汇报形式可以以小组为单位进行，也可以小组派代表进行。汇报地点，分为座间汇报、展台汇报、讲台汇报。以上的汇报方法、汇报形式、汇报地点，都可以根据学习时间、学习内容，进行轮换。忌变换频繁，不利于学生学习习惯的养成；也忌一成不变，学生会丧失学习参与的兴趣。二是测考：老师考，学生考（例如学生当小老师考），课后练习。三是补充：组内补充，组外补充，老师补充（此处可以体现老师的助学）。

（三）课堂互学学习的内容

一是读文，组内多种方式分工读文；二是学字，会认的字（读音、组词、提醒注意平翘舌音的字）、会写的字（读音、组词、结构、部首、多音字、反义词）；三是补充，生字拓展知识（成语、书写易错点、形近字、读音易混字、记字的方法、近义词、给字换偏旁等）。

六、建立科学的评价机制

新课程标准的评价体系要求体现学生在评价中的主体地位，要注重形成性评价，互学学习要把"不求人人成功，但求人人进步"作为教学所追求的一种境界。在具体操作中，以学生的自主学习、参与程度、团结合作、完成任务、学习效果等为指标，也把学习评价和生活评价相结合，有课堂互学学习展示的评价，有平时学习纪律、卫生等方面的累计评价。可采用学生自评、组员互评、老师参评相结合的方法，改变过去对学生的个人评价为面向小组的团体评价，这就使更多的学生获得了成功的乐趣。多种评价方式根据学生实际轮换使用。

七、互学学习时要处理好的几个问题

（一）小组成员保持相对稳定

学习小组的划分由班主任牵头，在学生自愿的基础上进行，成员保持相对稳定，便于按照小组编排座位，为顺利开展互学学习奠定基础。因不同学科特点，人员亦可适当调整；经过一段时间之后，组内人员职责亦可轮换。

（二）小组合作必须以自主学习为前提

互学学习中，往往会出现当老师布置完学习任务后，学生马上聚在一起交流、探讨。因为学生缺乏对问题深刻的思考和独立的见解，在互学的过程中，所讨论的问题往往没有探索性，或者部分优异生"一言堂"，或者大家一哄而起，使互学学习流于形式。如何使互学学习落到实处呢？在互学学习时，应先布置学生进行自主学习、独立思考，学生对问题的理解和解决有了自己的见解，当学生自己独立解决某个问题遇到困难，需要寻求他人帮助，产生了交流与合作的心理需求时，教师适时安排合作与交流，在互学学习中学生才有话可说，在与人合作交流中逐渐完善自己的想法，才有实效。

（三）教学生学会倾听

高效的课堂不但要鼓励学生"爱讲"，而且要引导学生"会听"，倡导学生"多思考"。在互学学习时，要求学生具体做到：一要耐心，无论是听老师讲课，还是听同学发言，特别是当同学的发言有错时，一定要等他把话说完，再用恰当的方式指出不足；二要虚心，当别人提出与自己不同的意见时，要能虚心接受，边听边修正自己的观点；三要用心，在听取他人意见时不能盲从，要有选择地接受。学会倾听不仅是学会学习的需要，也是学会尊重、学会交往、学会做人的需要。

（四）不要冷落了学困生

组建互学小组意在让每个学生有更多的机会参与学习的过程、体会成功的喜悦，使学生学得主动，形成深刻的体验。但在课堂教学中，我们常常看到这样的现象：一些优异生频频发表自己的意见，其他学生则发言不多。因此，在互学学习的过程中，教师的引导尤为重要。

（五）发挥教师的引导作用

学生互学，教师的角色是什么？是旁观，是监工，还是局外人？教师要把握好自己的角色。在学生进行互学时，教师首先应发挥组织者和引导者的作用，设计好小组讨论的问题和活动的要求；在小组深入开展合作与交流时，教师又应成为学生学习的促进者和合作者。为使学习富有成效，教师必须置身于学习小组中，适时了解学生的学习情况，进行有效的指导与调控。具体的助学包括：一是集体助学难懂的词语含义，如易错的字音、易错的字形、难读的句子和应会的重点内容；二是随时助学，如学生自学时学习方法需要助学，合作学习中、组内学习时，碰到凭借学生自己的力量无法解决的问题时需要助学。

还包括组内分工时的矛盾如何解决，组内有同学不配合时如何解决，组内学习时如何发言，如何倾听别人发言，组内同学都无法解决的知识难点等，总之，互学学习不是万能的钥匙，是我们构建高效课堂的一个环节，在不同的学科中，实施互学学习也有不同的特点，需要我们不断地进行研究，不断探索有效合作学习的途径和方法，促进学生不断发展。

八、原理分析

建立在人际互动协作学习基础上的互助学习，以组内异质、组间同质为分组形式，以同质的组与组为竞争对象，以相互依赖、沟通、合作、负责为基础，关注细节的实施，以"个体自我""独立自我"走向"社会自我"、"集体自我"的有机结合，激发学生的团体精神、合作意识与能力。在互学中，学生集思广益、相互启发、相互评价、相互激励、取长补短，有助于智力放大、思维共振、信息交流、资源共享，提高语文学习的效率，增加每个学生发言、表现、交流、评价的机会，激活了每一个学生，使每个学生的语文素养和语文能力都得到全面良好的发展。

"互联网+"背景下高中历史线上教学策略的研究

刘玉华

一、线上教学的必要性

线上教学模式是适应教育信息化和"互联网+"时代的重要探索。《普通高中历史课程标准》指出："高中历史教学要尽可能利用互联网的资源共享和交互功能，引导学生体验基于互联网的开放式学习，改变传统教学中过度依赖教师、过度依赖教科书、过度注重知识记诵的学习方式。教师要不断探索现代信息技术下的历史教学方式。诸如运用现代信息技术，模拟历史情景，使学生进行体验学习，利用网络资源进行项目学习，使学生进行自主探究和解决问题，运用大数据、'云计算'、'互联网+'等方式开展多样的模拟学习、专题研讨等。"信息技术2.0工程也对教师的信息素养提出了具体的要求，引导教师主动适应信息化时代，积极探索教育教学新模式和新策略。

互联网和信息技术的发展，为线上教学提供了多种平台、App和丰富的教学资源。近几年随着信息技术的发展，各种辅助教学的平台、App大量涌现。例如，全国中小学云平台，为中小学教师和学生免费提供了小学一年级至高中三年级的课程资源，全国的中小学生可以随时在线学习。辅助教师线上教学的软件还有腾讯会议、腾讯课堂、拓展云、班级小管家和每日交作业等。

二、线上教学的现状及分析

为了更好地指导新阶段的线上教学，我利用问卷星设计了一个课前的调查问卷，调查内容包括教学方式、作业设计、教学效果、面临的问题等。部分调查结果分析如下。

一是线上教学采取的教学方式比较单一。从数据的分析中可以看出，线上教学以教师在线讲和学生在线听为主，小组互助学习、分组学习较少，学生自主学习几乎没有（见图1）。

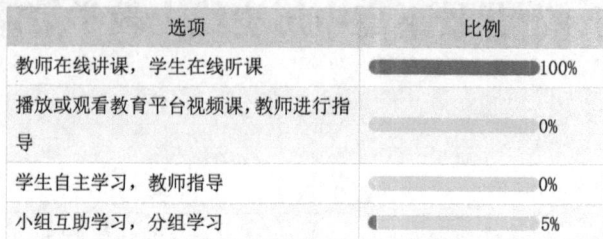

选项	比例
教师在线讲课，学生在线听课	100%
播放或观看教育平台视频课，教师进行指导	0%
学生自主学习，教师指导	0%
小组互助学习，分组学习	5%

图1

二是从作业类型和上交方式来看，上交方式以班级小管家为主，其次是微信群或QQ群，单独布置的个性化作业较少（见图2）。作业的形式以照片、语音为主，其他类型的较少（见图3）。

选项	比例
微信群或QQ群	30%
班级小管家	100%
每日交作业	10%
单独布置，单独收发	10%

图2

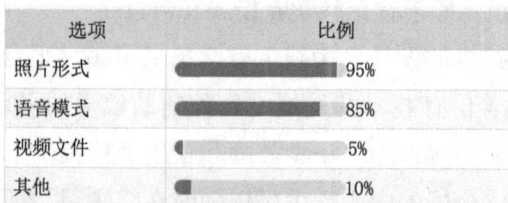

选项	比例
照片形式	95%
语音模式	85%
视频文件	5%
其他	10%

图3

从线上教学所采用的教学软件或App来看，大部分老师都是选用的腾讯会议，有的老师还选用了微信群或QQ群进行教学或答疑（见图4）。在网络平台、教学软件中最经常使用的是共享屏幕，其次是互动批注和阶段测试，分组学习和调查问卷功能使用得较少（见图5）。

选项	小计	比例
腾讯会议	20	100%
腾讯课堂	0	0%
微信群或 QQ 群	4	20%
其他	0	0%

图 4

选项	平均综合得分
共享屏幕	6
互动批注	2.95
阶段测试	1.8
签到	0.65
调查问卷	0.25
小组学习或分组学习	0.2

图 5

从影响线上教学因素的分析结果中可以看出，排在最前面的是不能及时了解学生的学习和听课状态，其次是线上上课的硬件和软件问题、师生互动情况、个性化指导和自身信息技术水平等（见图 6）。由此可见，线上教学不仅受计算机、网络等硬件的限制，还受教师和学生自身的信息技术和操作能力等多种因素的影响。教师只有不断提升自己的信息技术素质，才能适应时代的发展。

选项	平均综合得分
不能及时了解学生的学习和听课状态	3.6
软件或硬件问题，例如网络、计算机等	2.95
师生互动难以展开，沟通不畅	2.3
不能及时解决课堂中的疑难问题，进行个性化指导	1.6
学生或教师自身对网络平台工具技术不熟悉	1.4
其他	0.65

图 6

三、线上教学策略的研究与实践

针对以上高中历史线上教学出现的问题，结合不同的教学内容和任务进行了教学方式和教学策略的改进和完善。

（一）检查硬件和软件设备，充分做好课前准备

在线上教学中，硬件和软件是保障教学效果的必要条件。硬件包括计算机、手机、iPad、耳机、网络、教材等，软件是指辅助教学和学习的各种 App 软件，例如班级小管家和腾讯会议，还包括学习者本人。在每节历史课上课前的 10—20 分钟，我会在班级微信群中发一个"上课须知"或者是"温馨提示"，把这节课的教学内容、要准备的相关教材与教具写清楚，提醒大家提前检查线上学习的设备和网络连接状况。上课前五分钟指导学生打开摄像头和麦克风，利用点名的时间再次检查设备和网络连接状况，然后把本节课要用的 PPT 和相关的文字资料同步传到班级微信群中。针对上课过程中出现断线、掉线或者临时停电的突发状况，随时指导学生利用微信群里相关的学习资料进行自主学习，课下再进行单独辅导。

（二）关注学生听课状态，增加课堂互动的频率

由于受教学软件、设备和网络等的影响，线上教学面临的最大挑战是无法全方位观察每位学生的上课状态，师生之间的双向互动和沟通受限。

首先，要充分发挥历史老师自己的主观能动性，充分挖掘各种教学 App 中的隐藏功能。在使用腾讯会议的时候，历史老师经常苦于共享屏幕后就无法看到学生，这时候可以点击视频小窗口上方的按钮切换到长视频小窗口，然后点击上、下箭头进行上下滚动，这样就可以看到更多的学生，也能随时观察到学生们的上课状态。

其次，通过创设多种教学情境，提高课堂互动的频率。在高三历史专题复习课《党史专题复习之会议篇》中，由于复习的内容较为枯燥，因此我设计了两个教学情境，一个是"会议播报"，另外一个是"你来说，我来答"。关于历次会议的时间、内容和影响，设置的是"轮流播报"环节，此环节由教师随机选定第一个学生进行会议播报，第一个学生播报完后，由该学生选定下一个要播报的学生，以此类推，直到所有会议播报完成。在习题综合分析和练习的部分，设置的环节是"我来读，你来说"，此环节先由教师指定一名学生读题和

材料，然后再由教师随机选定一名学生来解答，这一过程中解答优秀的同学可以优先指定下一位解题同学。在解题的过程中，还可以利用腾讯会议的在线批注功能，发言的学生可以随时利用自己的计算机进行远程操纵，对材料中的重要信息进行标化。这样的设计不仅激发了学生的积极性和主动性，课堂气氛也变得异常活跃。学生之间、师生之间的互动频率明显增多，从而提高了课堂的实效性。

（三）合理推进分组学习和小组学习

在以班级为单位的传统的高中历史线下课堂教学中，由于受教学时间和教学任务的限制，很难进行分组学习和小组学习，个性化的指导也受到一定程度的限制。

线上教学由于其学习有不受时间、地点限制的特点，学生在家里就可以完成所有的学习任务，因此省去了上学路上来回奔波的时间，学生可以自由支配的时间也就变多了。因此，可以利用课下时间引导学生进行自主学习和小组学习。

1. 利用课堂讨论话题，延展课下小组探究性学习

在高二历史选择性必修 1 关于科举制的教学中，我引用了一段关于科举制发展和变化的材料，从而引发了一场关于"唯才是择"与"分省取士"的课堂辩论，辩论双方各抒己见，互不相让。但是，受课堂时间和教学内容的限制，学生们无法全面展开讨论。于是，我抓住学生的兴趣点，及时设置了一个课下的小组探究活动。全班同学自主选择自己所支持的观点，分成若干小组，每组选出一名组长，由组长全权负责本组的探究活动，引领本组成员进行资料的收集和整理，最后形成展示文稿和 PPT，进行全班展示。

这种探究性学习，既加深了对课堂内容的理解，又拓宽了学生的思维广度，有利于引导学生进行深度学习和思考。在这一探究活动中，学生自主学习的积极性得到进一步的调动，合作、交流能力得到提升。

2. 利用教学软件，开展课上小组合作学习

传统的线上教学主要采用的是教师在线讲，所有学生在线听的方式，很难进行分层指导和分层教学。

腾讯会议的分组功能可以把全班学生按照不同层次进行分组，指导老师可以随机进入各组参与指导或探究活动。这一新功能，我在高三历史自习课上进行了尝试，把自习班里的学生按照学习状况分成了两个小组，分别是基础组和

提升组。每组选一名组长，负责本组成员学习的监督和指导工作。教师根据学情分别在两个组中布置不同的学习任务，然后教师根据实际所需在两组中进行切换，进行现场答疑或试题讲解。

（四）设计个性化作业和评价

1. 个性化作业的设计

历史作业是线上教学的有效延伸与补充，既可检测老师的教学质量，还能考查学生的学习状况。在历史线上教学中开展个性化的作业设计和评价，可以进一步激发学生的学习兴趣，提高学习质量。

个性化的作业设计要与学生的认知水平和学情相结合。例如，同为历史笔记的作业，可根据学生的不同层次，分为摘抄和自主梳理两种基本形式。在自主梳理的作业类型中，再根据学情进行分类，时序性较差的同学，建议用时间轴的方式进行梳理；知识掌握较为零散的同学，则建议采用思维导图或结构图的形式。

2. 作业的个性化评价

作业的布置要体现个性化，作业的评价同样也要体现个性化和多元化。在评价结果一栏中，不要单纯地写"优"或者是"良"，可以用画小红花的方式进行激励，小红花的数量越多表示越优秀，或者模仿微信表情包的方式进行评价。再加上激励性的语言，效果会更好。

运用结构化教学提升高中历史学习效率

常爱留

当前，中学历史教学改革不断发展，随着对历史课程目标和课程标准的理解不断加深，历史教学要落实核心素养已经成为共识。问题是，面对内容极其丰富的新教材、学习基础各异的学生以及非常有限的课堂时间，在教学实施推进过程中，老师们普遍感觉教学内容繁多，时间严重不足。而学生在历史学习中，面临的困惑是历史知识太多记不清，经常张冠李戴，个别学生甚至是一团乱麻。可见，在课堂教学的实施中，还是按照以前的教学方式按部就班地进行是肯定完不成教学任务的，更不要说提升学生的核心素养了，所以必须进行教学方式的大变革。老师们当务之急需要解决的是，在课程标准的统领下，如何梳理纷繁复杂的历史知识，帮助学生形成结构清晰的学科基础知识网络，然后以历史知识为载体，逐渐渗透学科核心素养，厚植家国情怀，这样才能真正"使历史教育成为形成和发展社会主义核心价值观的重要途径"。

在教学过程中，推行知识结构化教学，帮助学生形成清晰的知识网络，是提升学生自主学习能力，培育学科核心素养的一条有效途径。最新的《普通高中历史课程标准》在前言中强调："更新了教学内容，进一步精选了学科内容，重视以学科大概念为核心，使课程内容结构化，以主题为引领，使课程内容情境化，促进学科核心素养的落实。"这里特别强调了"以大概念为核心，使课程内容结构化"。结构主义教学理论认为，任何一门学科都有一个基本结构（即具有其内在的规律性），它反映了事物间的联系，包含了普遍而强有力的适应性。关于结构，《现代汉语词典》中的解释为：各个组成部分的搭配和排列。而结构化是指不断生成结构的过程，历史知识的结构化是指将原来凌乱无序的不完整结构形成系统有序的新结构的过程，所以，结构化的特征是动态变化的。

在教学实践中，如何实现"以大概念为核心，使课程内容结构化"呢？首先需要转变对历史知识的认识，转变教与学的方式。

一、转变对历史知识的认识，运用结构化思维实现教学方式的转变

结合历史教学来看，虽然以往的教学也有结构，但以往的教学结构更多体现在知识的条理性方面，目的是更有利于学生掌握知识。当前以落实学科核心素养为教学的根本任务，所以教学观和知识观也需要转变，必须确立新的知识观，从而摆脱细碎历史知识点的干扰，形成结构化的知识体系，并使其为培养核心素养服务。袁振国教授这样告诫老师们："看来知识的问题关键不是多少的问题，而是结构的问题；不是教多少的问题，而是怎么教的问题。"在这里，袁教授明确地提出了"知识结构化"的问题。《历史课程标准》在课程实施层面也有相关的要求，即"进一步改进教学方式、学习方式和评价机制，将教、学、评有机结合，促进学生的自主学习、合作学习和探究学习，提高实践能力，培养创新精神"。

宁夏的王力争老师辞去校长公职后创建了宁夏三沙源上游学校，他说："之所以辞去公职，是想办一所不太功利的学校。"在新学校，他制定了五条《上游学校课堂建议》，其中有一条就是："盯住思维线或生发线，重视结构化。"经过实践探索，他认为："就人的发展而言，学习不仅仅是学知识的过程，重要的是在此过程中培养其结构化的能力，更深层面的是形成开放、主动、包容的结构化意识和思想。因此，结构化是掌握知识、方法，发展思维品质、综合能力，提高思想认识水平的标志。这才是由结构到结构化动态发展的本质，更是人可持续、健康发展的根本。"可见，在课程标准和学科大概念的统领下，使课程内容结构化已经成为共识，也是应对历史课程容量大、纲要体例的有效方法。下面，笔者将从具体设计的结构化课例出发，来分析历史课堂该如何进行结构化教学探索。

二、历史课堂结构化教学的探索

理想的历史课堂会是什么样的呢？相信从不同的角度思考会有不同的答

案。从结构化教学来看，理想的课堂一定是生动有序、知识结构清晰，并且能够给人思维触动。当前历史课堂教学存在的问题在于老师忙于赶进度，对知识的系统化加工不到位，知识点较散乱，点状化严重，甚至有一些老师平时结构化知识整合不到位，又想让学生测试取得高分，临时采取题海战术的现象。还有的老师平时对学生的学法指导较少，学生所掌握的知识散乱，学习过程被动，甚至部分学生只完成机械抄写或者选择题类型的作业，不太愿意完成需要深一层次思考的问题，长此以往，思维变得迟钝单一，学习惰性化严重。

（一）以一节课的学习流程来看结构化教学

历史课堂教学首先要环环相扣，实现教学流程结构化，其次上完一堂课，呈现出来的应是结构化的知识，实现知识的结构化，经过多节课的积累归纳，实现方法的结构化，进一步提升达到思维的结构化。事实上，知识、方法、思维的结构化也是互相促进发展完善的过程，甚至在一个具体学习内容中，会有交叉碰撞。以部编版历史教材选择性必修 1 第一单元第 3 课《近代以来中国政治制度的演变》一课为例，有位老师在进行了具体内容学习后，就呈现了以下的图示，以时间轴为依托的知识结构图，师生共同回顾，形成本课知识的结构化整合（见图 1）。

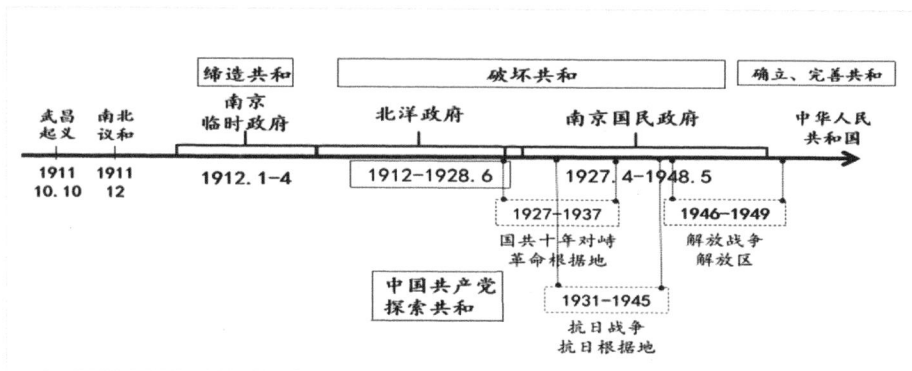

图1

此知识结构图不仅时间线索清晰，而且紧扣历史课程标准的要求：了解共和制在中国建立的曲折历程，理解中国政治道路的独特性和必然性。但是，仅运用此知识结构图还不能充分落实本课的具体知识内容，还需要结合以下板书整合细化知识结构（见图 2）。

新时代
教育文库
北京卷

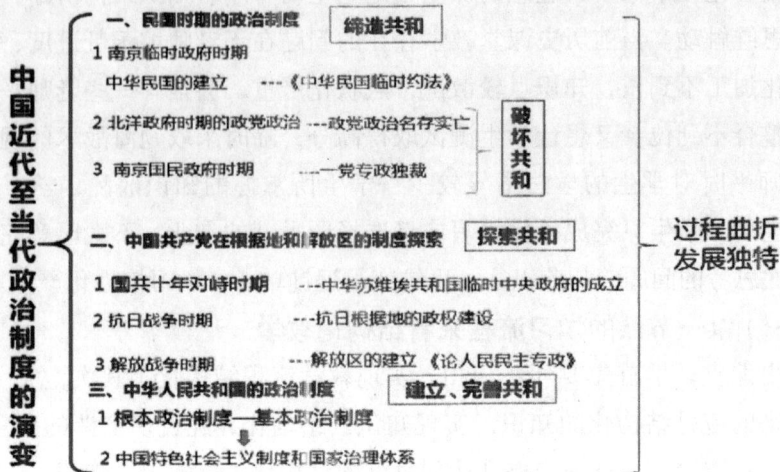

图2

到此为止，学生知识层面的结构化看似达到了，但是，学生与此内容相关的学科思维能力是否就提升了呢？还需要进一步检验，于是又运用了以下文字材料，并且设计了探讨问题。

政治制度必须适应国情，但与此同时，这种适应必须是一种动态的适应，即政治制度必须随国情的变化而变化。国情是可以改造且需要改造的，应当不断地改造国情，使之永远处于去劣存优的变化中。对国情的这种改造其实是一种量的变化：当国情改变的量的积累最终导致质的变化时，政治制度就要随之发生变动以适应变化了的国情，如果政治制度不随国情的变化而变化，即使勉强建立，也难以持久。

——摘编自檀江林、汪少波《理想的幻灭：民国初年政党政治的夭折与反思》

围绕材料，结合中国近现代史的具体史实，说明"政治制度必须随国情的变化而变化"。此文字材料和设问的用意在于引导学生把中国近现代政治制度的学习和近现代的历史发展进程结合起来，思考并且完成对材料中观点的阐释，这就对学科思维能力的要求又上了一个台阶。在完成此问题后，可以进一步扩大结构化知识的整合范围，对选择性必修1第一单元《政治制度》进行知识结构化整合（见图3）。

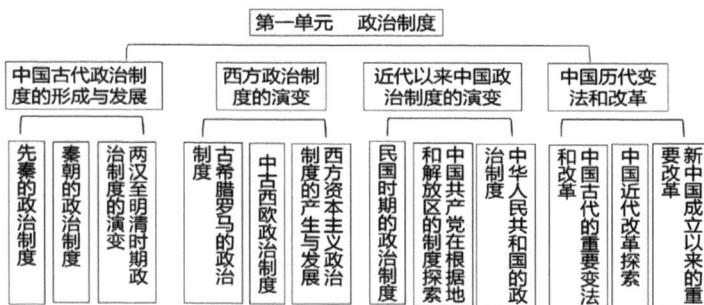

图 3

通过以上知识结构化和思维结构化的探索运用，一步步达成唯物史观、时空观念、史料实证、历史解释、家国情怀五大方面的历史学科核心素养。实现课程标准对这一单元的学习要求："通过本模块的学习，学生能够基本认识中国古代国家制度和社会治理措施的主要发展线索，同时能够简单了解欧美国家在制度建设和社会治理方面的重要成就及其历史渊源，并且初步掌握当代中国国家制度和社会治理措施的由来和概况；通过学习，能够认识到制度会随着社会变迁而变化，任何一种制度都不是十全十美的；不同国家和地区的制度，应当在坚持自身优秀传统的基础上，从社会实际状况出发，互相取长补短，臻于完善。"所以运用知识整合方法，实现不同层级的知识结构化整合，从而逐步实现思维的结构化，是达成课程目标的有效途径。

（二）立足单元设计，培养通史思路下的阐释能力

聂幼犁教授提出，教师备课时要注意"三通"，即本课与前后相通，本课与单元相通，本课与整本书相通。在课程推进过程中，单元教学更符合结构化教学的需要，以单元为单位来谋划教学，可以化解单课教学的破碎感。但是，要说明的是，以单元为单位教学并不是把一个单元的内容简单"拼盘"，而是关注单元内每一课之间的联系，对单元内部的同类知识进行整理归类。当然这里的单元并不完全是教材所设定的单元，而是教师根据课程标准的理念要求所整合出来的，体现了历史学科大概念的单元设定。比如，可以把选择性必修 1 第五单元的《货币的使用与世界货币体系的形成》、《中国赋税制度的演变》与选择性必修 2 第三单元《古代的商业贸易》、《世界市场与商业贸易》、《20 世纪以来人类的经济与生活》进行整合，以体现古今中外商业的发展、人类的生产生活以及全球贸易的发展与货币的使用情况，这些都是与商业贸易和日常生活相关的内容，所以可以进行跨单元整合，在教学中就可以作为一个单元主题，以加强历史的贯通性，学生在学习中也能够逐渐形成全面认识，提升历史思维能力。

三、高考试题对结构化思维的考查

在中国高考评价体系中，"引导教学"被明确定为高考的重要功能之一。那么，在具体的高考试题中，又是如何体现考查学生的结构化思维的呢？以2019年北京高考历史第37题第（2）小问为例，以下是试题及设问：

材料二：黄宗羲生活于明末清初，两百年后其政治思想备受推崇。梁启超与谭嗣同等曾将《明夷待访录》"节钞"送人。革命党人陈天华认为，《明夷待访录》"虽不及《民约论》（又译《社会契约论》）之完备，民约之理，却已包括在内"。该书中的《原君》《原臣》也曾被用作兴中会的宣传品。

民国时期，梁启超反思说："曏昔谈立宪、谈共和者，偶见经典中某字某句与立宪、共和等字义略相近，辄撷拾以沾沾自喜，谓此制为我所固有。其实今世共和、立宪制度之为物，即泰西亦不过起于近百年……比附之言，传播既广……以为所谓立宪、共和者不过如是，而不复追求其真义之所存。"

评析清末民初关于黄宗羲的"记忆复兴"这一现象。（12分）

此题所用史料聚焦在清末民初思想领域的变化领域，考生理解起来有一定的难度，就此题的设问来看，要求"评析"思想领域的历史现象，重点考查历史阐释的能力。答题中要经过一个先完成"分析"再进行"评价"的过程，体现了设问由浅入深的结构化思维过程。而且单就"分析"这一层面的作答来看，也需要考生对"清末至民初"有明确的时空观定位认识，并且能够分析思想领域"记忆复兴"现象的表现是什么、为什么会出现衰落后又复兴、这一现象怎么样等几个层次，对考生的思维层次有明确的结构性考查。"评价"层面的作答，要求结合时代背景，要从时代使命的角度进行深化，进一步上升到历史与现实的关系这一更加宽广的主题。再从本题的评分规则来看：

水平四：9—12分

整体结构完整。阐明黄宗羲思想要义；晚清时期社会背景下对黄宗羲思想认识的本质；民国时期社会背景下对黄宗羲思想认识的变化；结论明确，逻辑清晰，观点正确。

水平三：5—8分

整体结构缺少两项及以上。叙述较充分，逻辑较清晰，观点正确。

水平二：2—4分

整体结构缺少三项及以上。叙述不充分，逻辑不清晰，观点正确。

水平一：0—1分

无结构。叙述不充分，逻辑不清晰，观点不正确或无观点。

不难看出，在四个等级的评分规则中，都出现了"结构"一词，可见，此题非常重视考查学生历史思维的结构性，按照答题时思维所达到层级分成四个等级，赋以分数级差。这样的高考试题还有很多，考查学生的结构化思维已然成为高考的重要目的之一。

结构化教学对当下教师与学生的发展大有裨益，深层次教学可以促进学生真正发展。可以预见，随着中学历史教学改革的不断深化，教师运用结构化思维组织推进教学的实践经验会不断丰富，对高中历史结构化教学的意义和价值将会有更深刻和全面的认识。这方面的专家论述也非常多，其中华东师范大学叶澜教授很早就对结构化教学进行了详细阐述，并且提出了"教结构、学结构、用结构"的结构化教学基本理论。

同时，结构化教学对学生而言"营养"丰富，但对教师提出了更高的要求。它不仅要求教师对初高中的教学内容了然于胸，还要充分理解课程标准和课程目标，树立整体观、全局观，具有结构化思维、系统化思维。当然，教学中，重视大结构的同时还要重视细节或小结构的梳理，因为细节或小结构是大结构的具体组成，甚至是解题思路的具体步骤和解决某个问题的具体方法等。在大结构的框架下，要重视和加强对学生思维严谨性、准确性的训练，如在学生回答问题、完成作业等细微过程中，要严格训练口头、文字及符号语言表达的规范性、严谨性与准确性。这些也是提高学生思维品质、促进结构化水平提升的有效手段。

美术生高中英语写作 SLPE 教学模式探究

——以中央美术学院附属实验学校为例

吴敬晶

一、我校高中美术生英语写作存在的问题

我校为美术特色校，学生在英语学习上面临很大的挑战：词汇量少，看不懂文章，英语写作方面更是困难。大部分学生语法知识薄弱、句式结构不清晰，导致写出的文章整体不成体系，错句较多。同时，高考英语写作中，分值比例较大，英语写作薄弱也影响学生英语拿高分。

二、SLPE 英语写作教学模式的提出及应用

《普通高中英语课程标准（实验）》对高中生的写作提出了如下要求："能根据所读文章进行转述或写摘要；能根据文字及图表提供的信息写短文或报告；能写出语义连贯且结构完整的短文，叙述事情或表达观点和态度；能在写作中做到文体规范、语句通顺。"基于我校美术学生在英语写作中存在的问题和高中英语课程标准要求，我们积极探索英语写作教学模式，旨在探究出一种有效的、适合我校美术学生的写作教学方式，指导学生逐步提升英语写作能力。

经过三年来的教学实践，本人根据我校学情探索出一条针对美术学生的英语写作教学模式，即 SLPE(structure, language, practice, evaluation)。SLPE英语写作教学模式，是指教师在进行写作教学时，通过特定的写作任务，帮

助学生谋篇布局，搭建框架结构（structure），提炼句式表达，积累词汇语言 (language)，最终通过实践 (practice) 和评价 (evaluation) 来提升学生的英语写作能力，帮助学生写出正确句子文段，从而表达自己的想法、观点。

（一）结构（structure）

根据特定的写作任务，培养学生的结构意识，即让学生明白文章的结构段落，每段该写什么内容。因此，对于不同题材的作文，要帮助学生先搭建框架。根据北京市英语高考的特点，作文的体裁主要是书信类的应用文和看图写作的情景记叙文。两种不同体裁的问题，结构必然不同。

应用文写作要体现交际性、简明性和逻辑性，让学生明白第一段要"打招呼、点主题"；第二段要"写要点"，经常是一些寻求建议或推荐理由；最后一段要"提希望"。综上所述，我们可以建构这样一个写作结构：

Dear Jim,

P1. How are you? / How is everything going? Knowing that …, I'm writing to … and I hope/want…

P2. My recommendations/suggestions are mainly based on the following reasons. First of all, … ; Besides, … ; What's more …

P3. What do you think of it? / Are you interested in it? / Does it appeal to you? If there is …, please let…I'm looking …

在情景作文写作中，要求学生主要对四幅图中的事件按照顺序进行描述，主题一般是游记、参观、活动等。因此，根据记叙文特点，情景作文的框架结构一般这样来搭建：第一段首先要对事件进行一个简单概述，即事件发生的时间、地点、参与的人物，事件的主题，以及一点个人感受；第二段主要描述事件、故事的情节发展，常以时间的发展顺序进行要点描述；最后一段描写事件、故事的结局以及影响，总结收获、感受等。以一篇游记主题的情景作文为例，可参考的结构如下：

P1. Last week, we visited …, which left/gave me …

P2. Early in the morning, upon arrival, we … Afterwards, I … Then came the big moment when … Before leaving, …

P3. Through this visiting, not only did I …, but also I … What an

新时代 教育文库 北京卷

unforgettable …!

（二）语言（language）

当学生在结构搭建上比较成熟时，要开始进行语言的输入。语言输入主要体现在两个方面，一个是语言形式的输入，另一个是语言内容的输入。在语言形式的输入上，要帮助学生书写出准确的句子，除了日常的词汇、句式结构积累，就是将写作与语法课型相结合，训练学生语法、句法知识的时候，尽可能编辑一些写作中常用的话语，帮助学生巩固练习。例如：

（1）分词短语或介词短语作后置定语时，常常可以转化成一个完整的定语从句。

明天我们将举行一个讲座，讲座内容是"美国教育"。

We will hold a lecture about American education.

We will hold a lecture which is about American education.

We will hold a lecture whose content(内容) is about American education.

（2）表达"一……就……"的状语从句或短语结构与写作相结合

… as soon as … the moment … No sooner … than …； … hardly … when ….(on arriving …；upon arrival … 一到达….)

一下火车，我们就受到了热烈欢迎。(as soon as … the moment…)

As soon as/ The moment we got off the train, we received a warm welcome.

一到达那儿，我们就爱上了那儿的风景。(on arriving … Upon arrival …)

On arriving there/ Upon arrival there, we fell in love with the view/ scenery.

一篇好的作文不只是语言形式准确即可，还取决于作者的语言内容。在语言内容方面，重点指导学生如何将要点论述得更加有理有据或事件的主要情节描述得更加丰富充实，这就需要一定的细节支撑。如在情景作文中，可以延伸与主题相关的个人感受、收获，可借助非谓语动词形式、非限制性定语从句、状语从句等语言结构。以2018年朝阳一模中情景作文中的一幅图为例：

On January 3st, hardly had I entered the community when I saw a man told knowledge about a total lunar eclipse. He was surrounded by people, helping us have a better understanding. Upon arriving home, I searched information on the internet, from which I acquired a lot of knowledge such as the color, development. I couldn't wait to explore more secrets about this spectacular phenomenon.

在应用文写作中，为了使要点更加有理有据、更加丰富，需要添加一定的细节，细节内容一定与要点相关，且是为支撑要点服务的。以 2019 年海淀一模中对推荐理由要点的陈述为例：

假设你是红星中学高三学生李华，你的英国朋友 Jim 在给你的邮件中提到他暑假将来北京参加"外国人唱中国歌大赛"，希望你为他推荐一首中文歌曲。请给他回邮件，内容包括：推荐曲目；推荐理由；你的祝愿。

I highly recommend *Moli Hua*, Jasmine Flower, which is representative of Chinese folk music. My recommendation is based on the following reasons. First of all, it enjoys wide popularity, so there's no doubt it will attract the audience's attention once you start to sing. Moreover, this song has beautiful melody and simple lyrics, which are relatively easy for you to learn in a short time. I bet you are bound to stand out among all the competitors.

（三）实践（practice）

学会了结构搭建和语言输入后，要开始对学生进行不同任务写作的训练，训练尽可能要在限定的时间内完成，如 15 分钟一篇应用文写作，20 分钟一篇情景作文写作。每一次的训练都要有一定的侧重点和针对性，如应用文按照邀请信、建议信、感谢信、申请信等格式，情景作文按照游记、参观、活动等不同主题进行训练，学生在写作过程中要关注文章的整体结构、要点完整性、内容延展和衔接、语言结构多样化及准确性等方面。学生动笔写之前，教师可以先引导学生谋篇布局，搭建框架。以一篇邀请信写作练习为例：

假设你是红星中学高二1班的学生李华。校学生会将于本月底举办高中英语戏剧比赛，你代表学生会给你班的美国交换生 Peter 写封邮件邀请他参加活动。邮件内容包括：比赛的具体时间和地点；比赛的目的；恳请 Peter 参加。

P1：打招呼；点主题

How is everything going？ /How are you these days？ I'm writing to tell you that our student association will … which is about … On behalf of … , I would like to …

P2：写要点

It will take place … The purpose of (our)holding this competition is that … /We hold this activity mainly based on the following purposes. First of all, …Besides, … What's more, …

P3：提希望

… I sincerely hope … I'm looking …

引导学生谋篇布局、搭好框架结构后，进一步从语言结构和语言内容方面，启发学生尝试使用尽可能多的语言结构，并尝试使用非谓语、非限制性定语从句或状语从句，使开放性部分的比赛目的陈述得更加有理有据。

（四）评价（evaluation）

当学生完成写作练习后，要对学生写的一稿作文进行评价。我们通常采用的评价方式有生生互评、师生互评和师生一对一面批。课上利用5—10分钟让学生集体来对某位学生的习作从语篇结构、要点完整性、内容连贯与衔接、语言结构多样化及准确性等方面进行综合评价，最后根据评分标准评出相应的分数。通过这种评价方式，学生能够吸收优秀作文中的长处，同时也能从写作问题的分析中反思，从而进行改进。课下继续对其他学生的习作进行一对一面批点评，引导学生认识到写作中的优点和不足，并将有问题之处进行二稿修改，进而再进行批改，直到问题得到完全解决为止。学生的写作能力就是在这种反复的评价、修改、再评价、再修改过程中逐步得到提高的。

三、SLPE 写作教学模式成果

SLPE 写作教学模式是一种就写作而讲写作，直击学生问题而设计的教学模式，对我校美术生群体，起到了立竿见影的效果。通过这种教学模式，学生一步步掌握文章写作如何进行谋篇布局、搭建结构，如何正确使用不同的语言形式，如何丰富语言内容，并经过长期有针对性的训练和无数次的评价批改，学生最终写出层次比较清晰、观点鲜明、内容丰富、句子也更加准确的文章。在 2019 年高考中，笔者所带班级学生的应用文平均分 9.5 分，情景作文平均分 12.8 分，均达到及格分以上，比往届写作平均分提高了 3—4 分。

四、SLPE 写作教学模式反思

SLPE 模式写作教学专门针对我校学生学情，旨在解决当下我校学生存在的迫在眉睫的英语学习问题，具有一定的实践意义。然而，反思整个教学模式，总体上比较适合我校基础薄弱的美术学生，同时，还存在有待于进一步改进的地方。首先，写作方法指导不够灵活，导致学生写出的文章生硬不自然；其次，写作教学中过于就写作而讲写作，比较单调乏味，学生的语言输入量也比较受限。如果将 SLPE 模式写作教学应用到更多的课堂，在今后的教学中，要在以下几方面做出改进：（1）在日常教学中，要增加学生语言的输入量，尤其是阅读量方面，无形中帮助学生积累更生动、更好的语言；（2）写作要与多种课型相结合，尤其是阅读方面。阅读本身可以为学生提供语言支撑、框架结构，进而帮助学生写出更好的文章，也无形中培养学生的知识迁移能力。

对 SLPE 写作教学模式的思考，基本达到了解决我校学生所面临的英语困境的目的。在今后教学中，我会继续不断钻研，探索出更多适合我校美术学生学情、解决学生英语学科问题的有效教学方法。

转变教学方式突破高中英语写作难点的尝试

尤 冰

我校是一所美术特色学校，学生的英语基础普遍较差，从高一年级开始，这些学生将近一半的时间都花在美术专业训练上，英语学习时间严重不足，提高他们的英语写作水平更是一大难题。

一、发现英语写作中的主要问题

长期以来，大多数学生英语句子写不对，错误一处接一处，教师无法批阅，更谈不上篇章写作。尽管在高考复习备考过程中师生花费了大量时间和精力进行英语写作训练，但多数学生的英语书面表达依然达不到及格水平，师生都感到头痛。针对现实问题，我们首先从教师的角度分析书面表达教学中存在的问题：书面表达的训练缺乏计划性和系统性，先练什么，后练什么，心中没数，教学安排碎片化；对学生的错误缺乏归类分析，学生错什么，教师讲什么，书面表达讲评碎片化；学生的英语水平参差不齐，但教师总是按一个标准训练学生，对学生的书面表达训练缺乏分类指导，教学目标碎片化。

二、用模块教学法解决存在的问题

针对以上问题，我校英语教师在北京市英语特级教师、全国优秀教师、教育部国培专家易仁荣老师的指导下，从 2016 年开始运用模块教学法研究解决高中英语写作教学中存在的碎片化教学问题，对英语写作教学进行整体规划，分步实施，有序推进，分类达标。

模块式写作教学主要分为两个方面：一是写作教学以语法为主线、以课本单元同步词汇为辅助，以单元话题为载体，创建若干个写作教学模块，模块之间相对独立，但相互衔接，简称内容模块；二是把以上教学模块按照高中三个年级划分为三大教学模块，每个模块（年级）有相应教学目标和教学重点，从高一年级开始有计划地进行语言表达能力的培养，主动、有序、有效地提高学生的英语写作能力，简称年级模块。通过以上模块写作教学训练，三年基本达到教育部《普通高中英语课程标准（2017年版）》必修中关于写作的标准。

三个年级写作模块的总体要求是：高一抓句子，高二抓语段，高三抓语篇。高一年级从"主谓宾"、"主谓"和"主系表"等简单句的句子结构入手，以主、谓、宾、定、表和状语为主要训练内容，强化"千错万错，谓语动词不出错"的句子核心成分训练和定语、状语等中英文不同表达上的训练，培养学生在英语写作中的句子成分概念、语序概念。在简单句过关的基础上，高二年级紧接着进行以宾语从句、定语从句和状语从句为主的从句训练，在此基础上再进行谓语动词的时态、语态和非谓语动词主要用法的训练。与高一不同的是，高二的写作训练以语段为主要训练方式，培养学生的语段概念。高三年级以高考题为练习形式，在篇章中梳理写作常用句式和表达，进行文体训练和写作手法的训练。

三、用启发式教学培养学生学习能力

无论是句子、语段，还是语篇训练，我们都坚持以学生主体，以培养学生的学习能力和写作能力为目的，在写作教学中落实《普通高中英语课程标准（2017年版）》提出的培养学生核心素养的要求。在英语写作教学中，我们在易仁荣老师的具体指导下，按照"呈现、观察、发现、运用"的启发式教学程序，运用"呈现按模块，观察有重点，总结要精练，运用要综合"的操作要领，培养学生在英语写作中的观察、总结与运用能力，在听、说、读、看、写的综合运用中提高他们的主动学习意识，激发他们的学习兴趣。以下介绍启发式教学中的具体做法。

（一）呈现与观察

呈现按模块。英语语法对于英语写作十分重要，但从初一到高三，教材中的语法编排比较分散，教师教得零碎，学生学得零碎，语法概念在学生的印象中也是零碎的，所以写作中出现的语法问题千奇百怪。针对以上问题，我们把主要语法项目如简单句、英语词类、六种从句、时态与语态、非谓语动词等创建为模块，让学生从整体上了解各项语法的结构和概念，再进行相关写作教学。模块创建后，教师引导学生观察。用画线、加黑、不同颜色等方式呈现观察的重点，再引导学生侧重观察重点。例如：

模块 1

在进行简单句写作时，我们先学习和练习主语模块，呈现以下 8 个句子：

（1）My parents are both teachers.

（2）She enjoys music very much.

（3）Three hundred kilometers is a long journey.

（4）Travelling in space will be common in the future.

（5）To see is to believe.

（6）It is very necessary for us to learn a second language.

（7）Three are lots of boy students on the playground.

（8）There stands a tall tree on the other side of the street.

然后让学生观察在这些句子中哪些词可以做主语，主语的位置有什么不同。通过观察，学生发现并总结：主语可是名词、代词、数词、动名词、不定式；形式主语和真实主语的不同位置以及 There be 句型主语的特殊位置等。

模块 2

在写作中，时态一直是学生容易出错的地方。我们把英语 11 种时态创建为一般时态、进行时态和完成时态三大模块。比如完成时是学生最容易出错的地方，我们把现在完成时、过去完成时、将来完成时和现在完成进行时按照模块呈现给学生，然后引导学生逐一分析各个时态所表达的含义和特点：

（1）We have cleaned the room already.

（2）We have cleaned the room for half an hour.

（3）We have been cleaning the room since we came here.

（4）We will have cleaned the room before you come here.

（5）We had finished cleaning the room before you came here.

通过观察，尽管都是"打扫房间"，但学生可以看出时态不一样。句 1 表示房间已经打扫完了，房间目前是干净的，标志词语是 already；句 2 表示打扫房间已经半小时，动作可能还会持续下去。句 3 表示从过去某一时间点到现在一直在打扫房间。句 4 表示将来某个时间之前已完成打扫房间这个工作。句 5 表示"打扫房间"发生在过去某个时间之前，即"过去的过去"。

（二）发现与总结

总结要精练。首先，教师要给学生充分的时间让学生自己进行总结，这样的学习效果会比教师直接给结论好得多。另外，教师要提炼精华，用尽量简短的话语来总结规律，这样会更有利于学生记忆。例如，我把谓语与句子结构作为一个模块，呈现出 6 个句子让学生观察谓语动词的特点并总结：

模块 3

（1）They arrived in Beijing five ago.

（2）The middle-aged man sold his old car.

（3）Her face turned red when she started to speak in public.

（4）We entered the hotel at half pat nine.

（5）We call him Mr. Smith.

（6）He found the book.

通过观察，学生发现在简单句的五种基本结构中，主谓宾、主谓双宾和主谓宾宾补结构，这三种结构的谓语动词都是及物动词。而主谓结构的谓语动词是不及物动词。通过总结规律，学生在学习过程中学会主动思考。

（三）运用与巩固

模块式写作教学不仅仅是就写作而讲写作，在设计一节课时，教师可以把写作与听力、写作与阅读、写作与语法、写作与词汇结合起来，在综合运用中帮助学生巩固提高。

例如，在高三进行语法复习时，可以把语法和写作形成一个模块，把一般现在时、一般过去时和一般将来时作为一个模块，以文段的形式进行练习，基础差的学生可以做填空练习，基础好的学生可以做翻译练习。

（1）一般现在时的练习：请根据中文提示，在空格处填上适当时态的谓语动词。

我在学校结交了很多朋友。事实上，我喜欢结识新朋友，并且喜欢和他们交谈。我认为朋友需要互相帮助，我感激他们的帮助，也乐于助人。

I _____ many friends in school. In fact, I _____ meeting new people and _____ talking with them. Believing we all _____ help from each other, I _____ friends' help, and I _____ willing to help anyone in need.

（2）一般过去时的练习：请纠正以下谓语动词出现的错误。

Last Sunday, we were go to climb Xiangshan Mountain. Early in the morning we meet at the school gate and go there by bus. At nine o'clock we are arrive at the foot of the mountain and start climbing. The mountain is very high and some of us get tired soon, but all of us are very excited.

（3）一般将来时的练习：请根据中英文提示，翻译下列文段。

我们打算下周日去爬香山并邀请 (invite) 你和我们一起去。为了绿色出行 (make it a green travel)，我们将要坐公交去那 (take the bus)。早上 8 点在学校门口集合 (get together)，最好带着相机 (camera) 记录 (record) 美丽的风景 (scenery)。如果你能来，我们会非常高兴。

通过练习，让学生总结谓语动词各个不同时态的特点，这样既练习了写作，又巩固了语法。

四、教学方式转变后的收获

近几年来，我校英语教师把写作教学作为一个整体来研究和实践，在写作任务、训练方式、训练时间和训练目标上做到了整体性和阶段性相结合，变英语写作中的碎片化教学为整合式教学，这种整合式教学的最大好处是克服了英语写作教学中的随意性和盲目性，有计划、有步骤地培养学生的英语写作能力，从而培养学生核心素养中的英语语言运用能力和学习能力。

我校 2018 届高三文科毕业生，应用文写作平均分达到 8.6 分（满分 15 分），情景作文平均分达到 11.2 分（满分 20 分），均比往届学生写作平均分提高了 3—4 分。2019 届高三毕业生应用文平均分 9.5 分，情景作文平均分 12.8 分，比往届写作平均分提高了 4—5 分。学生受益，教师更从中得到了启示。

混合教学模式下的初中英语教学思考

常 丽

2020 年初，教育部要求为保障全国中小学及大学学生的生命安全，全国所有的大学、中学、小学和幼儿园，推迟开学，利用互联网各种平台，开展"停课不停教、停课不停学"以保证教学工作的有序进行。自此，"网络教育"、"在线教学"便成了热搜词，它关乎每个家庭、每个学生、每个教师。为提高网络授课质量，教师各尽其能，变身网络主播，各显神通，努力让每名学生不掉队。现在，全国疫情基本得到控制，全国各地有序复工，各地学校采取错峰开学措施，我们已进入与病毒共存的后疫情时代。线上线下教育相结合的混合教学模式成为一种新趋势。

一、混合教学模式的优势

不同于传统教学模式的单一性，混合教学模式是融入两种或者多种模式的教学，本文中的混合教学模式特指建立在传统教学模式的基础上，与融入互联网技术的线上教学相结合的线上线下混合教学模式。这种模式能够利用两种教学模式优势，重新进行整合，由浅入深地让学习者达到更有效的学习，让教师的教学活动能够更顺利地进行，教学目标更高效地达成。

混合教学模式，有利于充分发挥学生的自主性。以教师为主导，学生为主体的教学理念，在混合教学模式下能够得到更好体现。以北京市朝阳区的线上课堂为例，教师将区级微课视频通过网络与学生共享，并指导学生在观看教学视频时，完成视频配套的《教学指南》中的任务，通过任务完成情况，再进一步讲解，实现了学生与教师之间的双向互动，也大大提高了课堂的教学效率。此外，教师还可以通过问卷星、线上小组讨论、QQ 作业、微信作业簿、作业管家或者钉钉作业等功能收集学生的课堂作业，通过软件的数据分析功能，及时了解学生的完成情况与问题所在，与学生进行实时反馈，也让教师的教学更有针对性、有的放矢。学生也可以通过利用多种多样的教学资源，进行自主学习，有问题的地方可以反复听反复研究，有利于学生解决问题能力的提高，通过线上线下的互动与学习，新课标中提出来的学生的思维能力和批判能力也得到了提高。

混合教学模式，倒逼教师综合素质的提高。以往一个好老师的标准，指的是能够在教室里讲好一节课，混合教学模式下，要求教师线上和线下都能够讲好一节课。这就要求教师要进行自主学习，学习信息技术，熟悉各个上课软件的各项功能，充分利用软件功能，也能够利用学生的网络数据快速发现问题、解决问题，而这些技术方面的技能正是我们很多教师所欠缺的。此外，线上课堂中，学生的参与度不可控，很多学生有可能边上课边做其他的事情，因此增加网络课程的趣味性和吸引力，对于教师来说变得尤为重要，增加网络课堂趣味性的方法也可以用于线下课堂，一技多用。终身学习，根据新形势不断自主学习，提高综合素质，这正是混合教学模式下给教师带来的挑战和机遇。

二、线上线下混合教学模式下的初中英语教学策略

（一）构建初中英语资源库

丰富的教学资源对提高学生的兴趣，提高课堂的吸引力与效率具有重大意义。本组教师或者本学科教师，可以从国家教育资源平台、市级云平台、区级微课等途径，收集教学资源，根据课程的不同功能，将资源分为指导性资源、内容性资源、评价性资源。其中指导性资源主要指国家课程标准、市区级学科指导意见、电子版教材、教学进度表等；内容性资源包括服务课程的上课所需的图片、视频、PPT、学生学习指南等资料；评价性资源主要指配合课堂内容的习题、测试题、学生口语与书面作业等材料。

（二）丰富教学内容设计

不同于以往的以教为主的模式，混合教学模式下，以学生学为主，这就对我们英语老师提出了更高的要求。在进行内容设计时，教师要多站在学生角度进行思考，学生要学什么，怎么学。教师也要充分利用网络平台的便利性与时效性，可以将相关知识的视频进行编辑，将最新的知识、新闻、时事、热点等

融入教学内容，拓宽学生的视野，也能在自主学习过程中实现德育的目标，培养学生英语学习的核心素养。

（三）开展多样教学活动

课前，教师根据学生实际学情和教学内容，利用网络平台提前布置预习作业，比如教师可以通过 QQ、钉钉等平台上传预习资源，可以是视频，也可以是 PPT 等，鼓励并督促学生自主完成预习任务、发现问题，为正式的课堂教学做准备，提高课堂的听课效果。

课中，为了充分利用 45 分钟的课堂，教师要充分发挥自身的主导作用，有针对性地对学生的预习疑问进行回应，同时尽可能地运用多种形式的教学方法，可将多媒体、手势操、简笔画等融入课堂，打造一个学生愿意自主参与的灵动课堂。比如在讲解 "what is the weather like？" 时，教师可以通过图片、视频等展示各种天气，也可以利用手势学习并记忆各种天气的表达。互动环节，教师可以学习使用腾讯会议中小鹅云的功能，签到、举手、互动都会有相应的奖励；此外，zoom 课堂的功能更多一些，现场分组，小组练习，小组表演，互动得分，可以实时实现，方便快捷，也增加了课堂的趣味性。

课后，为了了解学生的掌握情况，教师可以通过问卷星等软件收取作业，自主批改，快速掌握学情。为了巩固所学，教师还可以利用 QQ 作业、小管家等平台布置配套微课视频与练习。学生做完作业，教师根据不同的等级，给予奖励，小红花或者星星，还可以设置班级优秀作业，全班可见，让班级同学能够进行学习，这样一是增加了作业的趣味性，二是参考优秀作业，学生能够更好地改进。现在有些软件还带有分析功能，可以分析学生作业的进步情况，班级作业的打卡排行榜，我们教师也可以利用这些功能激励学生。此外，现在市场上的英语软件也很多，教师可以向不同学情的学生推荐适合他们的学习软件，如乐词、百词斩、墨墨背单词、英语流利说、英语趣配音，与全国的学生进行比赛，提高学生的英语学习兴趣，也能让学生听、说、读方面的技能得到提高。学习有困难的学生，教师可以给他们推送相对应的微课，或者专门录制难点讲解视频，上传至班级平台，学生可以反复观看学习，直至弄懂，这避免了学生一遍没听懂，课后没时间或者羞于问老师的尴尬，便于学生更好地学习知识。

三、结语

总之，随着教育信息化的发展，线上线下混合教学模式必成为一种新趋势，体验并尝试采用多种不同的教学方法，并让这些教学方法能够服务于教学，服务于学生，能够极大地提高中学英语教师的教学技能和课堂的教学质量。

作为线上与线下教学相结合的新学习模式的"混合式教学模式"，适用于新时代信息化的初中英语教学。它能够使初中英语教学资源更加丰富，获取资源途径更加方便，极大弥补了地域间教育资源的不均衡，增长了学生的见识，拓宽了学生的学习视野，培养了英语学科的核心素养。需要指出的是，尽管混合式教学有许多优势，但它无法彻底取代传统课堂的学习，如果离开了教师在线下课堂上的有效指导，学生对于知识的掌握很难做到规律化、科学化及系统化。因此，要根据教学实际把混合式教学与传统课堂教学有机地结合起来，只有这样，才能取得最佳的教学效果。

协同学习教学模式下小组评价手段优化与学习效果提升

李红玉

词汇维系着语音和语法，是语言的三大要素之一，是语言的建筑基石。学生掌握一定数量的词汇，是初中英语教学的重要任务之一。英国语言学家威尔金斯曾经说过："没有语言，人们表达的事物寥寥无几，而没有词汇，人们则无法表达任何事物。"在非英语为母语的语言环境学习英语，必须要从语言基础知识学起。离开了高效率的词汇学习，语言知识的掌握便无从谈起，交际能力的培养也必将成为无源之水，英语教学也就无效果可言。语言学家博林格也曾说过："任何一个掌握了一门外语的人都清楚地知道，主要时间都是花在掌握这门语言的词汇上面的。"他认为词汇中的信息量大大超过了语言中其他任何部分的信息量。总而言之，词汇量是制约英语学习效率的最重要因素。"教育的四大支柱——学会认知，学会做事，学会共同生活和学会生存"是 21 世纪对人才的要求。如何在英语教学中培养学生这四项能力，则是英语教师需要认真考虑的问题。

一、初中生在英语词汇学习中存在的突出问题

（一）基础的差距导致参差不齐

小学各校之间英语师资力量往往相距甚远，再加上不同学校和师生的重视程度不一，导致初中新生词汇能力可谓有天壤之别，有的学生甚至连 26 个字母都认不全。而初中学习任务相比小学明显加重，词汇上的差距往往导致英语学习的差距。

（二）学习的难度引起厌学情绪

英语是一门对记忆能力要求很高的学科，记忆英语单词是学习英语的一大难关。由于英语单词需要花时间反复记忆，学习过程有时很枯燥，致使许多学生慢慢失去了学习兴趣，影响了学习。

（三）方法的不当导致事倍功半

表现如下：有的学生在读音方面感觉困难很大，就用汉语为英语单词注音。在拼写方面，学生没有意识到字母在单词中的读音与单词的拼写有着一定的联系。在记忆单词的时候，没有通过读音和字母的关系来记忆单词，常常是死记硬背单词字母的组合。

二、知识—能力—素质结构，促进学生全面发展

何克抗教授认为："教学模式是指在一定的教育思想、教学理论和学习理论指导下，在某种环境中展开的教学活动进程的稳定结构形式。"作为 2000 年教育部 I11–3 号项目教改课题，鉴于教学模式的系统性和可操作性，我们选择以教学模式为切入点，尝试将现代教育技术与先进教育理论融为一体，力图创造出信息时代新的教学模式——协同学习模式。该模式是基于何教授提出的"双主"总模式，吸收了史密斯–雷根模型的教学设计思想和建构主义学习理论，在课堂教学支持下，由教师指导的团队学习模式。在学习中通过小组内部协作发挥集体协同效应，通过小组互相竞争发挥群体聚合动力，高效率地实现教学目标。

（一）根据实际情况，明确小组各项要求

（1）两人为一个小组，捆绑式学习，一荣俱荣，一损俱损；

（2）组长每天的生词和词组必须给老师清完（即背诵并朗读或默写并朗读），组员必须给组长清，也按照以上要求；

（3）本着自愿原则，同时教师可以视班集体的实际状况来统筹协调分组；

（4）背诵记忆方法可以小组决定（如利用语音知识记忆、词根记忆法、分类法、联想法等）；

（5）每一节课上的 3 分钟口语练习保证组内两人的句子是不同的，同时两个人都完成任务的前提下可以给小组计分，每次计一分，5 分可以兑换学校的一个积分；

（6）每周一个模块的生词、组词和 2 篇短文背诵，提前公布任务，凡是当周完成任务的小组给 2 积分；

（7）小组可以分层，如组长和组员英语水平都比较差，可以选择减少一项任务或是延长完成时间，在所有教学目标全体通过后正式实施。

（二）协同学习模式的教学策略

1. 教学目标的实现策略——教学目标的引导性与学习目标的个性化弹性结合

我们设计教学目标的意图是，要求每一个学生达到基本目标，并充分挖掘潜力最大限度地实现发展目标。为了把教学目标化为学生自己的学习目标，也鉴于个体的差异和个人发展的不同需求，我们要求学生利用学习工具制定个人成长档案，其中包括学期初的学习目标与计划；学习过程的成绩和感受；学期末的学习经验、小结和建议。这就为个体对学习目标的个性选择和动态发展创造了条件；也促使学生面对未来，为自己负责，学有目标，做有目的，不断总结、调整、进步。

2. 教学过程的控制策略——发挥教师的教学主导作用，突出学生的学习主体地位

我们认为只有充分发挥教师的主导作用，才能组织学生实现学习主体地位。教师的主导作用体现在：教师是指导型的编导者、促进型的管理者、专家型的学习者、支架型的助学者。学生的主体地位从学生角度应体现在：学习的自主性，即对自己的学习负责任；学习的社会性，即在小组的学习共同体中共同承担责任和任务；学习的问题性，即学习是面对真实世界，解决实际问题，具有具体意义，产生客观效果，负明确责任的学习。

为实现学生学习的主体地位，我们的做法：一是课堂教学内容精选精讲，重点将语法的应用讲精、讲透、用活，利用知识的迁移性带动英语句子的灵活性，避免了教师一讲到底，留出时间让学生根据目标自主安排；二是课外学习内容的开放性，鼓励学生超越课本范围、超越课程进度、超越教师指导，从网络、社会和实践中学习；三是学习任务精心设计、灵活多变，参与课堂上课，参与教师知识点讲解，参与口语话题的提出等。

3. 学习情景的组织策略——合作学习、个别学习与竞争学习有机结合的协同学习方式

个别学习、竞争学习和合作学习各有利弊，在组织策略中我们以个别学

习为基础，合作学习为支架，竞争学习为辅助，优势互补、有机结合，构成协同学习的组织形式。具体是根据"组内异质，组间同质"的原则在自愿的基础上将学生分组，要求各组制定小组目标、小组学习活动规则和计划。布置的作业一般是小课题，以组为单位呈交，定期开作业讨论课，要求既体现小组学习成果，又体现每个成员所做工作。同组内个人成绩与小组成绩的有机结合，激励了小组成员的能动性，在同伴式的密切沟通与积极协作过程中，学生对学习内容的深刻理解与领悟自然形成，进而实现有意义的知识建构，并发展了高层次思维能力。不同组之间针对同一学习任务自然形成竞争学习，由于学生在竞争学习过程中全神贯注，并根据双方的情况调整小组的学习策略，从而刺激和放大了组内的协同效应，提高了学习效率。这种合作学习、竞争学习、个别学习相统一的协同学习组织方式，既避免了纯个人名次排列的过度竞争，又适当引入竞争，防止个人对集体的过度依赖，有利于学生的知识建构和内在品质培养。

三、实施条件

（一）转变教学观念

在教学工作中，我们始终强调"转变观念"，但在具体教育实践中，往往用传统的观念驾驭改革的内容，导致改革仅仅成为一种口号，在改革实践中可能将改革的内容与要求，"穿靴戴帽"套在原有工作上。为了避免这种现象，实验前，要求做好三项工作。（1）反思自己教学模式的特点。弄清这种教学模式的教育思想基础及其发展过程。实践证明，我们的教学模式基本上是以灌输方式为主，以记忆和理解知识为本，忽视学生全面心理素质发展的传统模式。（2）分析协同教学模式的本质特点。协同教学吸收了众多课题的有益成果，但又有别于其他课题。协同课题在强调主体性时，是建立在"自主选择"基础上的。因为主体性的真正实现，不仅在于主体的参与，更重要的是主体的选择，只有主体的选择，才有自我实现的行为，体现出自组织的规律。这种本质特点为师生在教与学的模式中准确定位。（3）在前两项工作的基础上每位实验教师探索构建协同教学课堂模式，进而推出课题组提出的课堂教学模式，使大家对课题思想及模式有了共识。因此，实验工作较为顺利。

（二）完善知识结构

心理学是教师工作必须掌握的一门科学。长期以来，我们的教师总是习惯于理解有关心理学的名词概念，能用这些概念去解释学习现象就被看作佼佼者（如遗忘规律、调动兴趣等）。事实说明，我们的教师对心理学的掌握与运用，绝大部分停留在行为主义早期的动物心理实验的层面上，把心理科学作为训练学生掌握知识的一种工具，这种现象在本质上不是用心理学去指导学生的心理发展，而是限制、扭曲学生的心理发展。造成这种现状的主要原因，是教师的知识结构中缺乏心理科学。这不能不说是教师队伍总体情况的一种"先天不足"，这种状态极大地阻碍着对学生心理的培养。此次实验前，实验教师突出用现代心理科学武装自己，使他们的知识结构（关键是心理科学知识）尽可能地适应发展学生心理工作的需求，为实验工作奠定了基础。

四、有待研究的问题

（一）挖掘现行教材心理教育内容的内涵，是完善协同教学课堂模式的带有方向性的重要任务

这项工作的完成，可以在教育实践上自觉地将以知识为目的转变为以发展学生心理为目的的课堂观念，使实施协同教学模式成为一种正常的教学行为。

（二）建立协同教学模式的常规管理

该模式涉及教案的特殊要求、教学环节的把握技巧、对学生心理的指导技术等，只有形成常规要求，才能保证模式的正常实施。

高中数学混合式教学模式的探索

郝悦斌

随着科学技术和互联网的飞速发展，大量的信息技术已融合于高中数学的教育教学过程中，数学教育的现代化也逐渐提上日程，传统的学校教育和线上教育相融合的混合式教学模式将变为新常态、新趋势，而对于数学混合式教学模式的不断探索也将为未来数学人才的培养以及未来数学学习方式和教育理念的变革提供有益借鉴和启发。

一、混合式教学模式

在介绍混合式教学模式之前首先了解一下混合式学习方式。国外学者 Singh 和 Reed 提出混合式学习是在"适当的"时间，通过应用"适当的"学习技术与"适当的"学习风格相契合，对"适当的"学习者传递"适当的"能力，从而取得最优学习效果的学习方式。混合式学习的方式之前主要应用于企业培训当中，用以克服企业培训中产品和服务多样、选择的不确定性以及"众口难调"的问题。2006 年，北京师范大学何克抗教授在《从混合式学习看教育技术理论的新发展》一文中倡导，混合式学习应用于教育技术当中，"既要把传统学习方式的优势和网络化学习的优势结合起来，发挥教师引导、启发、监控教学过程的主导作用，又要充分体现学生作为学习过程主体的主动性、积极性与创造性"。因此，我认为开展混合式教学的目的不是简单地利用网上平台展现知识，不是去建设或整合相关的教学资源，也不是去开展五花八门的教学设计和教学活动，而是为了更有效地提升绝大部分学生学习的主动性以及自主学习的能力，达到"学会认知、学会做事、学会共同学习、学会生存"的 21

世纪人才培养的目标。

混合式教学模式具有如下几个方面的特征：（1）从外在表现形式上是通过线上和线下两种方式开展教学活动；（2）对于线上的教学活动并非整个教学活动的一个辅助行为或者是为了有一种锦上添花的行为，而是将成为教学的必备活动；（3）线下的教学活动不是传统面授课堂教学活动的复制，而是结合线上教学的前期学习成果和接受程度而开展的具有更为明显的教学互动特征的教学形式；（4）混合式教学模式是一种狭义的混合，特指线上教学加线下教学，不涉及教学理念、教学设计、教学方法、教学组织形式、教学策略、教学评价等其他内容的混合；（5）混合式教学模式有着统一的追求，那就是使线上和线下两种教学方式的优、劣势有一种互补，从而对我们的传统教学进行改革，改变线上和线下教学过程中所存在的一些问题。

由此，混合式教学模式一定会重构传统的课堂教学，因为传统教学忽略了时间和空间分离的影响，拓展了教师的教学活动和学生学习活动的时间空间和学习方式。

二、高中数学混合式教学模式存在的问题

大规模的线上授课与学习对于一线教师和学生来说，都是一个较为新鲜的事物。高中数学的线上教学和线下教学存在的问题主要表现在以下几个方面。

（一）缺少一款专门用于数学学科线上开展教学活动的软件或平台

在整个线上教学过程中，教师们普遍使用的是专门为企业沟通和协同的钉钉平台以及专门用于职业培训的腾讯课堂平台等，这些软件都并非一款专门的用于高中数学线上开展教学活动的软件，它们的功能往往只是教师较为机械地直播讲课，缺乏学生即时的互动与反馈，无法进行直接的演算及作图，很难为学生提供数学学习过程中较为完善的学习体验。此外，由于受到技术或网络波动的限制，有些平台运行还不够稳定，经常出现听不清教师声音或看不到切换的画面以及卡顿掉线等现象，影响到上课的顺畅性。同时，由于同一平台同时在线的人数较多，相关平台为了服务器的正常运行，往往会关闭一些聊天或交流功能，这样更加不利于教师了解学生的学习情况。因此，对于数学的线上教学，还需要一款专门、先进的学习平台，从而更大程度地保障学生的线上数学学习。

（二）学生自主学习能力较弱以及教学环境的变化使教学效果变得较差

新时期的学习活动要求根据不同的目标、内容和学生特点，科学合理地组织学生开展自主学习、发现学习、探究学习、合作学习，但是大部分学生习惯的各种学习探究活动是在教师的监督下完成的，当他们独自面对手机或电脑学习时，处于青春期的高中生缺乏足够自律能力的特点便显露无遗。他们在线上学习中较容易出现注意力难以集中的问题，不能自觉排除外界的干扰，无法专心学习，甚至有些学生以线上学习为名在网上看小说、玩游戏，进行一些与学习无关的活动。同时，线上学习所形成的居家环境不同于学校教室所形成的学习空间，学生难以感受与同学共同学习的氛围。在客厅、餐厅、卧室这样的学习场所，家庭成员之间及亲子关系这样的"软"环境也使学生容易放松自己。此外，在网络学习中家长对学生的监督管理不够，家庭其他成员的日常生活、办公等都会对教师和学生线上教学活动产生干扰，这也是线上学习效果不佳的重要因素。

（三）教师与学生不能正确使用线上学习平台并且对线上学习的重视度和接受度不够

与讲台上的现场授课不同，线上教学时教师和学生无法完全熟练地操作授课平台。一些教师无法处理线上教学中掉线或卡顿等问题，耽误上课时间。同时，教师对软件的不熟练使得本就时空分离的师生无法及时交流互动，以至于无法保持一种现场感，从而无法得到学生及时的反馈。对于学生而言，也会有部分学生不能正确使用线上学习平台，他们对授课平台的各种功能不熟悉、不会使用，同样无法与老师和同学交流，严重影响学习效果。个别学生还存在进入不了课堂或者不会提交作业的情形，无法完成相应的学习任务。此外，部分数学教师和学生还不能完全接受线上教学这种形式，认为线上教学的学生接受效果不佳，线上教学中讲授过的内容，线下教学时还要重新讲解和再学习，因此对线上教学一直存在怀疑和不够重视的态度。同时个别教师对新事物的学习和接受能力较差，缺乏对新事物探索的积极性，对线上学习的重视度和接受度不够。

（四）线下教学无法使数学学习资源得到充分利用

数学的线下教学有老师引导，有利于基础知识的掌握和得到学生的及时反馈，但是缺点在于无法使数学学习资源得到充分利用。在数学课上仅限于数学概念的推导，典型例题的分析以及课后习题的讲解等，学生课前预习和课后延伸学习资料较少，能够使用的资源也较少，许多学生会觉得数学课堂学习比较枯燥，缺乏学习的积极性。同时，线下教学时，课后辅导及答疑也不够到位，教师和学生在课后缺乏必要的交流，必要的学习资源缺乏共享。

（五）线上教学与线下教学的衔接不理想

以前，线上教学与线下教学是完全脱节的，目前，虽然相关问题有所改善，但是线上教学与线下教学仍然缺乏合理的计划与安排，缺乏紧密的配合和联系，线上教学与线下教学无法平稳衔接，从而导致两种模式的教学效果不能起到充分互补的作用，教学效果大打折扣。

三、高中数学混合式教学模式存在的问题及解决策略探索

针对高中数学混合式教学模式存在的问题，在后疫情时代不断对问题解决策略进行探索，将为混合式教学模式的应用提供借鉴。

第一，对于专门用于数学学科线上开展教学活动的软件或平台的开发，首先需要得到相关部门以及社会的关注，需要相关平台的研发人员在原有功能的基础上，借鉴一定的数学软件，开发出适合数学学科的教学学习平台。

第二，对于学生学习自律性差，课上易走神，不能自主学习的问题，教师可以采用数学问题研讨式的教学方法。教师在线上教学时可以多创设一些数学实际问题情境，通过师生共同查找资料、研究讨论、总结归纳，让学生参与到解决数学问题的过程。这样不仅能提高学生的参与度与参与热情，更好地调动学生的积极性，也更加能够凸显教师的主导作用以及学生的主体地位。同时，对于数学的学习任务要做到具体化、细致化和有趣化，使学生能够明白自己具体要做什么、怎么做。教师布置作业时，要注意控制作业的量和难度，可操作性要强，使学生体会解题的获得感、满意度，促进学生课后的自主学习。此外，学校以及社会要大力宣传家长监督的责任意识，培养家校共育的教育意识，让家长更多地参与到学生学习的管理活动中。

第三，混合式教学的过程中还需要解决师生对线上授课平台不熟练的难题。对授课工具的不熟练就相当于"上战场没有带枪"，无法完成相应的教学任务。因此，在区级层面，除了平时的教研活动，还应适时开设网络技术培训课，加强教师的技术培训；在学校层面，要鼓励教师积极参加网络技术的培

训，学会整合网上的资源，不断发现线上授课的优势；在教师自身层面，应抱有积极提升自我的意识，经常研究并熟练使用一两个线上授课平台，同时对其他平台有所了解，发现它们不同的功能，从而更好地应用于教学活动，在这种不断学习进步的过程当中，教师们对于线上授课的接受度和重视度也会慢慢地提高。对于学生而言，他们接受网络信息技术的能力更强，一方面，对于线上授课平台可以进行自学，在小有所成之后可以通过相应平台和老师同学交流使用心得；另一方面，教师对线上授课平台的使用技巧熟悉之后也可以对学生进行线上技术培训。在这种师生、生生平台交流中，不断地激发学生的学习兴趣，逐步将学生的学习热情转移到数学的学习当中。

第四，数学学习资源不仅是学生学习知识的媒介，还是落实学生学习任务的重要载体。混合式教学模式非常强调线上教学的辅助，因此我们应当不断完善数学优质教学资源共享机制，打通数学线上资源传播通道，充分利用相关的教学和学习资源，实现师生和资源的有效关联。在这一关联过程中，教师可通过分享线下教学设计、教学课件和教学视频等学习资源，使课上不明白的公式、定理、习题得到再学习，使平台上的学习资源实现再使用。

第五，对于数学线上教学和线下教学衔接不理想的问题，主要是因为教师对于线上教学和线下教学缺乏计划和安排。因此，为了更好地融合线上教学和线下教学，一定要有具体的教学计划，使学生明确线上学习哪些知识，线下掌握哪些知识。混合式教学一定切忌毫无计划地随意教学。一般来说，因为线下课堂的上课时间有限，因此在线上可以安排学生教学案的预习、课外知识的拓展、课后简单习题的训练等；在线下可以安排重难点的梳理、难题的剖析讲解以及对学生线上学习任务的检查等。通过这样有目的、有针对性地安排数学教学任务，加上线上线下的反复练习，逐渐突破数学知识的重难点。

四、结束语

教学模式的转变可以因时代的变革、教学思想的发展和科学技术的进步而引发。混合式教学模式将是这一时代及之后的教学发展的潮流，是未来教育和学习发展的必然趋势。当然，数学教学中混合式的教学模式还需要我们更多地探索，只有不断探究和改进，不断地提高和完善，才能对学生的数学学习产生积极有效而深远的影响。

浅谈高中数学的概念教学

杨　勇

数学教学的核心是数学的基本概念、基本技能和基本思想方法。数学教学以理解基本概念、掌握基本技能为主，并在这个过程中渗透数学思想，使学生逐步形成比较完善的数学思想体系。因此，概念是数学的核心，概念教学是数学教学的核心。概念是数学的基础，所以能否准确理解概念，特别是一些重要的概念，就成为学生理解和掌握数学知识、提高数学能力的关键。在教学过程中，有不少学生学习很努力，但是成绩不理想，直接原因往往是对概念的理解不够透彻。那么，作为教师就不能只强调解题方法和技巧，而忽视基本概念。相反地，还要加强概念教学，狠抓基本概念和基本能力。笔者结合自己的教学实践，对概念教学的实施提出如下几点粗浅的认识。

一、创设教学情境引入概念，初步了解概念

高中数学概念教学中应把智力因素和非智力因素融入其中，使原本枯燥乏味的数学概念，焕发出诱人的光彩，激发学生学习的积极性，为提高学生的思维和能力做好铺垫。教师应加强概念的引入，引导学生经历数学概念的形成和发展过程。合理设置情境，使学生积极参与教学，了解知识发生发展的背景和过程，使学生感受到学习的乐趣。这样也能使学生加深对概念的理解和记忆。笔者在教学实践中根据自己的教学经验和反思，总结了如下几种引入方式。

一是抓住数学概念的特点，以数学故事或以实际问题引入数学概念，使抽象的数学概念贴近生活，便于学生接受，还可以让学生认识数学概念的实际意义，增强数学的应用意识，既可激发学习兴趣，又可达到教育目的。如在学习

二项式定理时可以介绍《九章算术》一书，杨辉三角比欧洲数学家发现得还早五百年，激发学生的文化自信。又如在学习对数与对数函数时，可以介绍纳白尔花费 20 年计算出版了含有自然对数表的《关于奇妙的对数法则的说明》，后来布里格斯又花了 8 年造出了以 10 为底的 14 位对数表，鼓励学生勇于探索、孜孜不倦的科学精神。

二是通过学生实验引入概念。新课程强调把课堂还给学生，以学生为主体，加强学生的动手操作能力，让他们亲身感受概念的形成过程，一方面有利于学生提高对数学课的兴趣，感受过程给他们带来的快乐；另一方面有利于加强对概念由来的了解，帮助记忆。如椭圆概念。可要求学生事先准备两个小图钉和一条长度为定长的细线，将细线两端分别固定在图板上不同的两点，用铅笔把细线拉紧，使笔尖在纸上慢慢移动，所得图形。提问思考讨论：（1）椭圆上的点有何特征？（2）当细线长等于两定点之间距离时，其轨迹是什么？（3）当细线长小于两定点之间距离时，其轨迹是什么？（4）请学生总结，完善椭圆定义。又如等比数列概念。创设情境，请学生动手试一试，一张纸可以重复对折多少次？引导学生列表分析讨论。问题：哪些量在发生变化？是不是函数？如果是，写出解析式。（设纸原来的厚度为 1 长度单位，面积为 1 单位）

折纸数	折叠前	1	2	3	4	…	8	…
纸厚度	1	2	4	8	16	…	256	…
	1					…		…

三是利用先进多媒体设备，进行直观演示和模拟操作，让学生对概念有感性认识。新的教学理念打破了传统概念课中的固定模式，在电脑、平板和手机信息技术下学生的学习思路被拓宽，学习变得更有趣、更便捷。几何画板和 GeoGebra 在作图、模拟、数据处理等方面有着强大功能，在数学概念课教学上也有所作为。如对于正弦型函数 $y=A\sin(\omega x+\varphi)$ 研究，我们可以通过课件演示 A、ω、φ 对图像的影响及变化。这样学生可形象地感受到概念产生过程，加深对正弦型曲线的了解。再如针对"二分法求方程的近似解"案例。先借助 GeoGebra 给出相应函数图像，要求学生观察零点的大致区间。再利用二分法原理一直取中点逼近零点，得到零点的近似解。

二、抓住本质属性讲清概念，弄清定义

数学概念是为了解决数学问题，对概念理解不清，在解题时就会出现错误；要正确深刻地理解概念绝非易事，教师要根据学生的知识结构和能力特点，从多方面着手，适当引导学生剖析概念，抓住概念的实质。为此，可从以下几个方面努力。

一是强调定义中的关键词语，结合正、反例子，做好概念理解。对比较抽象，学生难理解和掌握的概念中高度概括、抽象的关键词，在容易理解错的地方设计问题，通过错误来暴露学生理解概念的思维，加强记忆。如在讲等差数列概念时，举反例：①"1，3，4，5，6，7"是等差数列吗？强调"从第二项起"。②"1，3，5，6，12"是等差数列吗？强调"同一常数"。

二是注意数学语言的翻译。数学语言有文字语言、符号语言、图形语言。符号语言有较强的概括性，更能反映概念的本质。如等差数列的概念可用符号"$a_{n+1} - a_n = d$"（为常数）概括。用定义证明一个数列是等差数列时，就是应用概念的符号语言。图形语言则能更形象、直观地反映概念的内容。如讲"交集"概念时，用 venn 图表示"$A \cap B$"，可以很容易理解概念。

三是逆向分析，加深对概念的理解。教学中，有意识地培养学生的逆向思维，能加深对概念的理解与运用。例如学习正棱锥的概念后，可以提出如下问题并思考：①侧棱相等的棱锥是否一定是正棱锥？（不一定）②底面是正多边形的棱锥是否一定是正棱锥？（不一定）③各侧面与底面所成的二面角都相等的棱锥是否一定是正棱锥？（不一定）这样对正棱锥的概念更清楚了。

四是辨析相似概念，明确其联系和区别，有比较才有鉴别。用对比的方法找出容易混淆概念的异同点，有助于学生区分概念，获取准确认识。比如，对指数函数与幂函数、分类计数原理与分步计数原理、排列与组合的概念，就可以通过概念对比并结合实例的方式加深概念理解。

三、精心设计练习，巩固和深化概念，运用概念解决问题

数学课不比其他科目，练习在课堂中起着举足轻重的作用，一道好的练习题能将知识点很好地理解，能使学生很快掌握知识点。因此，课堂练习应精选

典型题目，避免学生做重复练习，练习一定要精，使学生能做到举一反三，从而保证课堂教学的效率。

一是在直接应用概念中发现学生错误的原因。很多概念本身就是解题方法，如逻辑联结词"非p"概念，一般地，对一个命题p全盘否定，就得到一个新命题，记作$\neg P$，读作"非p"或"p的否定"。例如命题p："若$(x-1)(x-2)=0$，则"的否定是什么呢？如果按命题"若p则q"的否定是"若p则非q"，那么命题p的否定就是"若$(x-1)(x-2)=0$，则$x \neq 1$"。命题p和命题p的否定都成了假命题，显然与真值表矛盾，因此"命题的否定只是否定命题的结论"这种理解是错误的。出现这种错误的原因之一就是对定义的字面意思理解不准确，或者没有正确利用定义。非p，即p的否定、不是p、并非p。

命题p的否定可以写成：并非"若$(x-1)(x-2)=0$，则$x=1$"。

等价于：存在$x \in \{x \mid (x-1)(x-2)=0\}$使得$x \neq 1$

二是在概念的逆用、变用中获得解题方法。学生有时感到对一些问题无从下手，通过概念的逆用和变用往往使问题迎刃而解。如"已知函数$f(x)$是定义在$[-1，1]$上的增函数，且$f(x-1) < f(x^2-1)$，求出x的取值范围"。由于已知中没有给出$f(x)$的解析式，许多学生感觉无从下手，其实只要在讲解"函数单调性"的概念时，强调概念的逆运用，即"已知函数$f(x)$在区间(a,b)内单调递增，若$x_1, x_2 \in (a,b)$，且$f(x_1) < f(x_2)$，那么$x_1 < x_2$"。学生若掌握这一点对于上面的问题就豁然开朗了。又如"已知实数x，y满足$(x-1)^2+(y-1)^2=1$，求$\frac{y-1}{x+1}$的最大值"，可以联想到圆上的点(x, y)与定点$(-1，1)$连线的斜率，然后利用几何图形分析求最值，还可以借助圆的参数方程求解。加强概念间的灵活变通，就可将问题转化。

综上可知，学好数学概念是理解数学思想、运用数学方法、掌握基本技能、提高数学能力的前提。教师在数学概念教学中要创造性地用好教材，对脱离实际或过时的教学例子要删去或更换，优化概念教学设计，做到让学生理解概念、记住定义、把握本质，真正使学生在参与的过程中产生内心的体验，达到认识数学思想和本质的目的。

高中数学复习课"三探"式教学模式浅析

薛　江

《普通高中数学课程标准（2017年版）》的实施向以往的数学课堂教学模式提出了挑战，为适应新的形势，教师的观念要更新，不仅要学习和掌握各种类型的教学模式，还要在实践中不断加以创新，才能针对当前新课程内容的要求选用恰当模式，从而达到最佳教学效果。

以往的高中数学复习课是相对固定不变的模式：课前检测—知识梳理—典例讲解—学生仿练—教师点评—课后检测。这种课堂教学模式以教师和知识点为中心，每个环节的设计都是为了更好地讲题练题，学生相对被动，客观上导致了学生思维的依赖性，也就谈不上让学生主动求知。

而新课标强调，高中数学教学以发展学生数学学科素养为导向，创设合适的教学情境，启发学生思考，引导学生把握数学内容的本质。提倡独立思考、自主学习、合作交流等多种学习方式，激发学习数学的兴趣，养成良好的学习习惯，促进学生实践能力和创新意识的发展。注重信息技术与数学课程的深度融合，提高教学的实效性。不断引导学生感悟数学的科学价值、应用价值、文化价值和审美价值。

因此，课堂要真正做到以学生为主体，让学生在真实的问题情境中去实践，在探究和解决问题的过程中获得基本知识和技能，培养学科能力，发展学科素养。复习的过程是一个信息交流过程，在这个过程中，学生是主体，教材是客体，教师是媒体，教师起着沟通学生与教材的作用，不能越俎代庖。必须扎扎实实地抓住课本的知识点，把课本与资料有机地结合起来，使之互为补充，相得益彰。

复习课的实效性，关键在于调动学生的主动性，让学生能充分地参与进来。根据新课标的要求使用教材，激发学生自主探究的积极性和热情，从学生发展的实际需要出发，把学生的注意力吸引到问题上来，使他们有感而发，由趣而学，集中注意力，而不是教师老生常谈"满堂灌"。

一、围绕复习目标进行有针对性的复习

上课开始，教师直接出示课题，这需要注意：（1）目标全面。所谓"全面"，就是指按照数学教学大纲上的要求，针对新课标"三维"目标提出复习要求，不能仅提出知识技能方面的复习要求，而把过程方法与情感、态度、价值观丢在一边。（2）目标明确。即针对性要强，目标明确。首先，复习课上教师紧紧围绕目标组织教学，就像写文章不能"跑题"一样，复习课也不能"离标"。其次，精选练习题，查漏补缺进行高效复习。复习课中的练习与新授课或练习课中的练习都有明显不同，要有利于培养学生的实践能力和创新意识，使不同层次的学生有不同程度的提高，这就必须精心设计练习题，做到精讲精练，循序渐进，由浅入深，由简到繁，使知识的应用更具灵活性，使学生牢固掌握知识的同时，培养学生的实践能力，最好选取能够让学生一题多解、一题多变、多题归一的题目去研究，这样可以引起学生的学习兴趣，培养学生的发散思维，还能促进学生探索能力、解题能力的提高。

二、以学生为主体开展复习课教学

学生通过自己的努力理解的东西，才能成为自己的东西，才是他真正掌握的东西，也就是"师傅领进门，修行在个人"。数学课堂教学必须摒弃"满堂灌"，复习课不能由教师包讲，课堂不能成为教师展示自己解题"高难动作"的"秀场"，要让学生成为学习的主人，让他们在主动积极的探索活动中实现创新、突破，展示自己的智慧，从而提高数学素养。作为教学活动的组织者，教师的任务是点拨、启发、诱导、调控，而这些都应以学生为中心。复习课上有一个突出的矛盾，就是时间太紧，既要处理足量的题目，又要充分展示学生的思维过程，二者似乎很难兼顾。我们可以采用"分组合作探究"的方法较好地解决这个问题。由于大多数题目是"入口宽，上手易"，但在连续探究的过程中，常在某一点或某几点上搁浅受阻，这些点被称为"焦点"，其余的则被称为"外围"。我们大可不必在外围花精力去进行浅表性的启发诱导，好钢要用在刀刃上，而只要在焦点处发动学生探寻突破口，通过合作探究，集中学生的智慧，让学生的思维在关键处闪光，意志在细微处磨砺，通过交流实现学生间、师生间智慧和能力的互补，促进相互的心灵和感情的沟通。

三、注重学生之间的交流共享

涉及相同知识点的题，集中讲评；形异质同的题，集中讲评；形似质异的题，集中讲评。在学生作业的基础上，组织学生交流，展示本章知识，师生共同认真研究同学展示的图表，发现优点和不足，并提出修改意见，积极探讨，加深对本章知识的再认识。学生在复习课前积极回顾，充分理解知识网络，达到了掌握基础知识的目的。通过交流活动倒逼同学积极主动地进行课前准备，深入掌握知识的内在联系。课上开展紧张有趣的展示和探讨，会激发学生学习的热情，达到复习基础知识的目的，又能促进学生自主合作学习，更能培养学生的学习能力。这个过程中，教师要提供学生之间相互合作的机会，引导学生互帮互学，培养学生合作学习的能力。学生间的社会交往（对话、协商、合作等）有助于他们相互弥补思维不足，在团体中探究、讨论，有助于他们用多角度的观点看待知识，形成共享的对知识的更高级的理解。

基于以上认识，笔者提出"三探"式教学模式。"三探"式教学模式立足于课本，围绕课本中的原型问题，探索一条变式探究之路，促使学生在课上课下开展自主探究、合作研究，并最终解决问题。具体做法是：通过深入探究教师展示的问题，发现问题中的数学概念、基本的数学方法、规律性的解决办法，举一反三，触类旁通。本文将以"导数在函数中的应用"一课为例，阐述笔者如何在复习课中实践"三探"式教学模式。

"导数在函数中的应用"是高中数学人教版教材选修1-1第三章第三节的内容，是高中数学的新增内容，也是高等数学的基础内容。导数的综合应用是高考考查的重点和难点，题型既有灵活多变的客观性试题，又有一定能力要求的主观性，这要求复习时要讲透基本题型，引导学生树立利用导数处理问题的意识。近年高考题中用导数解决不等式问题时有出现，包括不等式的证明和已知不等式求参数范围，但教材对这一问题没有展开研究，使得学生对这种方法缺乏系统的认知。

新得 教育文库 北京卷

（一）展示原型

【普通高中课程标准实验教科书数学选修1-199页B组（4）】

利用函数的单调性证明不等式 lnx，$g(x)=ax-1(a>0)$，并通过函数图像直观验证。

分析：通过构造函数，利用导数研究函数单调性，转化为最值问题从而证明原不等式。

解：设 $g(x)=lnx-x$，$x>0$。因为 $g'(x)=\dfrac{1}{x}-1=\dfrac{1-x}{x}$（$x>0$）

当 x 变化时，$g'(x)$，$g(x)$ 的变化情况如下表所示：

x	(0, 1)	1	(1, +∞)
$g'(x)$	+	0	—
$g(x)$	↗	↘	极大值

$x=1$ 是 $g(x)$ 在（0，+∞）上的唯一极值点，且是极大值点，从而也是 $g(x)$ 的最大值点。

可见 $g(x)_{最大值}=g(1)=-1<0$，

$\therefore g(x)<0$，即 $lnx-x<0$，

$\therefore lnx<x$，$x>0$

解题后画函数的图像进行验证：

$f(x)=x$

$g(x)=\ln(x)$

启发学生思考两个方面的转化：

图形（位置关系）

不等式（数量关系）

充分发挥学生的主观能动性，使其经历用导数研究函数单调性，进而解决不等式问题的过程，形成解题方法。

（二）变式一探

启发学生思考，上面图像中的直线向下平移 1 个单位后，与图像的关系是怎样的？由此可以得到怎样的不等关系？

提出变式 1：证明不等式 $lnx \leqslant x-1$，$x>0$。

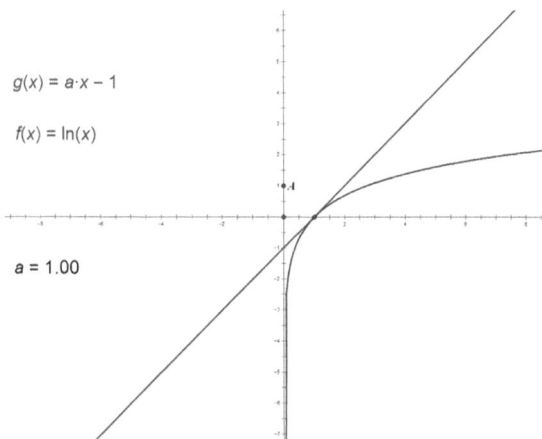

分析 1：利用上面问题的解题过程直接可证。

分析 2：构造 $g(x)=lnx-x+1$（$x>0$），利用导数研究函数单调性，转化为最值问题可证。

继续探究，若变式 1 中的定直线演变为斜率不定的动直线，又会是怎样的情形呢？引出变式 2：若对任意 $x \in$（0，$+\infty$），都有 $lnx \leqslant ax-1$（$a>0$）恒成立，求 a 的取值范围。

$g(x) = a \cdot x - 1$

$f(x) = \ln(x)$

$a = 1.84$

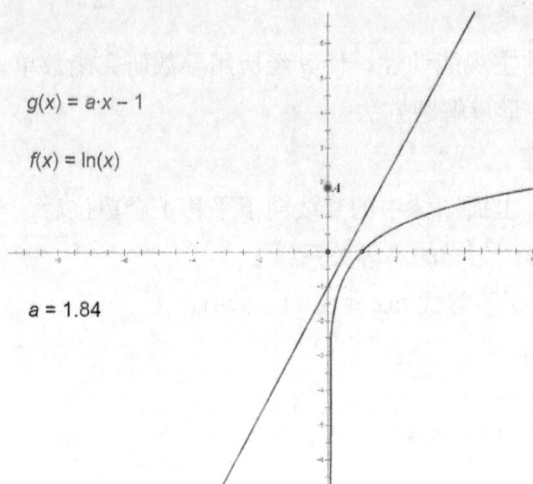

分析 1：通过构造函数，利用导数研究函数性质，从而证明原不等式。

解法 1：设 $g(x) = lnx - ax + 1$，（$x > 0$）

因为 $g'(x) = \frac{1}{x} - a = \frac{1-ax}{x}$（$x > 0$）

当 x 变化时，$g'(x)$，$g(x)$ 的变化情况如下表所示：

x	$(0, \frac{1}{a})$	$\frac{1}{a}$	$(\frac{1}{a}, +\infty)$
$g'(x)$	+	0	—
$g(x)$	↗	极大值	↘

$x = \frac{1}{a}$ 是 $g(x)$ 在（0，$+\infty$）上的唯一极值点，且是极大值点，从而也是 $g(x)$ 的最大值点。

可见 $g(x)_{最大值} = g(\frac{1}{a}) = \ln \frac{1}{a} - 1 \leqslant 0$，即 $\frac{1}{a} \leqslant 0$，$\therefore a \geqslant 1$.

分析 2：参变分离，将问题转化为证明不等式 $a \geqslant \frac{lnx+1}{x}$．

解法 2：设 $f(x) = \frac{lnx+1}{x^2}$（$x > 0$）

因为 $f'(x)_{最大值} = \frac{-lnx}{x}$（$x > 0$）

$f(x)_{最大值} = f(1) = 1$，$\therefore a \geqslant 1$

通过以上两道改编题归纳方法，首先明确解决什么问题（等价形式的转化），其次思考解决什么函数（方式的选择），针对不同类型的函数考虑以下两种方法：

解法一：通过构造新函数，将不等式恒成立问题转化为最值问题（往往需要分类讨论）；

解法二：通过"参变分离"，将参变量之间蕴含的函数关系由隐变显，转化为不需要分类讨论的最值问题。

（三）变式二探

变式 3：已知函数 $f(x)=lnx-ax+1$（$a>0$），证明 $f(x\leqslant\dfrac{1}{a}-1)$.

分析：经过尝试，发现要证明的不等式中，参数很难独立出来，不适合"参变分离"，考虑其他的解决办法。

解：设 $f(x)=\dfrac{1-ax}{x}$（$x>0$）

$a>0$ 时，$f(x)$ 在 $(0,\dfrac{1}{a})$ 单调递增，在 $(\dfrac{1}{a},+\infty)$ 单调递减。

$\therefore f(x)_{max}=f(\dfrac{1}{a})=ln\dfrac{1}{a}$

则 $f(\dfrac{1}{a})-(\dfrac{1}{a}-1)=ln\dfrac{1}{a}-\dfrac{1}{a}+1$

由变式 1 的结论可知，$ln\dfrac{1}{a}-\dfrac{1}{a}+1\leqslant0$，

$\therefore f(x)\leqslant\dfrac{1}{a}-1$

分组讨论，探究转化过程，相互交流想法，展示解题过程，然后观察几何画板演示。

$g(x)=lnx-ax+1$，$a>0$ 图形，进一步感受导数工具刻画函数图像的强大作用。

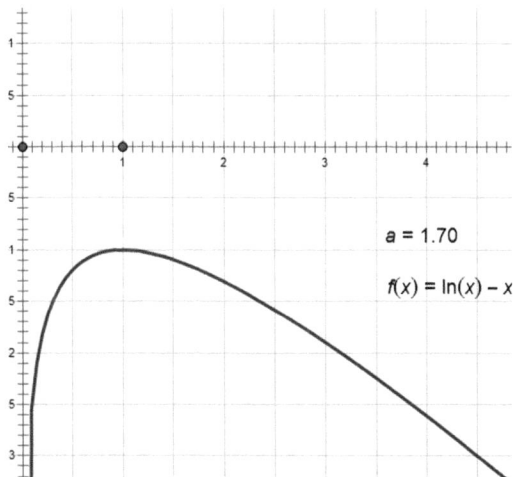

$a=1.70$

$f(x)=ln(x)-x$

归纳两种解法

解法一：通过构造新函数，将不等式恒成立问题转化为最值问题（往往需要分类讨论）；

解法二：通过"参变分离"，将参变量之间蕴含的函数关系由隐变显，转化为不需要分类讨论的最值问题。

数学家雅洁卡娅说过："数学解题的过程就是将要解的问题转化为解过的题。"本题的改编立足于学生已有的学习经验基础，进行拓展延伸。解题过程体现多想少算，突出问题本质，注重提高学生的数学素养，如符号意识、推理能力、归纳能力等。变式3的核心就是利用变式1研究过的函数的性质，得到的结论，实际上就是将要解的问题转化为解过的题的过程。

（四）变式三探

以学习小组为单位，探讨以上两个函数模型还可以提出怎样的不等式问题。每组编一题并提供标准答案，然后与其他组交换解题，并相互批阅，课堂上进行分组展示。各组长汇报出题做题情况，进行问题反思。

以下为小组编制的题目：

1.（美玉组编题）若 $\exists x \in [\frac{1}{2}, 2]$，使 $\ln x \geq ax-1$ 成立，求 a 的取值范围。

2.（苗苗组编题）已知函数 $f(x)=\ln x$，$g(x)=ax-1$（$a>0$）

若 $\forall x_1 \in [e, e^2]$，$\forall x_2 \in [1, 2]$，使 $f(x_1) \leq g(x_2)$ 成立，求 a 的取值范围。

3.（静怡组编题）已知函数 $f(x)=\ln x-ax+1$（$a \geq 1$）证明 $f(x) \leq 0$。

在学生编题讲解的基础上，教师给出以下问题：

【2017 全国新课标Ⅲ卷·文 21（2）】

已知函数 $f(x)=\ln x+ax^2+(2a+1)x$（$a<0$），

证明 $f(x) \leq -\frac{3}{4a}-2$。

分析：发现与上面的变式问题和同学们编题的形式接近，本质相同。

解：$f'(x)=\dfrac{2ax^2+(2a+1)x+1}{x}+\dfrac{(2ax+1)(x+1)}{x}$（$x>0$）

当 $a<0$ 时，则 $f(x)$ 在 $(0, -\frac{1}{2a})$ 单调递增，在 $(-\frac{1}{2a}, +\infty)$ 单调递减。

$\therefore f(x)_{\max}=f\left(-\dfrac{1}{2a}\right)$

则 $f\left(-\dfrac{1}{2a}\right)-\left(-\dfrac{1}{4a}+2\right)=ln\left(-\dfrac{1}{2a}\right)+\dfrac{1}{2a}+1$

注意到 $-\dfrac{1}{2a}>0$，仍然利用变式 1 的结论可知：

$ln\left(-\dfrac{1}{2a}\right)-\left(-\dfrac{1}{2a}\right)+1\leqslant 0$

$\therefore f(x)\leqslant -\dfrac{3}{4a}-2$

通过整个变式探究的过程发现，这道高考题的原型就是本文开始的课本习题。一道简单的课本习题，经老师和学生的加工、改编，不但练习了解题方法，同时领会了高考命题思路。学生领悟到，课本在学习中有着不可替代的作用，课本上的例题、习题蕴含着丰富的内容，我们只有深入挖掘这些内容，做到思想方法"源于课本，高于课本"，关注题目"演变"过程中的不变性，才能更有效地发展思维探究能力，培养创新意识。

在复习课上实施"三探"式教学模式，有利于发挥数学学科的育人价值，有利于培养学生的核心素养。"三探"式教学模式是常规复习课的一种补充方式，不应该取代其他任何一种教学方式。教师要综合运用教学经验和专业能力，探究更多样、更有效的教学模式，与其他的教学模式有机融合，为学生提供丰富的课堂探究活动，在探究活动中强化学生对知识的认识和促进学生素养的提升。

在计算教学中提升学生数学素养

王春彦

对数的认识和计算，是学生数学学习的开始，同时在解决问题过程中，最终通过计算得到问题的答案，也是解决问题的结束。在数学教学中，培养学生的计算能力不仅是数学学科的重要教学目标，也是提升学生数学素养的一个方面。因此，在数学教学中，培养学生计算能力，引导学生运用数学知识解决实际问题的过程，不仅锻炼了学生的数学思维能力，而且在提升计算能力的同时，也提升了学生的综合素质，最终实现了数学教学的价值。

此外，在初中很多学科的学习中，计算能力都是基础，比如初中物理、生物、化学甚至是地理都需要计算的支持。因此，强化学生的教学计算，不仅可以大大提高学生的计算效率和准确性，也能帮助学生掌握科学的计算思路和方法，无论是在课程的学习中还是在实际生活的运用中，都具有良好的促进作用。

在初中阶段，大部分学生都不具备较高的计算能力，我所任教的学校是一所以美术特色著称的学校，学生本来就对数学学习兴趣不高，对于图形的学习尚可，对于计算问题的解决真可以说是"谈数色变"了。这不仅会影响学生的数学成绩，给数学的后期学习以及其他学科的学习带来诸多不利因素。因此在教学过程中，必须采取适当的教学策略，对学生的计算能力进行有针对性的培养。针对以上问题，我从以下方面进行了研究，取得了一定的成效。

一、弄清算理，抓住阻碍学生计算能力的拦路虎

提到计算错误，往往会被扣上"马虎"、"粗心"的帽子，而忽视了挖掘学

生对于内在算理理解不清的问题。有的教师对计算教学不重视，让学生死记硬背，机械地套公式、法则，忽视了对算理的理解。教师经常只关注学生的计算结果，有时为了赶教学进度，不舍得花时间指导学生掌握计算的技巧，错过了最佳的交流节点和时机，造成了学生的认知止步于原有的水平，难有突破。因为初中阶段的数学知识不仅逐渐复杂化，而且知识间具有了非常强的逻辑性，这些都会使学生在数学的学习过程中存在较高的思维难度，一些看似简单的计算题，时不时出现问题，实际上是学生对基本概念、法则的理解出现了问题。例如，学生在分式约分计算中出现的问题，实际上是学生对分式基本性质的理解不清造成的；加减计算中出现了这样的做法，是添括号法则不明白导致的，这里面还要向学生讲透"整体"等数学思想方法，而如果把这些错误都简单粗暴地归结到学生的"马虎"，那么学生在算理不清楚的情况下肯定会出现上述问题。此时，教师要做的则是帮助学生分析错因，弄清算理，这样学生在做此类计算题时才能不再只是机械地模仿和简单地套用，才能从根本上解决问题，提高学生的计算正确率。

二、采用多种训练方式，激发学生的计算兴趣

计算题练习时因为重复较多，难免会枯燥乏味，致使学生提不起兴趣来，继而不重视，也不愿意多练习。殊不知，计算题从"会算"到"能算对"，再到形成计算能力这是一个长期的需要反复训练的过程，单纯的数学计算练习的过程，很容易让学生失去兴趣。

教师可以采用多种形式进行练习。

课前两分钟，小题多练。教学时可以利用课上课下零散时间，以测代练，随时发现学生计算中存在的问题，及时纠正。

新课学习时，计算同样不能被忽视。新课的学习，教师往往关注新的知识点，重点分析解题方法，从而忽视了对计算方法的指导。其实，有时计算反而是压在学生头上的一座大山。例如，初三学生在学习待定系数法求二次函数解析式时，我发现很多学生能够正确把相应的点的坐标代入解析式中，而丢分的原因经常是方程组解不对，甚至还有的学生到了初三后仍然不会解二元一次方程组，而我之前总认为这是初一的内容，此处不需详细讲解，最终导致学生错误频出。因此，数学教学中计算的培养要落实在每一堂课上，我们应从学生实

际出发，不能从老师的主观出发理所当然地想问题。

以竞赛的形式对学生进行强化训练，激发学生的学习兴趣。初一的数学学习，学生需要掌握的相关计算较多，比如有理数运算、整式加减、一元一次方程及一次方程组的解法等，此时我们可以以百题竞赛的形式训练学生的计算速度和正确率，并设置相应的奖励来鼓励学生，这也符合初一学生的年龄特点，实践证明这些都是不错的方法。

三、及时作出评价反馈，提升学生的计算自信心

学生计算时出现的错误原因往往是多种多样的，有知识上的，有行为习惯上的，也有心理上的，教师要及时帮助学生分析错误的原因。知识上的问题，教师会帮助学生及时清除知识盲点；而对于学生行为习惯和心理上的问题，教师可能经常会给学生扣上"不认真""马虎"的帽子，其实这些问题同样不能小觑，教师要针对学生的具体问题及时帮助学生矫正。心理学研究结果表明，人在充满信心、放松的情况下的智商水平要远远高于紧张、没有自信心的情况下的智商水平，因此教师经常鼓励学生、帮助学生建立自信心也是非常重要的。

四、重视估算巧算，在计算中发展学生多种能力，提升学生数学素养

估算在计算能力的培养中起着重要的作用，教师要逐步培养学生的估算意识和能力，这不仅能提高学生的计算速度和正确率，而且能更好地为学生解决生活中的数学问题服务。正确的估算来源于扎实的计算能力，以及对问题涉及概念的充分理解。

统计学习中，求数据稳定性时的方差公式很复杂，计算量也很大，但实际在问题解决时，往往并不需要真的计算出方差的结果，而是通过估算就能把问题解决。举例如下：某射击队准备从甲、乙两名队员中派一人参加比赛，两人在相同条件下，各打靶 5 次，成绩分别为 6、8、9、9、8 和 10、7、7、7、9，两名运动员中成绩较为稳定的是_____。此题的常规做法是先计算出甲和乙的方差，再进行比较，考查的是学生的方差公式。实际在问题解决时，

如果学生对方差的意义以及方差公式充分理解，通过估算就能判断出甲的成绩更为稳定，这样可以大大地节省做题的时间。

我们再来说说简便运算，简便运算一直在数学教学中占有重要地位，简便运算不仅可以节省学生的计算时间，还可以大大地提升学生计算的准确性。小学数学学习中有专门的简便运算的教学内容及试题考查，学生升入初中后，因为初中教学任务的需要，并没有安排专门的简便计算的教学课程，但这并不意味着简算不重要，而是对学生提出了更高的要求，要求学生能根据实际问题的具体情况，灵活选用恰当的方法进行计算。作为数学教师，就更要关注学生在解决问题时选择的运算顺序、方法等是否最优化，并进行及时的指导，培养学生简算的意识和简算的能力。

综上所述，学生只有具备了良好的计算能力，才能为日后的学习奠定坚实的基础，学生的数学综合素养才能真正得到大幅提升。

巧用生活实例　让数学课堂鲜活起来

韩　莎

人教版数学七年级上册第四章第二节是"直线，射线，线段"（第一课时），本节课除了要求认识这三种重要的几何图形外，还有一个重要的内容就是能数清楚图中有几条线段。在讲授这节课时，通过例题我给学生讲解了怎样按照顺序数线段，可是从作业反馈发现，相关的练习题错的人较多，有的学生漏数了几条，有的重复了。我把这个问题记录了下来，准备找时间重新讲。可往后讲到这一章的第三节"角"时，类似的问题又出现了，学生数不清楚图中到底有几个角。我一时困惑起来：难道让学生把图中的线段和角不重不漏地数对就那么难吗？

不行，我一定要解决这个问题。琢磨了许久，我决定把这一类的相关问题做一个专题，为此设计了一节课。下面是这节课的两个案例。

情景 1

教师：中国是一个文明古国，礼仪之邦，假设我们今天是初次见面，让我们通过握手的方式来认识一下吧！（此时，我伸出手来与坐在第一排的一个女生握手，这个同学对我的这个动作，先愣了一下，其他几个旁边的同学告诉她快点与老师握手，她伸出手来，握了一下。接着，我又与其他几个同学握手，学生对老师这种特殊的开场很好奇，都瞪着眼睛看个究竟。这时，教室顿时热闹起来。我停下了刚才"精彩"的表演，稍微严肃一些）我有一个问题，我们班一共有38名同学，如果每两个同学都握手一次，那么一共握手多少次？（学生听后，稍作思考，有学生首先回应：

1406，接着，学生先后说出了好几种答案；703，1600……还争辩着向对方解释自己的答案是对的）

教师：找同学说一说你是怎么算的？

学生甲：我认为是1406，因为每个人都得与其他的同学握手一次，这样，就得握37次，咱们班有38人，用38×37=1406。

学生乙：老师，我说！（学生乙等不及了，显然他不同意甲的观点）

应该是703次，你跟我握一次，我跟你也握一次，就重复了，所以还得用1406除以2得703。

学生丙：（有点犹豫不决，最终还是举手发言）我觉得也是703次。

教师：为什么？

（此时，学生丙支支吾吾，很不确定，同学们很期待答案）

教师：甲、乙、丙，你们三个同学到前面来，给大家做一个演示。任意两个人都要握手一次，其他同学数一下是几次？

同学们异口同声地说："3次。"

教师：如果是四个人握手的情况呢？（我又让丁同学上来配合刚才的三个同学，一同演示四个人握手的情形。）甲同学先分别和乙、丙、丁三个同学握手，然后回座位，乙同学分别和丙、丁两个同学握手，回去，最后丙同学和丁同学握手，然后回座位。

学生戊：我知道了，3+2+1=6。（学生很兴奋）

教师：还有其他的算法吗？（我继续追问，引导学生说出不同的想法，深入多问题的思考）

学生已：每个人都可以握手3次，3×4=12，但是每两个人之间握手2次，重复了，所以12除以2得6.

教师：太棒了！仿照刚才的方法，现在我们再来算一下全班38人，每两人握手一次，共握手多少次？

学生（大部分）：703次。

教师：生活中还有类似的例子吗？

学生：足球赛的单循环，乒乓球赛。（同学们七嘴八舌地说了起来）

教师：如果有16支队伍参赛，进行单循环赛制，这个赛季会有多少场比赛？

学生很快得出了答案。此时，相关的生活问题已经讨论得差不多了。

分析：兴趣是最好的老师，素材从生活中找。贴近学生生活，符合学生认知水平。这样的问题作为引入，能够让学生快速进入本节课的学习状态。

让学生列举生活中类似事例，不仅考查学生对握手问题的理解，同时让学生感受到数学与生活息息相关，在师生和生生交流的过程中，培养了学生交流表达能力和团队协作精神。

情景2（大屏幕上展示）

例1.图中共有 _____ 条线段。

学生思路1：图1中每一点都与其他3点构成三条线段，这样一共是12条线段，因为重复了一次，所以应该是6条。

学生思路2：分别以A、B、C、D为端点，从左向右数，即3+2+1=6。

学生思路3：把线段分成三类，单个线段3条，二合一线段2条，三合一线段1条，一共是6条。

教师：其实，我们也可以把这个问题看成握手问题，相当于四位同学握手。（有了前面握手问题的铺垫，学生对这道题认识更清晰了，条理性明显增强，而不是以前没有顺序地任意去数，教师适时地点评和升华，起到画龙点睛的作用。）

例2.图中有 _____ 个角？

学生：图2中有6个角，以OA作其中一条边的角有3个，以OB作其中一条边的角有两个，以OC作其中一条边的角有一个。

分析：例题的设计基于学生的认知水平，接近学生的最近发展区，这里的数线段、数角，每个学生都可以通过自己数的方法来得到答案，获得了成功的体验。教师通过交流，让学生了解了一道题可以有不同的解法，并且感受到虽然与握手问题看似没有任何关系，实则思维方式上大同小异，这类可以划归为握手问题。

教学反思

新课标指出：教师教学应该以学生的认知发展水平和已有的经验为基础，面向全体学生，注重启发式和因材施教。教师要发挥主导作用，处理好讲授与学生自主学习的关系，引导学生独立思考、主动探索、合作交流，使学生理解和掌握基本的数学知识与技能、数学思想和方法，获得基本的数学活动经验。

本节课以握手问题作为引入，围绕这个问题设计了一些形式多样的活动，目的就是让学生能够对本节课所关注的知识产生兴趣，在设计这节课的时候，考虑到趣味性、延伸性以及和线段、角的数量之间的联系和衔接。学生上完这节课，不仅学到了相关的数学知识，而且还初步感知了类比、分类和划归的数学思想。在思维层次上，逐步递进深入，留给学生一定的思考空间，培养学生的创新意识。

引入的设计，既弘扬了中华民族的传统美德——礼貌待人，握手问好，又能一下子拉近师生之间的距离，活跃了课堂气氛，同时过渡自然，直接进入主题。

每个同学通过参与这节课，都能有所收获。例1、例2从表面上看是图形识别问题，随着探究的深入，发现与"握手问题"异曲同工，激发了学生的求知欲，让学生能在问题解决中体验成就感，体会学习的快乐！这些数学活动，给予了学生基本的活动经验，激活了学生的思维，拓宽了学生的思路。新课程标准的核心理念是人人都能获得良好的数学教育，不同的人在数学上得到不同的发展。从这点来说，基本达到了新课标的要求。

受学生思维能力和认知水平的局限，在不同阶段实施的教学会有不同的效果，学生也会有不同的收获。本节课的教学学生也许只是初步感知，觉得学习数学很有趣，有的学生可能对其中蕴含的数学思想不太理解，许多方面还要进一步完善和改进。

通过这节课的教学，我更加深刻地感受到，数学是源于实践，又服务于实践。如果学生能用所学知识解决实际问题，感受数学的价值，就会对数学产生很强的兴趣。教师应充分利用学生已有的生活经验，引导学生把所学的数学知识应用到现实中，以体会数学在现实生活中的应用价值。

综合应用是培养学生主动探索与合作学习的重要途径。教师可以通过生活情景教学，培养学生应用数学的意识和综合运用所学知识解决问题的能力，让学生认识到数学与现实生活的联系，提高学习数学的兴趣，并在运用知识解决问题的过程中，认识到数学的价值和数学的力量，从而提高学生的成绩。

例如，在学习统计时，可以让学生通过统计塑料袋个数的活动，经历数据的收集、整理、描述和分析的过程，加深对不同统计量意义的理解，并且在活动中综合运用所学的知识和技能，感受到丢弃塑料袋的行为会对大自然造成污染，以唤起他们的环保意识。

在数学教学中，我们要注意挖掘数学与生活的密切联系，通过生活中的例子去理解数学的内涵与思想；反过来，用数学的知识解决实际问题。数学课中的理论联系实际是数学与传统文化的有机结合，体现了一种新的人文精神。

教师在课堂教学中，应践行新课程标准，让学生经历应用数学分析问题和解决问题的过程，积累数学活动的经验，在解决实际问题中享受成功的乐趣，从而更好地提高教学质量。

构建协同学习模式改进初中物理实验教学的研究

马丽娜

一、协同学习模式

该模式是基于何教授提出的"双主"总模式，吸收了"史密斯—雷根模型"的教学设计思想和建构主义学习理论，在网络环境的支持下，由教师指导团队学习模式。在学习中通过小组内部协作发挥集体协同效应，通过小组互相竞争发挥群体聚合动力，高效率地实现教学目标。对于这种学习模式，我们学校又赋予了它新的含义。简单来说，就是学生同桌两人为一个单元组，在学校各项活动中捆绑式学习和开展活动。

二、协同学习模式研究现状

协同学习模式涉及的范围很广泛，在《基于协同的教学模式探讨》这篇论文中作者就针对目前我国大学学习模式，它是主要以被动学习方式为主，以学习大量的现有知识为主，针对这一实际情况设计了一种基于协同的教学模式。

随着网络的迅速发展，协同学习模式与网络得到了很好的结合，在《网络环境下协作式自主学习模式研究》一文中，作者对协作式自主学习模式在网络环境下进行完善。

《协同学习理念指导下的课堂互动设计、分析与评价》从协同学习理念视角出发，通过构建课堂学习共同体以协助与互补方式来促进师生的共同提高。

对于物理教学，《分层合作学习在高中物理实验教学中的实践与研究》一文中，把学生分成若干学习小组，各类学生合理搭配，积极探索问题，以优秀生带后进生，从而激发各类学生的学习潜能。

近些年，关于协同学习的研究越来越多，究其原因，在于人们越来越强调自主学习的重要性，越来越强调合作的重要性。但是这些研究中，关于初中物理教学，尤其是初中物理实验教学的研究很少。物理是一门实验的学科，对于以形象思维为主的初中生来说，实验无疑是他们对物理产生兴趣的重要因素。所以，如何抓住学生的这种兴趣，让他们更好地投入到物理学习中就显得尤为重要，而协同学习模式是提高物理实验教学效率的最好载体。

三、初中物理实验教学的问题

（一）实验课效率低下

实验课是物理教学的一大部分，也是学生最喜欢上的课，在实验课上学生没有过多的压力，而且他们可以充分地动手实践，但是实验课却是课堂效率最低的。思考一下原因，学生虽然很有兴趣去动手，但是他们没有想到动手实验能够获得什么知识。也就是说，在上实验课前学生不知道我这节实验课有什么目的，需要学会什么知识，这样的话，一节实验课只是在学生的兴趣中浪费了，没有达到本来应该达到的教学目标。有些时候为了提高实验课的效率，老师会在实验课前先告诉学生要做什么，老师讲清楚了之后让学生去做，可是这对初中生来说作用很小，他们不会投入太多时间去听老师讲的内容，等到实验时，已经忘了老师讲的东西。

（二）演示实验学生参与度低

在课堂上老师经常需要做演示实验，来辅助物理教学。演示实验，顾名思义，也就是老师在课堂上给学生做的实验。这种实验通常是教师做，学生看。这样演示实验产生的效果很差。一方面，学生的注意力不被实验吸引，精神不集中，对实验没有兴趣。另一方面，有些实验可见度低，坐在后排的学生还没看清实验现象，实验已经做完了，这样他们对演示实验也没有兴趣，慢慢会使得他们对这种实验直接放弃观看和思考。有些教师为了提高演示实验的效率，在实验时邀请学生一起参与，这样虽然提高了参与学生的兴趣，但还是没有充分调动学生的积极性，有些学生仍然处于不思考的状态。

以上两个问题是物理实验教学中一直存在的问题，协同学习模式的开展，在一定程度上解决了这样的问题，对初中物理实验教学起到了积极的作用。

四、协同学习模式的有利作用

（一）实验课分步骤抓效率

对于实验课这种课堂类型，我以协同学习模式为载体，同桌两人为一个小组。

1. 自主设计方案，优先进行实验

在实验课前，先告诉学生我们要做的实验是什么，然后让学生以小组为单位自己设计怎样去做这个实验，因为之前有学习的基础，学生是可以设计出实验方案的。然后和老师一起探讨自己小组的方案是否可行，老师指导之后，已经完成的小组可以先开始实验，小组自己选择需要的实验器材。

在上《电流与电压、电阻的关系》这节实验课时，每个小组都设计自己的实验方案，并且我要求每个成员都要清楚自己小组的实验方案，经过与老师的交流之后，就可以选择实验器材，选择实验器材需要学生动脑思考，本次实验都需要什么物理器材，如果挑错了将会影响实验的进行，这样可以充分调动学生动脑，真正的自己做实验，而且是奔着自己的目标在做实验。

在这个环节，先设计完成的小组可以先做实验，先选器材，这样各个小组间形成了一种竞争，大家都怕落后没有好的器材可选，所以每个小组都很努力，而且我要求每个成员都了解自己的实验方案，所以对于不清楚实验方案的组员，组长会尽最大努力快速把他教会，这样也促使成绩不好的学生体会到了自己在实验课上的存在感，不会像以前的实验课一样看着别人做实验，与自己无关。

2. 分析实验结果，小组获得奖励

实验完成后，很重要的一个步骤是分析实验结果。以往的实验课学生做完实验就感觉完成了任务，我觉得实验课的最后一个环节很重要，能够完善学生的实验设计，让学生知道通过自己努力做出的实验结果是什么，有什么意义。所以我在实验课上让每个小组分析自己的实验结果，能够得出什么结论，如果数据有问题，是哪个步骤出了问题，对于分析很好的小组，我会给予积分卡奖励。这样学生即使到了实验课的最后仍然存在兴奋感，因为他们可以拿着自己小组的实验成果获得奖励。

这样两个环节的设计无疑提高了课堂效率，大大提高了实验课在物理实验教学中的作用。

（二）演示实验，学生做"小老师"

对于演示实验，如果做得好，它的作用非常大，但是怎样能够使得演示实验充分发挥作用。我采用了协同学习模式，在课堂上构建了一种小组互助、组间竞争的学习模式，让学生做"小老师"，自己动手做演示实验，实验过程中可以对其他小组进行提问，其他小组也可以对"小老师"进行质疑，这样使得学生充分参与到了演示实验中，提高了学生的参与度。对于学生无法解决的问题，老师可以在旁指导。

例如我在《滑轮》这节课中，课上给每个小组提供了重物、细绳、滑轮。我先让学生小组讨论怎样借助滑轮把重物提升，给学生提供思考和交流的时间，然后让组员汇报自己组寻找到的提升重物的方法。让组员汇报的方式提高了组员的积极性，在录课时蔡禹辰同学与组长张浩天积极配合寻找提升重物的方法，当第一种方法被别的小组抢先展示了之后，他们又兴奋得要展示第二种方法。当蔡禹辰汇报了第二种方法后，大家发现了问题，重物没有被提升，还在原地，这个时候张浩天忍不住了，赶紧纠正，在组长的帮助下，蔡禹辰明白了第二种方法。根据两个小组展示的滑轮的使用方法，学生们自然可以得出滑轮的分类。

在《电功率》这节课中，电功率的物理意义是一个难点。学生很难理解做功快慢与做功多少的差别。在这节课我设计了利用电能表来解释什么是做功快慢。我给学生提供了灯泡、吹风机，还有电能表。在课堂上我只提供了实验器材，然后让学生来设计实验说明灯泡和吹风机在消耗电能上有什么差别。学生都很有兴趣，这个实验与生活紧密相连。我先邀请了一个小组，让他们两个人告诉大家打算怎么做实验，对于他们小组的实验设计其他组提出了一些问题：比如实验时需要注意观察什么？怎样来描述做功的差别？做实验的小组也对其他小组进行了提问：比如你看到了什么现象？可以得出什么结论？这样的设计使得整个班级的学生都参与进来，学生非常有兴趣，都积极地思考，充分发挥了演示实验的作用。

五、结语

协同学习模式越来越多地被应用到课堂教学中，两人一个小组的协同模式使得小组协作更好地进行和操作，上文中已经将协同学习模式在物理实验教学中的作用作了叙述，但是要让这种学习模式更好地与教学融合，还需要不断地探索和思考，这样才能更好地调动学生学习的积极性，取得更好的教学效果。

初中化学协同学习模式引发的思考

徐　晶

随着新课程改革的推进，对培养学生的探索精神和自主学习能力，特别是对个体学生的发展提出了更高的要求，作为有效方式的"协同学习"就成了现今课堂教学中的一个亮点。协同学习作为传统教学组织形式的一种突破和补充，已经被越来越多的教师运用到化学课堂教学中。这也是当前新课程改革所倡导的自主、探究与合作学习方式的具体表现，其促进了学生在教师指导下主动地、富有个性地学习。自我校推行协同学习的模式以来，通过听课以及我自己在课堂上的实践，对于协同学习的组织与实施有了以下的思考。

一、协同学习组织与实施中存在的问题

（一）目的与动机：浮于表面，流于形式

为了使课堂教学形式多样化、气氛活跃，体现以学生为主体的宗旨，小组合作学习都成为教师组织教学的一大法宝。就九年级初中化学课程而言，几乎所有的公开课和优质课展评，小组合作学习都不可缺少。但对有些课堂合作学习活动，其实有时不用小组合作讨论也能达到同样的效果。例如，一位教师在组织"氧气的用途"教学时，设计了这样一个协同学习题："讨论一下氧气的用途有哪些？"学生很快以小组为单位讨论并得出了答案。但我认为，这个问题在教材上有专门的插图和文字介绍，加上生活经验，不用讨论，通过阅读课本自主学习以后，学生也能准确回答。相反，需要学生协同学习时，教师又担心课堂教学时间不够，往往是刚出示讨论题，学生还未充分思考，讨论还未深入开展，结论尚未统一，教师就草草收场，致使合作学习没有达到设定的学习目的。

（二）过程与效果：活而无序，缺乏实效

通过对一些公开课的观摩发现，协同学习确实增加了学生参与讨论、表现的机会。但课堂中也常出现这种现象，即教师提出协同学习问题后，教室里马上就会出现一片热烈讨论的场面。但稍加注意不难发现，这只是一种表面上的"假热闹"，实际上则"活而无序"。此现象的表现有三：一是有些小组一片安静，小组成员均不作声，既不查阅资料，也不参与讨论，等着老师宣布讨论结束和出示问题答案；二是有些小组从开始讨论到回答问题，都有多数学生一言不发，心甘情愿当听众，讨论成为个别学生的"一言堂"；三是小组讨论热闹非凡，成员你说一句，他说一句，发表见解无序。在这种情况下，没有人能够完整地表达自己的观点，以至于讨论结束了，小组观点还未统一。无论是哪种现象，实质上，都不是一种真正的合作学习，实际效果比较差。

（三）内容与形式：简单空泛，频繁单调

在教学实践中，我还发现不少教师布置的协同学习内容空泛，问题指向不明确，从而导致学生无话可说，造成冷场。一些问题由于内容过于空泛，使学生一头雾水，不知该从何说起，最终导致课堂教学失败。也有教师过于频繁地开展协同学习，单调的形式使学生对这种学习方式逐渐失去兴趣。当教师宣布小组讨论时，学生已没有开始时的新鲜感，学生的参与逐渐减少，相互之间的交流也不多。最后，只有极个别学生独自思考或看书，多数学生则默不作声。

（四）反馈与评价：不切实际，片面失衡

新课程鼓励学生主体性的发挥，也倡导对学生的激励性评价。但对协同学习全班性汇报交流的评价，不少教师却走入了一个误区。无论学生回答得怎么样，总是充斥着"你真棒"、"你真行"、"你非常不错"、"大家为他鼓掌"等激励性语言。不可否认，对学生的激励性评价可以提高学生的学习兴趣，促进课堂教学，但用得过多、过滥也不利于学生的健康成长。还有很多小组代表发言往往不是代表本组意见，而是代表个人意见。教师对这样的小组汇报评价也常常是"你说得真好"、"你的见解真不错"。显然，学生不正确的发言方式在某种意义上是由教师不科学的评价造成的。究其原因：一是偏重于对学生个体的评价，忽略了对学生所在小组集体的评价；二是偏重于对协同学习结果的评价，忽略了对学习过程与方法的评价。教师很少对学生的学习态度、学习习惯、参与程度、创新意识以及实践能力进行评价，特别是很少关注那些平时性格内向、少言寡语的学生。

因此，小组合作需要实施者在问题设计、活动组织以及评价方式等多方面真正下一番功夫，才能不浮于表面，行之有效。

二、协同学习模式的改进策略

（一）选取有合作价值的学习任务

教师要根据教学内容、学生实际和教学环境条件等选择有合作价值的学习任务，组织开展协同学习。这需要教师课前做大量的准备工作。既要根据教学任务的特点精心设计协同学习的问题，又要结合学生的认知水平和发展特点，为学生提供适当的、带有一定挑战性的学习对象或任务。另外，教师的设问要有科学性，同一问题问法不一样，学生的理解就可能不同。学习任务的安排还要有层次性，要由浅入深、顺势而导。一节课中，协同学习的任务不宜安排过多，应有所取舍，防止随意性与形式化，让协同学习起到应有的效果。

（二）创设"活而有序"的合作氛围

协同学习能使课堂气氛活跃起来，但是也给教师控制课堂秩序带来困难，容易使课堂教学产生看似热闹实则混乱的局面。创设"活而有序"的合作氛围是顺利开展协同学习的保证。首先，应构建结构合理的合作小组。在教学实践中，我按照学生的知识基础、学习能力、性格特点的差异进行分组，让不同特点、不同层次的学生进行优化组合，使每个小组都有高、中、低三个层次的学生。其次，组内要合理分工，明确职责。组内应设小组长、记录员、汇报员各一名。小组长的职责是对本组成员进行分工，组织开展有序的讨论交流、动手操作、探究活动等。记录员的职责是将合作学习过程中的重要内容记录下来。汇报员的职责是将本组合作学习的情况进行归纳总结后在全班进行汇报交流。教师应根据不同活动的需要设立不同的角色，并要求小组成员既要积极承担个人责任，又要相互支持、密切配合，发挥团队精神，有效地完成小组学习任务，当然，小组人数也可以安排为四人，再增加一名副组长，协助组长搞好本组的各项工作，在学习中，还可以与组长对另两名组员进行"一对一"的帮扶，实现"兵教兵"、"兵练兵"、"兵强兵"。最后，培养学生良好的合作学习习惯。如培养学生积极动脑、认真思考、踊跃发言的习惯，以避免小组交流"人云亦云"的盲目从众现象；培养学生虚心听取别人意见的习惯，在交流时，让学生简要记录别人发言的主要观点，并与自己的观念相比较；培养学生遵守课堂纪律和合作规则的习惯，避免不必要的争论和争吵；等等。

（三）选择适当的合作学习时机

教师应根据课堂教学任务和学生的实际情况选择适当的时机，创设合适的合作情境开展协同学习。在剖析重难点时，教师可充分发挥学生的主体作用，调动学生的积极性，通过小组合作、全员参与、合作探究，共同攻克教与学的重难点。如"制取氧气"一课，教学的重点是氧气的制法及实验操作。教师可引导学生讨论实验中应注意哪些问题，如仪器怎样装配？怎样检查装置的气密性？怎样装入固体试剂？试管口内为什么要放一团棉花？试管口为什么要略向下倾斜？怎样用酒精灯给试管加热？为什么可以用排水法收集氧气？收集气体后为什么要先将导管从水中撤出，然后再移去酒精灯？等等。组织学生进行讨论，加深学生对氧气的制法及实验操作的认识。在进行课堂教学的知识小结时，也可分小组合作完成知识体系的建构，通过小组成员间的互检、互评、互测，达成互教、互学、互助的目的，使每个成员都明确每一步该做什么，为什么这样做。

化学学科是一门自然科学课程，教学中经常会出现一些开放性的题目，解答这些"开放性"问题时，适宜组织协同学习，培养学生全面考虑问题和从他人身上取长补短的好习惯。如在教授"金属的活动性顺序"一课时，对于镁、铁、铜三种金属的活动性顺序的判断，学生会有多种不同答案，通过小组讨论，让学生相互启发、相互交流，寻找出最简洁的实验方案，要比教师直接告知的效果好得多。通过讨论，可以激发学生的潜能，知识上相互补充，学习方法上相互借鉴，使不同发展水平的学生都各有所得，同时也促进学生发散思维和创新意识的培养。

（四）构建科学多样化的评价机制

对小组集体的合作学习过程与结果进行科学多样化的评价，是协同学习成功的动力源泉。科学多样化的评价需把握"四个结合"。一是激励性评价与诊断性评价相结合。对学生的精彩发言要进行表扬与鼓励，同时对学生一些知识性、常规性的错误也要及时指出。二是个人评价与集体评价相结合。通过评价促进小组成员之间的互学、互帮、互补、互促，激发个人的集体荣誉感，提高进一步合作的积极性。三是学习过程评价与学习结果评价相结合。教师除对小组学习结果进行综合评价以外，更要注重对学习过程中合作态度、合作方法、参与程度的评价，要更多地去关注学生的倾听、交流、协作情况。四是教师评价与生生评价相结合。生生评价中，除了本小组成员间的互评外，还可以让其他小组同学对本组成员的表现进行评价；也可以让学生对整堂课中表现最突出或进步最大的同学进行评价；甚至可以让学生对自己的表现作出一定的评价。

　　总之，协同学习是新课程所倡导的一种全新的学习方式，在促进学生间的情感交流、互帮互学、共同提高、发挥学生学习的主动性方面，起着积极的作用。作为教师，应加强研究，努力探索，不断发现教学实践过程中出现的问题，并能结合新课程理念去研究、解决这些问题，从而使其更完整、更合理、更有效。